Heinz Henseler · Narzißtische Krisen

WV studium

Band 58

Heinz Henseler

Narzißtische Krisen

Zur Psychodynamik des Selbstmords

Westdeutscher Verlag

CIP-Kurztitelaufnahme der Deutschen Bibliothek

Henseler, Heinz:
Narzißtische Krisen: zur Psychodynamik d. Selbstmords/
Heinz Henseler. – 2. Aufl. – Opladen: Westdeutscher
Verlag, 1984.
(WV-Studium; Bd. 58)
1. Aufl. im Verl. Rowohlt, Reinbek bei Hamburg
ISBN 3-531-22058-6

NE: GT

1.–10. Tausend Juli 1974
11.–13. Tausend Juni 1980
2. Auflage 1984
3. Auflage 1990

Umschlaggestaltung: Horst Dieter Bürkle, Darmstadt
Satz: Clausen & Bosse, Leck/Schleswig
Druck und buchbinderische Verarbeitung: W. Langelüddecke, Braunschweig
Printed in Germany

ISBN 3-531-22058-6

Inhaltsverzeichnis

Vorwort

Täglich nehmen sich etwa 1000 Menschen das Leben, d. h., alle 90 Sekunden stirbt ein Mensch von eigener Hand. In der Bundesrepublik Deutschland liegt die Zahl der Selbstmörder mit 13 000 pro Jahr nur um ein Drittel niedriger als die der Verkehrstoten mit 18 000 pro Jahr, was bedeutet, daß sich in der BRD alle 41 Minuten ein Mensch umbringt. Besonders betroffen von diesem Problem sind die Großstädte. Je größer die Stadt, desto höher die Selbstmordrate. Berlin hält den makabren Rekord, die Stadt mit der höchsten Selbstmordrate der Welt zu sein.

Um ein Vielfaches höher als die Zahl der Selbstmorde ist die Zahl der Selbstmordversuche. Wegen der hohen Dunkelziffer läßt sie sich nicht genau erfassen; doch geht man nicht fehl, wenn man sie auf das Zehnfache der gelungenen Selbstmorde ansetzt. Alle vier Minuten also versucht in der BRD jemand, sich zu töten, und diese Zahl steigt ständig.

Weder der Medizinstudent noch der angehende Psychologe, Seelsorger, Pädagoge, Sozialarbeiter oder Polizist erfahren in ihrem Ausbildungsgang wesentlich mehr über den Selbstmord, als daß es ihn gibt und daß man ihn zu fürchten habe. Dabei gehört der Umgang mit Suizidgefährdeten zu den häufigsten Problemen ihrer Praxis. Die Folgen sind ängstliche Rigidität oder fahrlässiger Optimismus, unkritische Beratungs- oder Behandlungsversuche, von denen nicht auszuschließen ist, daß sie die Situation des Suizidgefährdeten noch verschärfen. Die Folgen sind weiterhin ein Aufblühen von Meinungen, Vermutungen, Vorurteilen und Gerüchten, die nicht selten in magisch-animistischen Vorstellungen wurzeln.

Dieser irrationale Umgang mit dem Suizidproblem trägt alle Zeichen des Tabus. Dieses ist nicht identisch mit dem Unbehagen, welches der Tod üblicherweise verbreitet. Vielmehr hat die Vorstellung, sein Leben selbst zu beenden, etwas Bedrohliches, aber auch Verführerisches, etwas Erschreckendes und zugleich Faszinierendes an sich. Bewundernd respektiert man den «Freitod». Man meint, «jemanden, der auf dem Wege ist», nicht aufhalten zu dürfen. Es wird erwogen, ob der Selbstmörder nicht «den besseren Teil erwählt» und ob nicht im Selbstmord die menschliche Freiheit ihren höchsten Triumph feiert. Andererseits trifft man auf Geringschätzung und Verkennung, ja Mißdeutung der seelischen Not. Wird ein Selbstmörder gerettet, kann er sich des Spottes seiner Umgebung ziemlich sicher sein; Aufforderungen, es beim nächsten Mal wenigstens richtig zu machen, fehlen selten. In jedem Fall wird die «peinliche Affäre» von der Familie rasch übergangen und möglichst totgeschwiegen. Ärzte sind zu gern bereit, einen «demonstrativen Akt» zu diagnostizieren. Eines der heute noch maßgeblichen Lehrbücher der Psychiatrie teilt Suizidhandlungen ein in «Theater, Kurzschluß oder Flucht», eine Dreiteilung, die den Suizidanten in jedem Fall blamiert.

Unwissen und Tabu steigern sich gegenseitig. Dabei sind seit knapp 100 Jahren nicht geringe Anstrengungen unternommen worden, das Tabu zu brechen. Nachdem der unter dem Eindruck der Französischen Revolution stehende Arzt PHILIPPE PINEL (1789) den Gedanken entwickelt hatte, psychische Störungen seien eventuelle Krankheiten, stellte der französische Soziologe EMILE DURKHEIM ab 1879 die These auf, auch Selbstmord könne etwas mit Krankheit zu tun haben; DURKHEIM gilt als der Begründer der empirischen Suizidforschung.

Das zunehmende Wissen um die Unfreiheit des Selbstmordgefährdeten und die Erfahrung seiner Hilfsbedürftigkeit riefen schon um die Jahrhundertwende in einigen Großstädten Europas (London, Wien, Lemberg, Budapest) sowie in New York Arbeitsgruppen auf den Plan, sich der Betreuung von Selbstmordgefährdeten zu widmen; sie hatten jedoch nur vorübergehenden Bestand. Vor allem von Kirchen und kirchlichen Gruppen initiiert und getragen, entfaltete sich ab 1948 ein bis heute immer dichter werdendes Netz von Lebensmüdenberatungsstellen oder Telefonseelsorge-Institutionen besonders in den Ländern Europas und in den USA. Ihre Arbeit wird inzwischen von Fachgesellschaften organisiert und auf regelmäßigen Kongressen koordiniert. (1960 wurde die Fédération Internationale des Associations Nationales de Téléphone Secours, 1961 die International Association for Suicide Prevention, 1972 auch eine Deutsche Gesellschaft für Selbstmordverhütung gegründet.) Aber weder diese Initiativen noch die sich seit 1952 über die Psychopharmakologie stürmisch entwickelnde Psychiatrie, noch sonstige Fortschritte in der Behandlung und Betreuung psychisch kranker oder gefährdeter Menschen konnten bisher der steigenden Flut der Selbstmorde und Selbstmordversuche Einhalt gebieten. Das liegt nicht nur an dem im Vergleich zu der Größe und Komplexität des Problems immer noch viel zu geringen Engagement; es liegt auch am Stand der Forschung. Es fehlen noch klare Vorstellungen über die Entstehung der Suizidalität und demzufolge ein einheitliches therapeutisches Konzept.

Verfolgt man den Gang der Suizidforschung, lassen sich zwei Ansätze unterscheiden. Der eine verfolgt die Frage, unter welchen äußeren Umständen physikalischer, biologischer oder soziologischer Art Suizidhandlungen geschehen, der andere sucht zu ergründen, aus welchen inneren, d. h. vor allem psychischen Bedingungen heraus sich Suizidimpulse entwickeln. Die eine Forschungsrichtung steckt den Rahmen ab, innerhalb dessen die psychischen Vorgänge zu suchen sind, die andere versucht, den Stellenwert anzugeben, den ein äußerer Umstand im inneren Erleben einnimmt. Beide Richtungen liefern sich gegenseitig neue Fragestellungen und treffen sich in der Frage nach dem Warum, nach der Ätiologie, Pathogenese und Pathodynamik der Suizidalität und damit nach der kausalen Therapie. Beide Ansätze stehen jedoch vor einem Dilemma. Die Korrelationen von Suizidhandlungen und äußeren Umständen (z. B. von Suizidhandlung und Barometerstand) sind in der Regel leicht zu objektivieren, haben aber geringe Relevanz für die Therapie. Beobachtungen über psychische Vorgänge, die zum Suizid führen, sind therapeutisch höchst relevant, lassen sich jedoch schwer objektivieren und verallgemeinern. Sie sind zumeist interpretationsbedürftig und bleiben nicht unbeeinflußt vom Untersucher und von der Untersuchungssituation.

Der Ausweg aus dem Dilemma führt über eine Reflexion des am Modell des Experiments orientierten Wissenschaftsbegriffs. Löst man den kritischen Ansatz von der Fixierung an das Problem der endgültigen Objektivierung und richtet ihn auch auf andere Schritte der wissenschaftlichen Erkenntnis, z. B. auf den Prozeß der Hypothesenbildung, dürfte es möglich sein, einen den Phänomenen der Suizidalität adäquateren Zugang zu entwickeln. So kann man zum Beispiel Modellvorstellungen über die allgemeine Psychodynamik des Suizidgeschehens entwickeln, die zwar nicht endgültig objektiviert, aber dennoch von wissenschaftlicher Relevanz sind. Ihre Relevanz beziehen sie unter anderem aus der Transparenz der Hypothesenbildung sowie aus ihrer erklärenden Kraft. Ihre weitere Bewährung kann nach und nach über einen kritischen Rückkoppelungsprozeß zwischen Hypothesenbildung, Hypothesenprüfung und Korrektur des Modells erfolgen.

In der vorliegenden Arbeit wird ein theoretisches Modell über die Entstehung von Suizidalität und Suizid entwickelt und einer ersten Prüfung unterzogen. Nach einer Auseinandersetzung mit Methodenproblemen (Kapitel I) wird aus einer Bestandsaufnahme der in der Literatur vorliegenden Beobachtungen und Befunde ein idealtypisches Bild des zum Selbstmord neigenden Menschen entworfen (Kapitel II). Aus der neueren psychoanalytischen Narzißmustheorie wird dann ein differenziertes theoretisches Modell abgeleitet, das sich als geeignet erweisen könnte, eine Fülle von Besonderheiten und scheinbaren Widersprüchen des idealtypischen Suizidanten in einen Sinnzusammenhang zu bringen. Es deutet die Suizidalität als Labilisierung des narzißtischen Regulationssystems und die Suizidhandlung als krisenhaften Versuch, das gefährdete Selbstwertgefühl zu retten (Kapitel III). An 50 unausgelesenen Patienten nach Selbstmordversuchen (Psychotiker blieben ausgeschlossen) werden dann drei aus dem Modell abgeleitete Hypothesen überprüft (Kapitel IV). Die erklärende Kraft des Modells läßt sich an 45 der 50 Patienten demonstrieren. Die Falldarstellungen bieten darüber hinaus Anschauungsmaterial über den Zusammenhang von Selbstmordneigung und Selbstwertproblematik. Schließlich werden die Ergebnisse und die neu aufgeworfenen Fragestellungen zusammengefaßt (Kapitel V). Es ergeben sich wichtige therapeutische Konsequenzen: Mit der Selbstwertproblematik rücken die Psychodynamik der Kränkung und der Umgang mit erhöhter Kränkbarkeit an einen zentralen Platz.

Der Verfasser dankt sehr herzlich Herrn Dr. med. Dieter Becker für seine Mitarbeit bei der Auswertung der Fallberichte. Auch Herrn Prof. Dr. Helmut Thomä und vielen Mitarbeitern der Abteilung für Psychotherapie und der Sektion für Gruppenpsychotherapie der Universität Ulm fühlt er sich für Anregung und Kritik sehr verpflichtet. Besonderer Dank gilt schließlich Frau BRIGITTE GEBHARDT, die die umfangreichen Schreibarbeiten unermüdlich erledigte.

Vorwort zur 2. Auflage

Die Tatsache, daß nach 10 Jahren und nachdem schon 12 000 Exemplare verkauft wurden, noch immer Nachfrage nach diesem Buch besteht, bezeugt wohl eindrucksvoll die Relevanz der narzißtischen Psychodynamik für das Verständnis suizidgefährdeter Menschen. Sie bestätigte sich mir auch in meiner bis vor zwei Jahren ununterbrochenen psychotherapeutischen Arbeit mit Suizidanten, in ungezählten Supervisionen mit Kolleginnen und Kollegen, die ihrerseits suizidgefährdete Menschen betreuten bzw. behandelten, in dem lebhaft zustimmenden Echo, das aus Fachkreisen zu mir drang, wie auch in den zahlreichen einhellig positiven Rezensionen, die der ersten Auflage folgten.

Die unverminderte Relevanz des vorgelegten theoretischen Modells erlaubt es auch, die zweite Auflage unverändert erscheinen zu lassen, abgesehen von den Angaben über den Verfasser und Hinweisen auf weitere wichtige Veröffentlichungen zum Thema aus seiner Feder.

Natürlich entspricht die Bestandsaufnahme der in der Literatur vorliegenden Beobachtungen und Befunde zur Suizidbehandlung und zur suizidalen Persönlichkeit nicht mehr dem neuesten Stand. Die Bestandsaufnahme war aber nicht Selbstzweck, sondern diente dem Entwurf eines idealtypischen Bildes des zum Suizid neigenden Menschen. Mir sind keine neueren Daten bekannt, die dieses Bild korrekturbedürftig erscheinen lassen, so daß eine Aufarbeitung der Bestandsaufnahme sich erübrigt.

Ähnliches gilt für die Übersicht über die Theorien zur suizidalen Psychodynamik. Auch sie spiegelt nicht die gegenwärtige Situation. Aber auch sie war nicht Selbstzweck, sie referierte vielmehr Theorien oder Hypothesen, die von der narzißtischen Psychodynamik der Suizidalität integriert wurden. Neuere Theorien, die diese infrage stellten oder über sie hinausgingen, sind mir wiederum nicht bekannt geworden.

Die psychoanalytische Narzißmußtheorie hat sich inzwischen natürlich fortentwickelt. Vereinfacht formuliert, ist die relative Selbständigkeit der narzißtischen Dynamik gegenüber der Triebdynamik infrage gestellt worden. Im Rahmen einer Objektbeziehungstheorie sehe ich heute die narzißtische Dynamik als eine komplexe Abwehrposition gegen als übermächtig phantasierte aggressive wie libidinöse Triebimpulse bestimmten primären Objekten gegenüber an. Das habe ich anderenorts ausführlich dargelegt und diskutiert (1982). Diese theoretische Neukonzeption stellt wichtige Zusammenhänge her, hebt aber die Bedeutung der narzißtischen Psychodynamik für das Verständnis von Suizidanten keineswegs auf.

Angeregt von der vorliegenden Studie sind in der Zwischenzeit eine Vielzahl von Untersuchungen erschienen. Eine Gruppe von Wissenschaftlern und auch ich selber haben versucht, die von mir erarbeitete Theorie oder Teilaspekte davon, insbesondere die Beziehungsproblematik von Suizidanten, mit anderen Methoden zu überprüfen bzw. ihre Brauchbarkeit für die Krisenintervention bei Suizidgefährdeten, für die Psychotherapie von chronisch Suizidalen oder für das Verständnis mißlungener Therapieversuche zu testen (BALCK, JENISCH, KOPPÁNY, MARTEN, REIMER)*. Die weitgehend konvergierenden Ergebnisse wurden in einer eigenen Monographie publiziert (HENSELER und REIMER, 1981)*. Der Versuch, aufgrund unserer theoretischen Vorstellungen und klinischen Erfahrungen eine Kriterienliste zu entwickeln, mit deren Hilfe frühzeitig das Vorliegen chronischer Suizidalität erkannt werden kann, führte in einem ersten Versuch schon zu relativ guten Ergebnisse (HENSELER, MARTEN, SODEMANN, 1982)*. Unveränderte Basis all dieser Fortentwicklungen bleibt aber die in diesem Buch dargestellte und kasuistisch belegte Psychodynamik des Selbstmords. Mit meinem Dank an den Westdeutschen Verlag verbindet sich daher die Hoffnung auf weiteres Interesse an dieser Studie.

*Bibliographische Angaben:

BALCK, F., REIMER, Ch. und JENISCH, V.: Suizidalität und Partnerschaft; HENSELER, H.: Psychoanalytische Theorien zur Suizidalität; HENSELER, H.: Krisenintervention – Vom bewußten zum unbewußten Konflikt des Suizidanten; HENSELER, H.: Probleme bei der Behandlung chronisch suizidaler Patienten; KOPPÁNY, I.: Zur Frage der Objektbeziehungen und des Selbstkonzepts bei Suizidanten; MARTEN, R. F.: Probleme und Ergebnisse von Verlaufsuntersuchungen an Suizidanten; REIMER, Ch.: Zur Problematik der Helfer-Suizidant-Beziehung: Empirische Befunde und ihre Deutung unter Übertragungs- und Gegenübertragungsaspekten; REIMER, Ch., HENSELER, H.: Mißglückte Interventionen bei Suizidanten.
Alle vorgenannten Arbeiten in: HENSELER, H./REIMER, Ch.: Selbstmordgefährdung – Zur Psychodynamik und Psychotherapie. Stuttgart-Bad Cannstatt: frommann-holzboog, 1981 (Problemata; 93)

HENSELER, H., MARTEN, R. F. und SODEMANN, U.: Kriterienliste als Screening-Instrument zur Erfassung von chronischer Suizidalität. In: Nervenarzt 54 (1983), 33–41.

I. Methodische Vorbemerkungen

1. Fragestellungen

Eine Übersicht über die wissenschaftlichen Untersuchungen zum Suizidproblem (vgl. die Literaturübersichten von Rost 1927, de Boor 1949, Pöldinger 1968) läßt verschiedene Zielsetzungen und dementsprechend verschiedene Forschungsmethoden erkennen. Jahrhundertelang blieb das Thema Selbstmord Philosophen, Theologen, Juristen vorbehalten, die sich über die metaphysischen, moralischen und rechtlichen Aspekte dieses Phänomens Gedanken machten und je nach ihren Prämissen zu unterschiedlichen Konsequenzen für Beurteilung, Vorbeugung oder Bestrafung der Suizidhandlung kamen.

Dubitscher (1965) bringt eine Übersicht über die Einschätzungen des Suizids bei Naturvölkern, das Harakiri der Samurai in Japan, die verschiedene Beurteilung des Selbstmords in der griechischen und römischen Kultur je nach philosophischer Schule oder politischer Richtung. Das Christentum bezog ebenso wie das Judentum und der Islam entschieden Stellung gegen den Suizid. Zwar verbieten weder das Alte noch das Neue Testament die Selbsttötung ausdrücklich, doch äußert sich die kirchliche Tradition seit der Zeit der Kirchenväter eindeutig ablehnend. Eine entsprechende Verurteilung übernahmen die christlichen Staaten bis in die Rechtsprechung, die Kirchen bis in ihre Beerdigungspraxis hinein.

Eine Gegenbewegung trat mit der Zeit der Aufklärung ein. Als erster Staatsmann hob Friedrich der Große in seinem Reskript vom 6. 12. 1751 die Vorschriften über die Bestrafung des Selbstmordversuches auf. Langsam setzte sich in den Staaten und Kirchen eine Liberalisierung der Anschauungen durch, die sich bis in die Gegenwart fortsetzt (vgl. Bernstein 1907; Thomas 1964). Frankreich schaffte bereits 1790, Österreich 1850, England erst 1961 die Bestrafung des Selbstmordversuches ab.

In Ansätzen schon in der zweiten Hälfte des 19., vor allem seit Beginn des 20. Jahrhunderts setzte die *empirische Suizidforschung* ein. Nach Zielsetzung und Methodik lassen sich zwei Forschungsrichtungen unterscheiden:

Die eine fragt nach den *äußeren Umständen* der Suizidhandlung*, d. h. wann, wo und wie die Suizidhandlung geschehen ist, welche sozialen Aus-

---

* Hier und im folgenden wird der Begriff Selbstmordhandlung bzw. Suizidhandlung als Oberbegriff für Suizide und Suizidversuche benutzt. Als «suizidale Persönlichkeit» wird ein Mensch verstanden, der ernsthaft von Suizidgedanken und -impulsen bedroht ist oder eine Suizidhandlung schon durchgeführt hat. Es soll damit nicht bereits postuliert werden, daß es eine suizidale Persönlichkeit in dem Sinne gibt, schon von früher Kindheit an zum Suizid disponiert oder gar determiniert zu sein. Der Begriff wird also in der Weise verwandt, wie Adorno u. a. (1950) von «autoritärer Persönlichkeit» sprechen oder Jaspers (1946) den Idealtypus einer Persönlichkeit von dem realen Typus abhebt (a. a. O., S. 362 f).

wirkungen sie hat, bei wie vielen Menschen sie beobachtet werden kann u. ä.

Die andere fragt nach den *inneren (psychischen) Bedingungen* der Suizidhandlung. Sie fragt, wer der Mensch ist, wie er geworden ist, welche Gründe er angibt, welche weiteren Motive erkennbar sind, wie er sich und seine Umwelt erlebt, was er mit dem Suizid anstrebt und wie er eine eventuell «mißlungene» Suizidhandlung verarbeitet.

Beide Ansätze ergänzen sich. Der erste steckt den Rahmen ab, innerhalb dessen die psychischen Bedingungen zu suchen sind; der zweite gibt den Stellenwert an, den ein äußerer Umstand im inneren Erleben einnimmt, und liefert Fragestellungen zur weiteren Konturierung des Rahmens. Beide Ansätze *konvergieren* in der Frage nach dem *Warum*; denn die Beantwortung dieser Frage liefert den Schlüssel zur Therapie des Suizidanten. Beide suchen auch hinter der Erforschung des Einzelfalls die überindividuellen Gesetzmäßigkeiten, die allgemeine Theorie der Suizidhandlung, die die Tür zu einer allgemeinen Prophylaxe erst öffnet.

2. Das Problem der adäquaten Methode

Mit der Art der Fragestellung wird das Problem der adäquaten Methode aufgeworfen. Beschränkt man sich auf Fragen nach dem Zusammenhang von Suizidhandlung und bestimmten äußeren Faktoren, z. B. der Wetterlage, genügt die Zählung der Suizidhandlungen und der Vergleich mit dem Barometerstand. Das heißt, die Suizidhandlung wird als ein intersubjektiv leicht nachprüfbares Ereignis angesehen und zu ebenfalls intersubjektiv leicht nachprüfbaren Ereignissen in Beziehung gesetzt.

Fragt man jedoch nach dem Zusammenhang von Suizidhandlung und den ihr zugrunde liegenden intrapsychischen Vorgängen, speziell den bewußten und unbewußten Motiven, erhebt sich das Problem, wie die zum Teil beobachteten, zum Teil erschlossenen Phänomene methodisch abzusichern sind. Es handelt sich ja oft um Phänomene, die ihrer Natur nach eine intersubjektive Nachprüfung (im strengen Sinne des Experiments) sehr erschweren, wenn nicht unmöglich machen; denn es handelt sich großenteils um hochkomplexe, organisierte, geschichtlich entstandene, final gerichtete und oft flüchtige Erscheinungen (ROSENKÖTTER 1969 a). Sie sind vielfach nur im zwischenmenschlichen Feld zu erkennen und nicht unabhängig vom Untersucher und seiner Einwirkung. Wollte man einzelne Faktoren isolieren und Experimenten unterwerfen, würde man das Phänomen verändern, zu dem sie gehören. Es kommt hinzu, daß das sichtbare Verhalten in der Regel eine entfernte Repräsentation der intrapsychischen Prozesse ist, die es hervorrufen. Eine Untersuchung an diesem Verhalten hätte nur bedingt wissenschaftliche Aussagekraft. Dennoch handelt es sich um Realitäten, die bei aller «Subjektivität» eine «höchst deutlich erfahrbare Wirklichkeit besitzen und weitreichende Effekte entfalten» (LOCH 1968). Sie sind sinnvoll nur zu begreifen und wissenschaftlich adäquat zu verwerten, wenn sie zuvor interpretiert werden.

Zum *Problem der Interpretation* ist grundsätzlich festzuhalten, daß alle wissenschaftlichen Untersuchungen eine Interpretation ihrer Ergebnisse verlangen. Größenangaben als Resultate eines Experiments oder Zahlen mit Signifikanzberechnungen als Befunde einer Statistik bedürfen der Deutung durch eine vorgegebene Theorie. Sie sind ohne Kenntnis bzw. Anerkennung dieser Theorie nicht verständlich. Der Unterschied zwischen der Interpretation experimenteller Befunde und der Deutung psychischer Phänomene liegt darin, daß erstere leichter nachprüfbar sind. Es handelt sich also nicht um qualitative, sondern nur um quantitative Differenzen.

Analoges gilt für die *Veränderung des zu untersuchenden Phänomens durch die Untersuchung*. Sie beschränkt sich keineswegs auf psychische Phänomene, sondern gilt z. B. auch für physikalische Messungen, auch wenn in diesem Bereich das Ausmaß der Veränderung meist so geringfügig ist, daß sie vernachlässigt werden kann. Die HEISENBERGsche Unbestimmtheitsrelation ist ein klassisches Beispiel für die Beeinflussung physikalischer Phänomene durch ihre Untersuchung.

Vor der *Interpretation des psychischen Erlebens von Suizidanten* scheuen viele Suizidforscher zurück. Aus der verständlichen Sorge, in die Gefahr wilden Spekulierens zu geraten, halten sie sich an relativ verhaltensnahe und leicht objektivierbare Beobachtungen. Diese führen jedoch zu Ergebnissen von geringem Aussagewert für die klinische Fragestellung. Dennoch schleichen sich oft unreflektierte Interpretationen ein, wenn z. B. die Angaben des Suizidanten über seine bewußten Motive mit den eigentlichen Motivationen zum Suizid gleichgesetzt werden oder wenn Einschätzungen über die Ernsthaftigkeit von Selbstmordhandlungen in Statistiken eingehen.

LINDEN (1969), der diese «Kalamität» diskutiert und mit seiner «Situationsanalyse» auf Deutungen weitgehend verzichten will, räumt ein, daß gewisse Fakten ohne Interpretation sinnlos seien. «Manche Fragestellungen werden erst in ihren psychologischen Bezügen sinnvoll» (a. a. O., S. 20). Die Frage, ob die Einnahme von fünf Schlaftabletten einen Suizidversuch darstelle oder nicht, sei nur zu beantworten, wenn man die subjektive Bedeutung der Handlung berücksichtige. Eine Krankenschwester wisse um die Harmlosigkeit der Maßnahme, ein Schwachsinniger könne fünf Schlaftabletten durchaus für eine tödliche Dosis halten.

Die ängstliche Zurückhaltung mit Interpretationen, die aber nicht durchgehalten werden kann, beruht auf einer methodischen Verunsicherung vieler Wissenschaftler. Die Notwendigkeit, psychische Phänomene mit den ihnen zugehörigen, aber nicht unmittelbar erfaßbaren Bedeutungsaspekten zu verbinden, ist tatsächlich anfälliger gegen Irrtum als das quantifizierende Umgehen mit «harten» Daten. Dennoch braucht interpretierendes Vorgehen nicht zu wirklichkeitsferner Spekulation zu führen, wenn bestimmte methodische Regeln eingehalten werden.

3. Die hermeneutische Methode

In den letzten Jahren ist im Zusammenhang mit dem «Positivismusstreit in der deutschen Soziologie» (ADORNO, ALBERT, DAHRENDORF, HABERMAS, PILOT und POPPER 1969) und mit der Diskussion über den wissenschaftstheoretischen Ort der Psychoanalyse (APEL 1965, GADAMER 1971, HABERMAS 1968, HEIMANN 1969, HOFFMANN 1969, KLAUBER 1968, KOHUT 1957, 1961, LOCH 1962, 1968, LORENZER 1970, PERREZ 1969, RADNITZKY 1970, RAPAPORT 1959, RICŒUR 1970, ROSENKÖTTER 1969a, THOMÄ und KÄCHELE 1973, v. UEXKÜLL 1960, 1963, WESIACK 1973 u. a.) das Problem der *hermeneutischen Methode* für die Sozialwissenschaften eingehend erörtert worden. Die hermeneutische Methode stellt eine unerläßliche hypothesenschaffende Methode für alle Wissenschaften dar, «die menschliche Verhaltensweisen und ihre psychosozialen Motivationen im zwischenmenschlichen Feld untersuchen sowie die Rolle des Beobachters und seine interpretierende Einwirkung auf die Untersuchungssituation zu berücksichtigen haben» (THOMÄ und KÄCHELE 1973, S. 206). Sie schützt vor unkritischem Umgang mit dem Beobachtungsmaterial. Ursprünglich für die Auslegung von Texten verwandt, ist die hermeneutische Methode bei allen Phänomenen anzuwenden, «deren Sinn sich nicht unmittelbar verstehen läßt» (GADAMER 1971). Die kritische Erfassung ihres Sinngehalts erfolgt in einem elastischen Prozeß von *Korrektur durch Rückkoppelung*. In einem ständigen Wechselspiel zwischen dem vorläufigen Verstehen des ganzen Phänomens und seiner Prüfung am Detail entsteht im sogenannten hermeneutischen Zirkel eine spiralförmige Annäherung an die Wirklichkeit.

Wie der hermeneutische Zirkel die Detailbeobachtung nicht zu verwerfen braucht, sondern in einen Sinnzusammenhang mit vielen anderen Details bringt, und wie dann vor dem Hintergrund des ganzen Phänomens das Detail seinen Stellenwert erhält, soll an folgendem Beispiel aus der klinischen Praxis illustriert werden:

Eine 46jährige Frau unternahm einen Suizidversuch, als sie eine unerwartet hohe Krankenhausrechnung erhielt. Bei dem Arzt entstand die Hypothese, die Frau fühle sich finanziell überfordert. (Solche unkritischen Interpretationen werden gern von der Presse aufgegriffen und gehen nicht selten in Motivstatistiken ein als «Selbstmord wegen finanzieller Probleme».) Die Rückfrage nach den finanziellen Verhältnissen (ob die Frau sehr arm oder geizig oder verschuldet etc. war) ergab, daß die Patientin die Rechnung schon als sehr hoch empfand, aber ein Mehrfaches der Summe auf der Bank liegen hatte. Es ging auch nicht nur um die Rechnung allein, sondern um die Tatsache, daß es sich um die Rechnung für einen Krankenhausaufenthalt ihrer Schwester handelte. Während eines Streites hatte die Patientin die Schwester geohrfeigt. Diese stürzte so unglücklich, daß eine stationäre Behandlung notwendig wurde. Die Patientin hatte für die Unkosten aufzukommen.

Die erste Hypothese wurde durch die neuen Angaben nicht falsifiziert, aber dahingehend korrigiert, daß die Frau sich zwar finanziell belastet, sich darüber hinaus aber peinlich berührt fühlte von der Erinnerung an den Streit. Weitere Rückfragen entsprechend der neuen Hypothese hatten weitere Korrekturen zur Folge. Es ging um das Testament des kürzlich verstorbenen Vaters. Dieses war grob zugunsten der Schwester ausgefallen, und die Patientin hatte vergeblich dagegen Einspruch erhoben. Die Hypothese mußte nun dahin ergänzt werden, daß die ganze Ungerechtigkeit des Testaments im Erleben der Patientin wieder lebendig wurde. Bei erneuter Rückfrage stellte sich heraus, daß das Testament ursprünglich eine ausgeglichene Verteilung zwischen den Schwestern vorgesehen hatte. Die Mutter aber hatte den Vater kurz vor seinem Tode dahin beeinflußt, das Testament abzuändern.

Nun war die Hypothese so zu differenzieren, daß auch die Empörung über die Mutter wieder wach wurde. Weiter war zu erfahren, daß die Mutter sich nicht nur einmal so verhalten, sondern schon immer die Schwester bevorzugt hatte. Hierauf berichtete die Patientin Serien von Beispielen, wie sie ihr Leben lang um die Gunst der Mutter geworben, diese in entscheidenden Situationen jedoch stets zur Schwester gehalten hatte. Nachbarn seien deswegen schon eingeschritten. Ihr Ehemann bestätigt ihre Schilderung.

Jetzt besagte die Hypothese, daß die Rechnung nur der Anlaß war, an dem ein lebenslanger Konflikt mit Mutter und Schwester sich wieder einmal entzündet hatte. Von diesem Konflikt aus gewinnen Rechnung, Streit, Testament und Verhalten der Mutter einen bestimmten Stellenwert: Sie alle spielten eine Rolle für die Auslösung des Suizidversuchs, sie ordneten sich jedoch ein in einen Sinnzusammenhang mit einem wichtigen Lebensproblem der Patientin und erhielten von daher eine spezifische Bedeutung.

Bei diesem Erkenntnisstand klärte sich in dem konkreten Fall nicht nur das Konflikterleben der Patientin, es trat auch eine *Erlebens- und Verhaltensänderung* ein. Während sie vorher weiterhin verzweifelt gegen die Rechnung gewütet hatte, begann sie mit Ansprechen dieser Thematik zu weinen und sich zu beruhigen. Nun erinnerte sie sich auch, daß es nicht die Rechnung an sich war, die den Impuls zum Suizid auslöste, sondern der höhnische Kommentar von Mutter und Schwester.

4. Die Verbindung von hermeneutischer und objektivierender Methode

Die bisherige Darstellung des hermeneutischen Zugangs kann nicht ausschließen, daß eine einmal gewonnene Hypothese zwar plausibel geworden, aber dennoch falsch ist. Auf die Frage, wie die Hypothesenbildung gegen Irrtum abgesichert werden kann, bieten sich folgende Kriterien an:

1. Wie oben schon dargelegt, muß bei dem hermeneutischen wie bei jedem wissenschaftlichen Zugang bewußt bleiben, daß der Verstehensprozeß theoretisch nicht im luftleeren Raum schwebt. Er ist gesteuert von bestimmten Annahmen. «Interpretationen von Tatsachen geschehen stets im Lichte von Theorien» (Popper 1969, S. 378). Die Forderung nach Elastizität im hermeneutischen Rückkoppelungsprozeß verlangt neben der kritischen Sichtung der Daten auch eine *Reflexion der zugrunde gelegten Theorie.* So muß zum obigen Beispiel nachgetragen werden, daß die Fakten gesehen und interpretiert wurden unter der Annahme, daß Suizidhandlungen Ausdruck eines teils bewußten, teils unbewußten Konflikts sind.

2. Die Zuverlässigkeit der gewonnenen Bildes steigt mit der *Zahl der Informationen.* Jede neue Information stellt die Hypothese in Frage bzw. erhärtet sie, *wenn sie sich integrieren läßt.* Aber auch wenn Hunderte von Daten wie in einem Puzzlespiel zu einem einheitlichen Bild verschmelzen, bleibt der Einwand möglich, man sei einer grandiosen Täuschung unterlegen.

3. Auf der Suche nach einem Kriterium für die Zuverlässigkeit der interpretierenden Erkenntnis machen THOMÄ und KÄCHELE (1973) auf den prinzipiellen Unterschied zwischen der text-interpretierenden und der psychoanalytisch-interpretierenden Situation aufmerksam. Während zwischen dem Philologen und dem zu interpretierenden Text nur eine «imaginierte Interaktion» bestehe, die weder den Text noch den Interpreten verändere, entstehe zwischen Arzt und Patient eine *«reale Interaktion»*. Der entscheidende Unterschied liegt darin, daß beim Umgang mit lebendigen und kooperationsfähigen Menschen das hypothetische Verständnis sich nicht nur an einmal gegebene, unveränderliche und nicht zu ergänzende Daten halten muß, sondern durch die aktive Beteiligung des Partners korrigiert bzw. bestätigt wird. Aber nicht nur die Kontrolle der Interpretationsversuche durch den Patienten und nicht nur eine eventuelle Übereinstimmung von Arzt und Patient sei das Bewährungskriterium für die Richtigkeit der Interpretation, sondern eine der Hypothese entsprechende *Verhaltens- und Erlebensänderung.* Diese werde damit prinzipiell nachprüfbar und objektivierbar (wie die Verhaltens- und Erlebensänderung im oben dargestellten Beispiel). Mit dieser Möglichkeit überschreitet das psychoanalytisch-interpretierende Vorgehen den hermeneutischen Ansatz und entwickelt eine eigene Methode.

4. Eine weitere Erhöhung der Zuverlässigkeit bringt die *klinische Erfahrung* mit, sofern die Gefahr der theoretischen Voreingenommenheit bewußt bleibt. Die Interpretation am Einzelfall wird erhärtet durch analoge Erfahrungen an vielen Fällen. (Vgl. z. B. die Untersuchungen von BECKMANN 1968 sowie BECKMANN und RICHTER 1968, die die Abnahme der Stereotypisierungstendenz in der psychoanalytischen Diagnostik mit dem Grad der Ausbildung belegen.) Sie erfährt Bestätigung bei Übereinstimmung durch andere Beobachter (*Inter-Beobachter-Übereinstimmung*) und durch den Vergleich der Erfahrungen, die viele andere Beobachter bei ähnlich gelagerten Fällen gesammelt haben.

5. Die Interpretation überindividueller Phänomene

Ist das hermeneutische Verfahren eine adäquate Methode für alle Phänomene, deren Sinn nicht unmittelbar verständlich ist, dann ist sie nicht nur auf interpretationsbedürftige Daten einzelner Menschen anzuwenden, sondern auch auf Symptomformationen und Patientengruppen, die durch Verallgemeinerung klinischer Erfahrungen zustande kommen. Die Verallgemeinerungen beruhen auf der Erfahrung oder der begründeten Vermutung, daß den Phänomenen bzw. Gruppen ein einheitliches Geschehen gemeinsam ist, z. B. eine gleichartige Pathodynamik oder eine analoge Persönlichkeitsstruktur.

Die Tatsache, daß es durch statistische Verfahren gesicherte Aussagen über die Suizidhandlung und suizidale Menschen allgemein gibt, weist darauf hin, daß die individuellen Unterschiede der einzelnen Menschen weniger gewichtig sind als ihre Gemeinsamkeiten (vgl. BAKAN 1968) und daß auch Suizidhandlungen neben ihren individuellen Motivationen gleichartigen Bedingungen unterliegen. Es liegt also nahe zu postulieren, daß es so etwas wie eine «psychodynamische Formel» (DÜHRSSEN 1967) für die Suizidhandlung, eine *allgemeine suizidale Psychodynamik* gibt.

In diesem Zusammenhang seien noch einige Voraussetzungen und Definitionen geklärt, die in der Suizidforschung gelegentlich kontrovers gehandhabt werden: Suizide und Suizidversuche werden als gleichartige psychologische bzw. psychopathologische Phänomene betrachtet. Das galt bis 1945 als selbstverständlich. In der Folgezeit bildeten sich zwei scheinbar kontroverse Positionen heraus: Auf der einen Seite (z. B. RINGEL 1953) wurde der Suizidversuch wie bisher als suizidales Verhalten mit abgeschwächter Selbstzerstörungstendenz angesehen, auf der anderen Seite (z. B. STENGEL ab 1958) wurde der Selbstmordversuch im Gegensatz zum Selbstmord als ein spezielles soziales Verhaltensmuster definiert. STENGEL betrachtet Suizid und Suizidversuch als Verhaltensweisen zweier verschiedener Populationen, die nur durch eine Minderheit solcher Menschen miteinander verbunden sind, die zunächst einen oder mehrere Suizidversuche und später einen Suizid gemacht haben. Diese Gegenüberstellung hat Verwirrung gestiftet. STENGEL (1969) stellt klar: Es handele sich «natürlich nicht» um zwei völlig separate Menschengruppen. Die Gegenüberstellung habe nur den Sinn, auf gewisse Probleme, die den *Ausgang* einer Selbstmordhandlung bestimmen, aufmerksam zu machen (a. a. O., S. 78). «Die den Selbstmordversuchen zugrunde liegenden Motive und Ursachen sind im wesentlichen die gleichen wie beim Selbstmord» (a. a. O., S. 102).

Die Gegenüberstellung von Selbstmord und Selbstmordversuch erscheint gelegentlich auch als Gegenüberstellung von *einfacher und komplexer Motivation*, wobei stillschweigend vorausgesetzt wird, daß der Selbstmord Ausdruck einer einfachen, klaren Selbsttötungsabsicht sei. Daß dies nicht der Fall ist, hat unter anderen RINGEL (1961) durch seine Befragung von Angehörigen durch Selbstmord umgekommener Menschen nachgewiesen. Auch der Selbstmord ist das Ergebnis komplexer Motive. STENGEL (1969): «Die meisten Menschen, die Selbstmordhandlungen begehen, wollen nicht entweder sterben oder leben. Sie wollen beides gleichzeitig, gewöhnlich das eine mehr . . . als das andere» (a. a. O., S. 74).

Auch die Einteilung in *ernst gemeinte* und *unernste* Selbstmordhandlungen läßt sich aufheben, wenn man für jede Suizidhandlung eine Überdetermination annimmt (wie STENGEL betont; vgl. das obige Zitat). Den einfachen, klaren Selbsttötungsimpuls ebenso wie den rein demonstrativen Selbstmordversuch als Ausdruck von Wünschen nach Aufmerksamkeit und Hilfe oder nach Rache und Erpressung gibt es wohl nur als Extremvarianten. Zwischen ihnen liegt ein Kontinuum aller Mischungsverhältnisse von destruktiven und konservativen Motiven. Diese Annahme ist empirisch gut belegt. ETTLINGER und FLORDH (1955) fanden bei 500 Patienten mit Suizidversuchen, daß gerade vier Prozent der Suizidhandlungen gut geplant, aber nur sieben Prozent als harmlos einzustufen waren!

Analog dem Vorgehen zum Verständnis des Konflikterlebens bei einem einzelnen Menschen, wie in dem geschilderten Beispiel, lassen sich die Daten über Suizidhandlungen und suizidale Persönlichkeiten nicht nur als solche registrieren, sondern ansehen als *Bedingungen oder/und Manifestationen des gesuchten gemeinsamen psychodynamischen Geschehens.* Ähnlich wie es sich in der Psychoanalyse bewährt hat, die Assoziationen eines Analysanden als Bedingungen oder/und Manifestationen eines ihnen gemeinsam zugrundeliegenden unbewußten Gedankens anzusehen, können die Äußerungen der Zigtausende von Suizidanten und die Beobachtungen von Tausenden von Untersuchern als Bedingungen oder/und Manifestationen einer einheitlichen Psychodynamik angesehen werden, die als solche aber nicht bekannt ist. Dieser heuristische Ansatz behandelt also die zahllosen Suizidanten, die bezüglich des Suizidgeschehens über sich Aussagen gemacht haben, und die zahlreichen Untersucher, die ihre Beobachtungen niedergelegt haben, als eine Gruppe, deren Gemeinsames in den direkten oder indirekten Erfahrungen mit der suizidalen Psychodynamik besteht.

Ebenso wie der Psychoanalytiker sehr verschiedenartige Assoziationen wie Erinnerungen, Phantasien, Träume, Fehlleistungen, Verhaltensweisen etc. in seine Hypothesenbildung bzw. Interpretation einbezieht, ist auch die vorwiegend hermeneutische Methode nicht eingeschränkt auf methodisch einheitliche und jederzeit von jedermann nachprüfbare Befunderhebungen. Weil sie Befunde in ihrer Gesamtheit betrachtet und auf die latente Psychodynamik hin zu interpretieren versucht, kommt es auf die Validität jedes einzelnen Ausgangsbefundes nicht so sehr an. Gelänge es, eine zusammenfassende Interpretation zu finden und empirisch zu belegen, wäre von daher eine Korrektur bzw. Ergänzung der Ausgangsdaten zu erwarten, ja früher unbeachtete Daten könnten Bedeutung gewinnen, unbekannte Daten neu aufgedeckt werden.

Natürlich gibt es hier eine Grenze. Wenn zu viele Daten nicht valide sind, kann die Interpretation völlig in die Irre gehen. Es erscheint aber legitim, außer statistisch gesicherten Daten auch solche Beobachtungen einzubeziehen, die von verschiedenen Beobachtern zu verschiedenen Zeiten an unterschiedlichen Populationen von Suizidanten und mit verschiedener Methodik übereinstimmend gemacht worden sind, ohne daß sie bisher widerlegt worden wären.

II. Bestandsaufnahme

1. Allgemeine Korrelationen

1.1. Die Häufigkeit von Selbstmordhandlungen

Nach kritischen Schätzungen nehmen sich täglich etwa 1000 Menschen das Leben. Die Zahl der Selbstmorde in der Bundesrepublik Deutschland mit rund 13000 pro Jahr liegt nur um ein Drittel niedriger als die Zahl der Verkehrstoten (rund 18000 pro Jahr); umgerechnet endet in der BRD alle 41 Minuten ein Mensch durch Selbstmord. Die Zahl der Selbstmordversuche liegt noch wesentlich höher; wegen der hohen Dunkelziffer (nur ein Teil der Selbstmordversuche führt zur Aufnahme in klinische oder andere Institutionen, wo eine systematische Registrierung erfolgen kann) sind genaue Zahlen nicht zu erfassen. Die Schätzungen in der einschlägigen Literatur über das Verhältnis von Selbstmord zu Selbstmordversuch liegen zwischen 1 : 5 und 1 : 15, gelegentlich noch höher (vgl. Bräutigam 1968, Stengel 1969 u. a.).

In den früheren Jahrzehnten ist in Mitteleuropa die Selbstmordziffer relativ stetig angestiegen. Deutliche Schwankungen gab es nur während der beiden Weltkriege (und zwar nicht nur in den kriegführenden Ländern). Damals sank die Zahl der Suizide vor allem bei Männern auf weniger als die Hälfte ab (Bochnik 1962). Seit etwa 1950 hat sich in der Bundesrepublik die *Suizidrate nicht wesentlich erhöht*: sie schwankt um 19 pro Jahr und 100000 Einwohner. Wohl aber ist die Zahl der Selbstmord*versuche* weiter und seit etwa 1950 *rasch im Steigen begriffen*, wie Untersuchungen an verschiedenen Orten übereinstimmend bestätigen (Bochnik 1962, Bappert 1965, Dotzauer u. Mitarb. 1965, Carstairs 1968, Böcker 1972 a). Die Erklärung, daß durch die zunehmend bessere ärztliche Versorgung, durch Reanimationszentren, Intensivpflegestationen u. ä. mehr Suizidpatienten gerettet werden, reicht für das Ausmaß des Anstiegs keineswegs aus (vgl. Tabelle 1).

1.2. Suizidmethoden

Die Suizidmethoden unterliegen im Laufe der Zeit starken Schwankungen. Diese sind vor allem bedingt durch die zur Verfügung stehenden Mittel. In den letzten Jahrzehnten hat besonders die Schlafmittelvergiftung quantitativ an Bedeutung gewonnen (vgl. Literaturübersicht bei Linden 1969). Für die vorliegende Fragestellung sei festgehalten, daß sogenannte «weiche» Methoden, also Methoden mit relativ geringem Sterberisiko, wohl immer schon, in ansteigendem Maße aber in den letzten Jahrzehnten zahlenmäßig

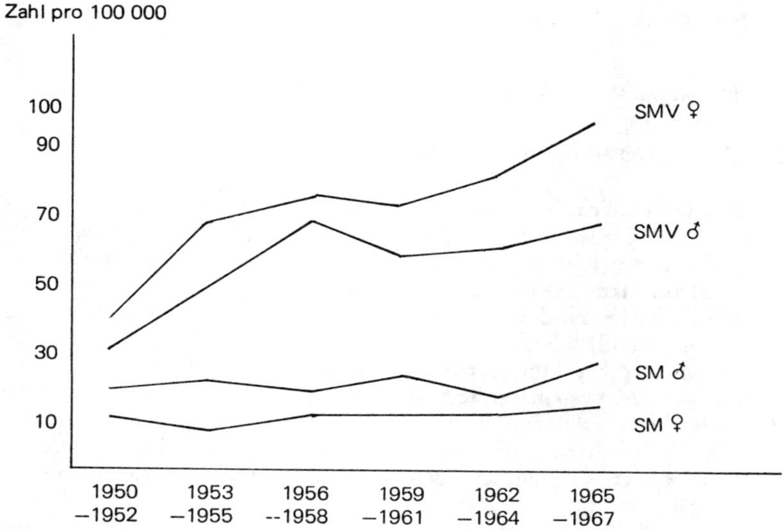

Tab. 1: *Zahl der Selbstmorde (SM) und Selbstmordversuche (SMV) bezogen auf 100000 Einwohner gleichen Geschlechts nach* Böcker (1972)

an der Spitze liegen. Das gilt vor allem für Suizidversuche, aber auch für einen großen Teil der Suizide (vgl. u. a. Parnitzke 1965, Böcker 1972) (vgl. Tabelle 2).

Faßt man in der Population von Parnitzke Leuchtgas-, Schlafmittel- und andere Vergiftungen, Ertränken sowie das Öffnen von Pulsadern und Stich zur Gruppe der «weichen Methoden» zusammen, entfallen auf sie bei den Suizidversuchen 75 Prozent, bei den Suiziden immerhin knapp 50 Prozent, bei den Suiziden von Frauen sogar 61 Prozent. Der Anteil der «weichen Methoden» dürfte bei den Suizidversuchen aber noch weit höher liegen. Es ist ja kaum zu bezweifeln, daß die nicht bekannt gewordenen Suizidversuche (Dunkelziffer) ganz *überwiegend mit «weichen Methoden»* durchgeführt werden.

Tötungsmittel	SM-Versuche zus.	SM-Todesfälle		
		zus.	m.	w.
Erhängen	22	234	164	70
Leuchtgas	162	171	73	98
Schlafmittel und Gifte	284	41	14	27
Ertränken	13	28	15	13
Sturz in die Tiefe	5	21	9	12
Erschießen	–	6	6	–
Eröffnung der Pulsadern und Stich	40	3	1	2
Selbstverbrennen	–	2	1	1
Andere Methoden	4	–	–	–
	530	506	283	223

Tab. 2: *Gliederung der Fälle nach den Tötungsmitteln in den Jahren 1954–1959* (nach PARNITZKE 1965)

2. Physikalisch-biologische Korrelationen

2.1. Geschlechtsverteilung

Die Verteilung der Suizidhandlungen auf die beiden Geschlechter ist von zahllosen Autoren an umfangreichen Stichproben statistisch gesichert. Die WHO-Statistik von 1961 bis 1963 (vgl. RINGEL 1969) fand in 21 Staaten ausnahmslos ein Überwiegen der Selbstmorde bei Männern. Demgegenüber wird ebenso einhellig ein Überwiegen der Selbstmordversuche bei Frauen konstatiert. Das Ausmaß des Überwiegens schwankt. Wegen der absolut größeren Häufigkeit von Selbstmordversuchen ist die *Gesamtzahl der Suizidhandlungen bei Frauen höher* als bei Männern.

2.2. Altersverteilung

Die Altersverteilung bezüglich der Suizidhandlungen wurde ebenfalls von zahlreichen Autoren an umfangreichen Stichproben geprüft. Übereinstimmend sagen die Untersuchungen aus, daß *Selbstmordversuche* am häufigsten im dritten und vierten Lebensjahrzehnt vorkommen, und zwar bei Frauen mehr im dritten, bei Männern mehr im vierten Dezennium. Bis dahin steigt die Kurve relativ stetig an und fällt dann mit geringen Schwankungen relativ rasch und stetig wieder ab. Im Gegensatz dazu steigt die

Kurve der *Selbstmorde* viel flacher an. Sie erreicht ihren Gipfel erst im sechsten und siebenten Lebensjahrzehnt, fällt dann auch nur flach wieder ab. Die Zunahme der Selbstmordhäufigkeit mit dem Lebensalter und die Abnahme der Häufigkeit der Selbstmordversuche nach dem 35. Lebensjahr bedeutet nicht, im Alter sei die Zahl der Selbstmordversuche geringer als die der Selbstmorde. Gelegentlich gegenteilige Angaben berücksichtigen nicht die hohe Dunkelziffer der Selbstmordversuche.

Die Zunahme der Suizidversuche nach dem 2. Weltkrieg betrifft vor allem die Jahrgänge bis 30 (BAPPERT 1965, BOCHNIK 1962, BÖCKER 1972). Auf eine weitere Aufschlüsselung nach Altersgruppen sei hier verzichtet. Es wird auf die zahlreichen statistischen Arbeiten verwiesen.

2.3. Heredität

Überraschende Häufungen von Suiziden in einer Familie haben die Vermutung aufkommen lassen, daß Selbstmordneigung vererbt werde. Das ist widerlegt. KALLMANN und ANASTASIO (1947) fanden 31 eineiige Zwillingspaare, von denen sich ein Partner das Leben genommen hatte. In keinem Fall (!) hatte auch der andere Zwilling Selbstmord begangen. Die familiäre Häufung von Suizidhandlungen wird also nicht gesteuert von Chromosomen, sondern vermittelt über die familiäre Tradition von Konflikten und den Umgang mit ihnen.

2.4. Wetterabhängigkeit

Die oft als naheliegend empfundene Annahme, die Selbstmordhäufigkeit sei vom Wetter abhängig, ist ebenfalls nicht haltbar. POKORNY u. a. verglichen 1963 bei 491 Fällen von Selbstmord bzw. Selbstmordversuchen in Houston/Texas den Zeitpunkt der Selbstmordhandlung mit der Wetterlage. Es fanden sich im Gegensatz zu früheren, methodisch weniger sorgfältigen Beobachtungen keinerlei signifikante Korrelationen zwischen Selbstmordhäufung und irgendwelchen Wetterlagen. Das gilt auch für den *Föhn*. PATSCHEIDER verglich 1958 alle Fälle von Selbstmord, die von 1921 bis 1950 in Innsbruck bekannt geworden waren, zeitlich mit Föhnperioden. Er fand keinerlei Einfluß weder des herannahenden noch des tätigen Föhns auf die Selbstmordrate.

2.5. Jahreszeit

Entgegen landläufiger Meinung steigt die Kurve der Selbstmordrate nicht so sehr im Herbst wie im Frühjahr an. Sie beginnt im März zu steigen, hat im Juni ihren Gipfel erreicht und fällt dann wieder ab. Ein Gipfel im Oktober/November ist wesentlich schwächer ausgeprägt.

Die Deutung der Kurve ist völlig offen. Der Frühjahrsgipfel kann angesichts der Tatsache, daß meteorologische wie kosmische Einflüsse keinen Einfluß auf die Suizidrate haben, nicht vorschnell physikalisch-biologisch gedeutet werden. Abgesehen von den Klimaveränderungen bringt das Frühjahr ja auch erhebliche soziale und psychologische Umstellungen mit sich.

2.6. Kosmische Einflüsse

In umfangreichen Untersuchungen überprüfte Pokorny (1964, 1966 a und b) auch die Frage kosmischer Einflüsse auf die Selbstmordhäufigkeit. Er überprüfte 2497 Fälle von Selbstmord auf ihre zeitliche Beziehung zu Mondphasen, Umlaufphasen des Mondes um die Erde, Sonnenflecken, geomagnetischen Fluktuationen u. ä. Bedingungen. Er fand keinerlei überzufällige Korrelationen, und zwar weder während der Erscheinungen noch in den fünf Tagen vorher oder in den fünf Tagen nachher.

2.7. Somato-pathologische Befunde

Die Vermutung, Selbstmordhandlungen seien als Ausdruck einer Organerkrankung, speziell einer Hirnkrankheit, anzusehen, hat schon längst keine ernsthaften Vertreter mehr. Um die Jahrhundertwende haben Heller und Pfeiffer (zit. n. Thomas 1964) Hunderte von Sektionen durchgeführt, um diese Hypothese zu stützen. Die einzige neuere Arbeit von Veith (1960) ist sehr zurückhaltend. Bei Sektionen von acht durch Selbstmord umgekommenen Patienten fand der Autor nach Art und Ursache verschiedenartige Hirnveränderungen. Er diskutiert, ob diese hirnorganischen Veränderungen eventuell zu einer Herabsetzung der freien Willensbestimmung und damit mittelbar zur Selbstmordhandlung beigetragen haben könnten.

2.8. Menstruation

Das Prämenstruum und die Menstruation haben einen deutlichen Einfluß auf die Häufigkeit der Selbstmordversuche bei Frauen (Bochnik 1962, Hausmann u. a. 1968, Tonks u. a. 1968). Diese Beobachtung entspricht ähnlichen, nach denen in dieser Zeit auch Unfälle, Erkrankungen, speziell psychiatrische Erkrankungen, häufiger auftreten, und kann demnach nur als unspezifisches Phänomen gewertet werden.

3. Soziologische Korrelationen

3.1. Die aktuelle soziale Situation

Die besondere Bedeutung der sozialen Situation für die Suizidanten gehört zu den frühesten und am besten gesicherten Erkenntnissen der empirischen Suizidforschung. Durkheim (1879) baute auf ihnen seine auch heute noch bedeutsame Theorie auf. Seine Befunde wurden zum Teil widerlegt, im wesentlichen aber bestätigt von zahllosen späteren Untersuchern.

Der methodische Mangel der meisten dieser Untersuchungen liegt darin, daß die sozialen Beziehungen des Suizidanten verglichen werden mit der statistischen oder idealtypischen Norm, also mit seiner objektiven Situation, nicht aber damit, wie der Betreffende seine sozialen Beziehungen erlebt, also mit seiner subjektiven Situation. Der letzte Aspekt läßt sich methodisch schwerer fassen. Auf seine Bedeutsamkeit weisen besonders Munich (1964; zit. n. Wiendieck 1970) und Wiendieck (1970) hin, die zwischen der *sozialen Isolierung* einerseits und dem *Einsamkeitsgefühl* andererseits unterscheiden. Nur die Hälfte der sozial Isolierten leiden nach Munich auch unter Einsamkeitsgefühlen. Unter den Suizidalen findet Wiendieck signifikant häufiger solche Menschen, die nicht nur sozial isoliert sind, sondern darüber hinaus sich einsam fühlen.

Berücksichtigt man die subjektive Situation nicht, sind die Befunde für die Suizidproblematik unspezifischer. Immerhin zeigen die weitgehend übereinstimmenden Befunde, daß Schlußfolgerungen von der objektiven Isolierung auf die subjektive Einsamkeit für einen großen Teil der Population zutreffen.

Durkheim (1879) stellte auf Grund seiner soziologischen Erhebungen die Theorie auf: Je mehr ein Individuum in eine soziale Gruppe (Familie, Religionsgemeinschaft, politisches System u. ä.) integriert ist, desto geringer ist seine Selbstmordgefährdung.

Das gilt nicht für den relativ seltenen *altruistischen* Suizid von Militärs, Agenten, Diplomaten, für das Harakiri der Samurai, das Sichtöten von Greisen in bestimmten Kulturen. Diese Menschen sind zwar in ihre Gruppe integriert, nehmen sich aber das Leben, gerade weil die Gruppe es erwartet. Fehlt die Integration, spricht DURKHEIM vom *egoistischen* Selbstmord. Geht die Integration auf Grund bestimmter Umstände verloren und gerät eine Person in einen Zustand der «Normenlosigkeit» und bringt sie sich dann um, spricht DURKHEIM vom *anomischen* Selbstmord (vgl. die Diskussion des nicht ganz klar definierten Anomiebegriffs bei BRAUN 1971).

Die suizidverhütende Rolle der sozialen Integration bzw. die suizidfördernde Rolle der sozialen Isolierung wurde nach DURKHEIM von verschiedensten Autoren aus den verschiedensten Ländern bestätigt. Die von GORDON u. a. (1950) in einer epidemiologischen Untersuchung gefundenen *Risikogruppen* für Suizidhandlungen haben als gemeinsamen Nenner eine Lockerung bzw. Gefährdung der sozialen Integration. Es sind:

Verfolgte und Flüchtlinge,
Alkoholiker und Süchtige, besonders nach dem Rausch,
Kriminelle, besonders nach der Tat,
Homosexuelle,
chronisch bzw. unheilbar Kranke,
alte Menschen,
Menschen in Ehekrisen,
Menschen in schwerem sozialem Notstand,
Umsiedler bzw. Einwanderer,
Angehörige von Suizidanten, besonders nach deren Suizidhandlung,
Menschen, die an Verkehrsunfällen beteiligt sind.

Nach LUNGERSHAUSEN (1968) gehören auch Studenten in diese Reihe. Bei ihnen liegt die Suizidziffer (bezogen auf 100000 Studenten und ein Jahr) mit 23,9 weit höher als in der vergleichbaren Altersgruppe des Landes Nordrhein-Westfalen (13,3). Ähnliche Verhältnisse beschreibt SEIDEN (zit. n. LUNGERSHAUSEN) für US-Studenten.

Ganz entsprechend dieser Interpretation finden BAYREUTHER (1965), DOTZAUER u. a. (1965), LESTER und LESTER (1971), LINDEN (1969), OTTO (1971), PARNITZKE (1965), RINGEL u. a. (1969), ROSEN (1970), SAINSBURY (1965), FARBEROW und SHNEIDMAN (1961) u. a. eine größere Häufigkeit von Suizidhandlungen bei Alleinstehenden (Ledigen, Verwitweten, Geschiedenen) als bei Verheirateten. Alleinstehende machten unter den Suizidanten von STENGEL und COOK (1958) 27 Prozent aus, während der Prozentsatz der Alleinstehenden in der Gesamtbevölkerung damals sieben Prozent betrug. Zu ähnlichen Ergebnissen kommen FARBEROW und SHNEIDMAN (1961). BÖCKER (1972) macht auf die hohe Suizidrate unselbständig tätiger Männer im Vergleich zu Selbständigen aufmerksam. Die methodisch gut abgesicherte «Status-Integrations»-Theorie von GIBBS und MARTIN (1964) mit dem Ergebnis, je höher die Statusintegration, desto niedriger die Suizidgefahr, geht in dieselbe Richtung.

Die mangelnde soziale Integration kann *nicht nur soziologische Gründe* haben, jedenfalls nicht solche aus der aktuellen Situation. Denn zum Selbstmord neigende Personen lassen auch in ihrer früheren Lebensgeschichte

Kontaktschwierigkeiten erkennen. Ihre zwischenmenschlichen Beziehungen waren «schon immer» quantitativ gering oder/und qualitativ wenig tiefgehend und flüchtig bzw. störanfällig (vgl. z. B. die Beobachtungen und diesbezüglichen Statistiken von v. ANDICS 1938, KOCKOTT u. a. 1970, LINDEN 1969, RINGEL 1953 und 1969, SAINSBURY 1965, v. SCHLIEFFEN 1969) (vgl. auch Kapitel II 4.5 und II 6, 5).

Beispielhaft seien einige Zahlen aus der Untersuchung v. SCHLIEFFENS (1969) an 77 Patienten nach Selbstmordversuchen aufgeführt: 35 waren zwar verheiratet, nur sechs davon bezeichneten ihre Ehe jedoch als «ausgeglichen». 60 hatten keine oder nur wenige Freunde. 43 hatten nie einem Verein angehört. Zum Zeitpunkt des Selbstmordversuchs waren nur vier Mitglieder einer Vereinigung. Ähnliche Beispiele bringt LINDEN (1969).

Als positiver Beleg für die suizidverhütende Bedeutung sozialer Integration wird der günstige Einfluß angesehen, den die Einführung des «Prinzips der offenen Tür» in den psychiatrischen Kliniken Englands hatte. Lag die Suizidziffer für diese Häuser in den Jahren 1920 bis 1947 bei durchschnittlich 50 auf 100000 Patienten und Jahr, sank sie nach Einführung dieses Prinzips auf 37 pro 100000 Patienten und Jahr (Suizidziffer von 1956; SAINSBURY 1965).

3.2. Größe des Wohnortes

Eine positive Korrelation der Suizidfrequenz mit der Größe des Wohnortes hat ebenfalls schon DURKHEIM (1879, 1897) gefunden; sie wurde immer wieder bestätigt. Eine scheinbare Ausnahme von dieser Regel untersuchten STENGEL und COOK (1961). Die relativ zur geringen Einwohnerzahl sehr hohe Suizidziffer erklärte sich dadurch, daß diese Stadt überaltert war. Durch das Fehlen an Industrie verlor sie ständig junge Menschen, während die alten blieben.

Interpretiert wird die Abhängigkeit der Suizidziffer von der Größe des Wohnortes mit der größeren sozialen Integration in kleineren Gemeinschaften. In diesem Sinne werden auch die höheren Suizidziffern in Stadtbezirken mit hoher sozialer Mobilität und mit wohlhabender Bevölkerung verstanden (SAINSBURY 1955). Umgekehrt haben Einwohner von Stadtbezirken mit starkem Zusammenhalt, z. B. Gettobewohner, eine geringere Suizidhäufigkeit. Amerikanische Neger haben eine geringere Selbstmordrate als weiße Amerikaner. Die Rate steigt aber an mit der Assimilation der Neger in der Gesellschaft.

3.3. Schichtenverteilung

Die Bedeutung der sozialen Schicht läßt sich statistisch *nicht eindeutig belegen*. SAINSBURY (1955) fand bei seinen ökologischen Untersuchungen in 28 Londoner Stadtbezirken eine positive Korrelation der Selbstmordfrequenz zur Höhe des sozioökonomischen Status, ähnlich WEISS (1953). SHNEIDMAN und FARBEROW (1960) konnten das für das Stadtgebiet von Los Angeles nicht bestätigen. Bei ihren Untersuchungen in den Jahren 1956–58 war der Prozentsatz der Suizide in allen sozioökonomischen Klassen annähernd gleich. Die (allerdings geringe) Population v. SCHLIEFFENS ließ ebenfalls keine deutliche Schichtenverteilung erkennen.

STENGEL (1969) stellt für England fest und übertrug dieses Ergebnis (ohne Angabe der Quellen) auch auf andere europäische Länder, daß die Selbstmordhäufigkeit in den letzten Jahrzehnten am höchsten bei den Akademikern und Managern (Klasse I) lag, gefolgt von den selbständigen Geschäftsleuten und den leitenden Angestellten (Klasse II). Die Facharbeiter (Klasse III) und angelernten Arbeiter (Klasse IV) haben niedrige, die ungelernten Arbeiter (Klasse V) annähernd so hohe Suizidziffern wie Klasse II. STENGEL weist aber darauf hin, daß die Schichtenverteilung zeitlich wie mit Altersstufen variiert. In den zwanziger Jahren hatte z. B. die Klasse II die höchste Suizidrate. Bei seinen Untersuchungen waren die alten Menschen (über 65) der Klassen III und V überrepräsentiert, was er auf die größere wirtschaftliche Sicherheit der oberen Klassen im Alter zurückführt. STENGEL berichtet (wiederum ohne Angabe der Quelle), daß in den letzten Jahren in den USA die Klasse V die höchste Suizidquote aufwies.

Die Ergebnisse zeigen, wie auch POHLMEIER (1971) betont, keine klare Schichtenverteilung, so daß vorläufig gefolgert werden muß, daß die Zugehörigkeit zu einer sozialen Schicht kein sehr maßgeblicher Faktor für die Suizidhäufigkeit ist.

3.4. Konfessionszugehörigkeit

Die von DURKHEIM (1879, 1897) gefundene und von ihm generalisierte geringe Suizidneigung bei Katholiken im Vergleich zu Protestanten hat sich *nicht bestätigt*. Die Differenz muß mit Eigentümlichkeiten der Katholiken bzw. Protestanten seiner Population zu tun gehabt haben. Richtig ist, daß in katholischen Ländern wie Italien, Spanien, Portugal, Irland die Selbstmordziffer sehr niedrig liegt (zwischen 2,7 und 8,3 pro Jahr und 100000 Einwohner), in protestantischen Ländern wie Dänemark, Schweden, Finnland dagegen relativ hoch (zwischen 21 und 22 pro Jahr und 100000 Einwohner). Demgegenüber steigt in anderen katholischen Ländern wie Österreich und Ungarn die Selbstmordziffer noch höher als in Dänemark, Schweden und Finnland (nämlich auf 23,3 bzw. 23,5 pro Jahr und 100000 Einwohner), während protestantische Länder wie Norwegen und Island eine Selbstmordziffer von nur 7,3 bzw. 5,4 pro Jahr und 100000 Einwohner aufweisen (Statistisches Jahrbuch der BRD 1960, zit. n. THOMAS 1964).

3.5. Bedrohliche Lebensumstände

Ein Phänomen, welches zu Spekulationen Anlaß gibt, ist die Tatsache, daß unter belastenden, ja lebensbedrohlichen Umständen wie Krieg, Lagerhaft, auch KZ-Haft Selbstmordhandlungen sehr selten sind (HENTIG, PICARD, zit. n. v. BAEYER 1948; v. BAEYER 1948, BOCHNIK 1962, POHLMEIER 1971, STENGEL 1969 u. a.). Nach der sehr großen Population von BOCHNIK (2600 Suizidversuche aus 25 Jahren) sank die Zahl der Suizidversuche während des Krieges bis auf ein Drittel. Diese Beobachtung gilt nicht nur für kriegführende, sondern auch für neutrale Länder (vgl. hierzu Kap. II 4.6.1; III 1.1; III 2.4.2.4 und V).

4. Psychologische und psychopathologische Korrelationen

4.1. Bewußte Suizidmotive

Spätestens seit GAUPP (1905) sind sich die Suizidforscher darüber einig, daß das bewußte Motiv bzw. der aktuelle Anlaß wenig über die Ätiologie der Suizidhandlung aussagt. Der auslösende Faktor bekommt seinen ätiologischen Stellenwert erst im Kontext vieler anderer disponierender Faktoren (vgl. das Beispiel in Kapitel I 3. Es demonstriert, wie das bewußte Motiv, die finanzielle Belastung, ein relativ äußerlicher Anlaß war, an dem sich ein lebenslanger Konflikt mit Mutter und Schwester nur neu entzündete; vgl. auch BISTER 1965).

Statistiken über die bewußten Motive haben also begrenzten Wert. Immerhin schließen sie ganz abwegige Annahmen aus und können andeuten, in welcher Richtung die maßgeblichen Faktoren gesucht werden müssen. Wie das Beispiel demonstriert und wie im kasuistischen Teil durchgehend belegt werden kann, besteht natürlich ein Zusammenhang zwischen Anlaß und den maßgeblichen Faktoren. Der Anlaß ist nicht beliebig; er paßt gleichsam wie der Schlüssel zum Schloß.

Die statistische Verteilung der bewußten Motive wechselt mit Zeitepochen, Alter und Geschlecht. Ihre Kategorisierung variiert mit den theoretischen Prämissen des jeweiligen Betrachters, so daß die Statistiken nicht streng vergleichbar sind. Genaue Gegenüberstellungen und Auswertungen sind daher sinnlos. Faßt man die Kategorien aber weit genug (z. B. in «Konfliktkreise», BOCHNIK 1962), dann stimmen alle Statistiken darin überein, daß Konflikte im zwischenmenschlichen Bereich zahlenmäßig an weitaus erster Stelle rangieren.

Unter Konflikten im zwischenmenschlichen Bereich werden hier nicht nur Liebes-, Ehe- oder Familienkonflikte verstanden, sondern auch solche, die durch Trennung, Scheidung, Verlust, Tod entstehen. Die letzteren werden oft als Konflikte durch Vereinsamung o. ä. rubriziert. Auch die für Männer häufigeren Konflikte im Beruf dürften zu einem großen Teil in den Bereich der zwischenmenschlichen Konflikte gehören, da sie oft durch Auseinandersetzungen oder Spannungen mit Chef oder Kollegen bedingt sind. Die angegebenen Konflikte infolge wirtschaftlicher Schwierigkeiten wären daraufhin zu prüfen, wem gegenüber die wirtschaftliche Schwierigkeit als konflikthaft erlebt wird (vgl. Beispiel).

Die relativ seltenen Suizidhandlungen, die ihre Motive nicht dem zwischenmenschlichen Bereich entnehmen (z. B. unheilbare Krankheit, Gefühl, vor dem eigenen Ideal versagt zu haben u. ä.), müßten ebenfalls genauer auf ihre subjektive Bedeutung geprüft werden.

4.2. Nosologische Einordnung

Die Kriterien für die diagnostische Einordnung der den Suizidhandlungen zugrundeliegenden psychologischen bzw. psychopathologischen Vorgänge sind sehr uneinheitlich. Bekanntlich ist dies ein allgemeines Problem in der Psychiatrie, sobald es sich nicht mehr um klare nosologische Entitäten handelt, sondern um komplexere psychopathologische Phänomene. Die Einordnung ist abhängig von Zeitströmungen, theoretischen Schulen, persönlichen Vorlieben und auch von der Bequemlichkeit des Untersuchers. Eindeutig ist nur, daß *Suizidhandlungen* allgemein gesehen *nosologisch unspezifisch* sind. Das betonte schon ZILBOORG (1936); RINGEL (1953) belegte es eindrucksvoll mit dem präsuizidalen Syndrom (s. u.).

Die Statistiken über die Zugehörigkeit von Suizidhandlungen zu diagnostischen Kriterien sind demnach praktisch nicht vergleichbar. Nur sehr grobe Einteilungen dürften bei Vergleich sehr vieler Autoren einen Aufschluß wenigstens über die Größenordnung einzelner diagnostischer Kategorien geben. Zu solchen groben Einteilungen gehören die Kategorien *Psychose/Nichtpsychose*.

Selbst hier sind, worauf LINDEN (1969) aufmerksam macht, noch drei Einschränkungen zu berücksichtigen:

1. Früher wurden häufiger Depressionen als endogen klassifiziert, so daß ältere Arbeiten mit jüngeren nicht einfach parallelisiert werden können.

2. Statistiken aus psychiatrischen Kliniken liegt in der Regel kein repräsentativer Querschnitt von Suizidpatienten zugrunde. Die Zahl der Psychosen wird bei ihnen erhöht sein. Untersuchungen an großen Zahlen relativ unausgelesener Suizidanten wurden erst in den letzten Jahren mit der

Untersucher		Größe d. Stichprobe	Art der Suizidhandlung	Herkunft der Stichprobe	Prozentsatz an Psychosen	Bemerkungen
BÖCKER u. a.	(1970)	134	S	Psychiatr. Klinik	39	
FEUDELL	(1965)	700	SV	Med. Klinik	10	
GRÜNEBERG u. a.	(1971)	529	SV	Reanimationszentrum	8,3	einschl. symptomat. Psychosen und Oligophrenien
HAUSMANN u. a.	(1968)	832	SV	Psychiatr. Klinik	12	ausschließl. weibl. Patienten
HENSELER		250	SV	Med. Klinik	9	
KOCKOTT u. a.	(1970)	100	SV	Reanimationszentrum	8	
LINDEN	(1969)	388	SV	Psychiatr. Klinik	8	
PÖLDINGER	(1968)	440	SV	Psychiatr. Klinik	15	
RINGEL	(1961)	50	S	Katamnese	33	

Tab. 3: *Übersicht über die Häufigkeit von Psychosen bei Suizidpatienten (Angaben aus der jüngeren deutschsprachigen Literatur)*

Einrichtung von Reanimationszentren bzw. Intensivpflegestationen möglich.

3. Auch in diesen Populationen fehlt die große Zahl der nicht stationär aufgenommenen Suizidanten. Bei ihnen dürfte es sich vorwiegend um Nichtpsychotiker handeln.

LINDEN (1969) vergleicht sowohl ältere als auch neuere Angaben nach den ersten beiden Gesichtspunkten. Er kommt zu dem Ergebnis, daß im deutschen Sprachbereich bei Patienten mit Selbstmordversuchen von einer Psychosenquote zwischen 8 und 15 Prozent ausgegangen werden muß. Die neueren Arbeiten lassen bei Berücksichtigung der obengenannten Gesichtspunkte einen eher noch niedrigeren Prozentsatz vermuten.

Unter den «erfolgreichen» Suizidanten wird die Psychosenquote zwischen 30 und 40 Prozent geschätzt. Hier handelt es sich natürlich um nachträgliche Rekonstruktionen der Diagnose durch Außenanamnesen.

Einen Überblick über die Verhältnisse bietet die Tabelle 3.

Einen wichtigen Hinweis gibt die Übersichtsarbeit von DAVIS (1967) über dieses Problem im angloamerikanischen Schrifttum. In über 50 Publikationen fand er einen Mittelwert von 10,2 Prozent Psychosen bei Patienten nach Suizidversuchen. Diese relativ niedrige Zahl ist um so bemerkenswerter, als im angloamerikanischen Sprachbereich der Psychosebegriff weiter gefaßt wird als im deutschen.

Zur Frage der diagnostischen bzw. nosologischen Zuordnung der Suizidhandlungen seien noch einige *überraschende Befunde* erwähnt, die wenig beachtet werden, weil sie negativ sind. Gerade deshalb sind sie jedoch besonders aussagekräftig.

RINGEL (1953) betont, daß er unter seinen 745 Patienten *keine einzige Angstneurose* und *keine einzige Zwangsneurose* gefunden hat. Diese Beobachtung stimmt mit dem Ergebnis von GITTLESON (1966) überein, der an 398 depressiven Psychotikern nachwies, daß Zwänge einen hohen Schutz vor Suizid bedeuten. FREUD (1923 a) stellte schon fest: «Der Zwangskranke ... ist wie immun gegen die Selbstmordgefahr» (a. a. O., S. 283).

THOMAS (1970) teilt mit, daß er unter den mehr als 5000 Suizidgefährdeten seiner Beobachtung nur 14 fand, bei denen er *keine* «eindeutige schwere seelische Erkrankung» feststellen mußte.

PÖLDINGER (1968) widerlegt an seinem Krankengut die Annahme, daß endogen Depressive häufiger Suizidhandlungen begehen als psychogen Depressive. An 337 endogen und psychogen Depressiven und Schizophrenen führte er eine Katamnese nach zehn Jahren durch. Er fand *keinen* statistisch signifikanten Unterschied zwischen den drei diagnostischen Gruppen bezüglich des Suizidrisikos. Einen Unterschied findet er in der Ernsthaftigkeit der Motivation, was wiederum eine Interpretation beinhaltet.

Die Existenz eines *Bilanzselbstmordes* (HOCHE 1919), der ohnehin eine fragwürdige Interpretation darstellt, muß zunehmend bezweifelt werden. RINGEL (1961) meint, daß es ihn wahrscheinlich gar nicht gibt. BIRAN (1969), der die Psychodynamik des «Freitodes» darzustellen versucht, nennt ihn «eine große Seltenheit» (S. 55). STENGEL (1962) spottet: Die Vorstellung eines Bilanzselbstmordes entspreche «nicht so sehr dem Bedürfnis des Selbstmörders als dem des Untersuchers» (S. 53/54).

4.3. Psychiatrisch auffällige Vorgeschichte

Wie für die nosologische Einordnung gilt für die psychiatrische Anamnese von Menschen mit Suizidhandlungen, daß die Angaben der Literatur nicht vergleichbar sind bzw. streng vergleichbare Erhebungen nicht vorliegen.

Die Frage der psychiatrisch auffälligen Vorgeschichte läßt sich also ähnlich wie die nosologische Einordnung nur für relativ grobe Kategorien beantworten. Als solche sind anamnestische Angaben zu verstehen, die unabhängig von Untersuchern, Methoden und Populationen immer wieder beschrieben werden. Derartige Angaben beziehen sich einerseits auf die Häufigkeit von Suizidversuchen in der Anamnese, andererseits auf psychiatrische Erkrankungen überhaupt.

Die Frage der *früheren Suizidhandlungen* wird in den meisten Arbeiten relativ sorgfältig beachtet, wobei falsche Angaben nicht zu verhindern sind. DAVIS (1967) berichtet in seiner Übersicht angloamerikanischer Literatur, daß in der Vorgeschichte von Suizidanten in 10 bis 30 Prozent der Fälle Suizidversuche zu finden sind.

In der deutschen Literatur werden vorangegangene Suizidversuche relativ übereinstimmend bei etwa 25 Prozent der Patienten angegeben (GRÜNEBERG u. a. 1971: 26 Prozent; HAUSMANN u. a. 1968: 26 Prozent; LINDEN 1969: 22 Prozent; RINGEL 1969: 30 Prozent; v. SCHLIEFFEN 1969: 25 Prozent). BÖKKER u. a. (1970) fanden bei 134 «erfolgreichen» Suiziden sogar in 53 Prozent der Fälle Selbstmordversuche in der Anamnese.

Die wenigen katamnestischen Untersuchungen auf *Rezidive* von Suizidhandlungen kommen merkwürdigerweise zu viel geringeren Zahlen (ETTLINGER 1964: 10 Prozent nach 10 Jahren; RINGEL 1969: 10–20 Prozent innerhalb von 2 bis 3 Jahren, davon 6 Prozent mit tödlichem Ausgang; RUEGSEGGER 1963: 15 Prozent nach 7 Jahren; P. SCHNEIDER 1954: 10 Prozent nach 10 Jahren; STENGEL 1962: 10 Prozent nach 10 Jahren; STENGEL und PARKIN 1965: 4 Prozent nach 1 Jahr). Die Differenz zwischen anamnestischen und katamnestischen Erhebungen könnte mit der zum Teil geringen Zeitspanne (bis zu zehn Jahren), sicher aber auch mit dem Problem des Verschweigens wie der Dunkelziffer überhaupt zu tun haben. Katamnesen können natürlich nur bei solchen Suizidanten durchgeführt werden, die klinisch bekannt geworden sind, während in Anamnesen auch geheimgehaltene Suizidhandlungen eingehen. Bei vorsichtiger Bewertung der Befunde läßt sich einerseits sagen, daß es erstaunlich ist, in wie vielen Fällen die Selbstmordhandlung doch eine einmalige Tat bleibt; andererseits muß betont werden, daß die Gruppe derer, die zu Selbstmordhandlungen neigen, eine weit höhere Mortalität als die Durchschnittsbevölkerung besitzt. – Eine besonders erhöhte Rezidivgefahr für Suizidhandlungen findet STENGEL (1965) bei Alkoholikern.

Zur Frage von *psychiatrischen Auffälligkeiten* in der Vorgeschichte allgemein seien nur einige Autoren erwähnt. OTTO (1971) fand bei 1727 schwedischen Kindern und Adoleszenten, die einen Selbstmordversuch unternommen hatten, häufiger kriminelle Akte, Alkoholabusus und Krankheiten in der Vorgeschichte als bei einer Vergleichsgruppe.

POHLMEIER (1971) diskutiert die These vom Suizidversuch ohne vorhergehende Depression. Fraglose Tatsache ist, daß Suizidanten nur zu einem Teil klinisch auffällige depressive Zustandsbilder in ihrer Vorgeschichte bzw. kurz vor der Suizidhandlung aufweisen. Das kann so weit gehen, daß Menschen, die in ihrer Umgebung als Lebenskünstler gelten und von sich selber behaupten, stets heiteren Gemüts und eigentlich problemlos zu sein, sich plötzlich umzubringen versuchen, sogar ohne sich über den Sinn ihres Tuns im klaren zu sein. Wie selbst solche unbewußten Selbstmordversuche (HENSELER 1971) bei genauerer Betrachtung in biographischen Situationen geschehen, die normalerweise zumindest eine schwere Trauerreaktion, wenn nicht eine depressive Reaktion zur Folge hätten, wurde belegt. Aus den Beispielen geht hervor, wie auf Grund einer bestimmten Idealbildung depressive Reaktionen verleugnet werden müssen, so daß sie nicht nur für den Außenstehenden, sondern auch für den Betreffenden selbst nicht wahrnehmbar sind. KUBIE (1964) spricht von Suizidhandlungen in einer «Pseudoeuphorie». Stellt man aber solche Abwehrmechanismen in Rechnung und faßt man den Begriff der Depression nicht nur deskriptiv, sondern dynamisch, wird man POHLMEIER zustimmen müssen in der These, eine Suizidhandlung ohne Depression gäbe es nicht. (Rein demonstrative Selbstmordgesten werden hier nicht als Selbstmordhandlungen gewertet.)

RINGEL (1953, 1961, 1969) ebenso wie THOMAS (1970) sehen in jeder Selbstmordhandlung «den Abschluß einer krankhaften Entwicklung». Natürlich legen sie an die von ihnen untersuchten Patienten besonders differenzierte Anamnesekriterien an. RINGEL fand «bei der überwiegenden Mehrzahl aller Fälle» unabhängig von der psychiatrischen Diagnose eine chronisch neurotische Entwicklung, die sich weniger in typischen neurotischen Symptomen äußert als in einer «Neurose der Lebensgestaltung». Die 1961 von ihm durch umfangreiche Außenanamnesen untersuchten 50 «erfolgreichen» Suizidanten wiesen mit nur einer Ausnahme sämtlich psychiatrisch auffällige Vorgeschichten auf.

Die Bedeutung einer «abnormen psychischen Vorgeschichte» auch für Alterssuizide betont RINGEL 1961. Obwohl sich bei den 15 «erfolgreichen» Suizidanten über 60 Jahren vielfach hirnorganische Störungen eruieren ließen, wäre «ohne die abnorme psychische Vorgeschichte . . . kein einziger Suizid dieser Gruppe erklärbar» (S. 110). v. SCHLIEFFEN (1969) fand bei 34

Prozent seiner 70 Suizidpatienten klinisch manifeste, in ihrer Art jedoch stark variierende psychiatrische Symptome bzw. Persönlichkeitsstörungen, dagegen kaum somatische Erkrankungen (11 Prozent). 40 Prozent seiner Population beurteilte er als von depressiver Stimmungslage, ebenfalls 40 Prozent dagegen als eher euphorisch, aber labil.

4.4. Belastungen in der frühen Kindheit

Es gibt kaum einen Autor, der über das Selbstmordproblem schreibt und nicht auf die Häufung augenfälliger Belastungen der Suizidpatienten in der frühen Kindheit hinweist bzw. Daten darüber angibt. Alle Autoren stehen aber vor dem methodischen Problem, wie subjektive Belastungen der Kindheit Jahre oder Jahrzehnte später objektiviert werden sollen.

Ob ein Ereignis, z. B. die Scheidung der Eltern, von einem Kind traumatisch erlebt wurde, läßt sich nicht ohne weiteres nachprüfen. Die subjektive Bedeutung einer Scheidung ist ja abhängig von der Persönlichkeitsstruktur des Kindes, seiner Entwicklungsphase, von der Qualität der Ersatzpersonen und anderem mehr. Auch wenn offensichtlich irgendwelche Lebensumstände traumatisch verarbeitet wurden, bleibt die Frage offen, welche diese Umstände waren. Bekanntlich führen nicht nur belastende Einzelereignisse, sondern häufiger noch lang dauernde belastende Lebensumstände zu psychischen Entwicklungsstörungen. Hier helfen nur aufwendige Untersuchungen mit dem psychoanalytischen Verfahren weiter.

Statistische Untersuchungen an größeren Stichproben lassen im allgemeinen aufwendige Untersuchungen zur Klärung dieser Frage nicht zu. So beschränken sich die meisten Autoren auf Erhebung äußerer Einzelereignisse und auf einfache Befragungen nach bewußten Erinnerungen. Solche Erhebungen vernachlässigen notwendigerweise die Tatsache der Amnesie für die frühen Lebensjahre, die Fähigkeit des Menschen, unangenehme Erlebnisse aus dem bewußten Erleben zu verdrängen, die Möglichkeit der Erinnerungsfälschung und der Scheinkausalität.

Dennoch dürften Befragungen nach frühen Verlusten naher Beziehungspersonen, nach der häuslichen Atmosphäre während der Kindheit und nach vagen Erinnerungen einen Sinn haben. Neben den bewußten Erinnerungen gibt es ja tradiertes Wissen, etwa aus Berichten der Eltern oder Nachbarn. Und abgesehen von der Art des individuellen Erlebens im Einzelfall und den Schwierigkeiten der Erinnerung weiß die Entwicklungspsychologie, daß gerade die frühe Kindheit von Belastungen äußerer Art stark beeinflußbar ist und daß es bestimmte Belastungen gibt, die mit hoher Wahrscheinlichkeit traumatisch verarbeitet werden. Zu ihnen gehören insbesondere frühe Elternverluste durch Tod, lange Krankheit, Scheidung oder auch durch innere Abkehr der Mutter auf Grund von depressiven Verstimmungszuständen, land dauernden Ehekrisen o. ä., kurz: grobe emotionale Vernachlässigung des Kindes (vgl. HARTMANN, HENSELER, TUSCHY 1969).

Häufen sich – wie sich zeigen wird – bei Suizidpatienten derartige Daten, sind sie bezüglich der Psychodynamik im Einzelfall zwar mit Vorsicht zu interpretieren, dürften aber für die Häufung psychischer Entwicklungsstörungen in dieser Patientengruppe von maßgeblicher Bedeutung sein. Daß die Hoffnung auf eine spezifische Ursache für die Disposition zum Suizid damit nicht erfüllt werden kann, geht aus dem Gesagten hervor.

ZILBOORG (1937) war der erste, der auf die Beziehung zwischen Suizid und gestörter Eltern-Kind-Beziehung hinwies und den beliebten Begriff *broken home* prägte. Nach ihm haben zahllose Autoren versucht, diesen Sachverhalt zu be- oder widerlegen. Leider sind die Untersuchungen wiederum nicht streng vergleichbar, da das «broken home» nicht einheitlich definiert wird und die Populationen nicht vergleichbar gewählt sind. Es können daher im folgenden nur eine Reihe von Untersuchungen skizziert werden, die bei aller Problematik für den Einzelfall in ihren Ergebnissen doch dahin konvergieren, daß schwerwiegende psychische Belastungen in den frühen Kinderjahren für die Vorgeschichte von Suizidanten regelhaft aufzufinden sind.

v. ANDICS (1938) untersuchte 100 Patienten nach einem Selbstmordversuch. Bei 60 von ihnen fand sie eine «unvollständige Familie in der Kindheit». Nur 15 der Patienten empfanden ihre Kindheit als «befriedigend».

BIRTCHNELL (1970) verglich 104 Patienten nach einem Selbstmordversuch mit 145 nichtsuizidalen Patienten einer psychiatrischen Klinik. Er fand eine signifikante Häufung von frühen Elternverlusten (bis zum 20. Lebensjahr) und illegitimer Geburt bei den Suizidpatienten. HAFFTER u. a. (1966) beschreiben 40 Jugendliche, die einen Selbstmordversuch unternommen hatten. Bei 34 von ihnen war die Familie «dissoziiert» bzw. durch schwere Konflikte beeinträchtigt. Ebenfalls 34 erinnerten bezüglich ihrer Kindheit einen «deutlichen Mangel» an Geborgenheit und liebevoller Zuwendung. HARTMANN (1970) befragte 100 hospitalisierte minderjährige Suizidanten. 98 Prozent der nichtschizophrenen und 82 Prozent der schizophrenen Probanden gaben grobe Fürsorgemängel seitens der Eltern an.

LEVI u. a. (1966) verglichen eine Gruppe von Patienten nach einem Selbstmordversuch (Gruppe A) mit einer Gruppe von Menschen mit Suizidtendenzen (Gruppe B) und einer Gruppe Nichtsuizidaler (Gruppe C) in bezug auf Trennungserlebnisse in der Biographie. Unter Trennungserlebnissen verstanden sie die Trennung von nahestehenden Personen ohne Kontaktmöglichkeiten über einen Zeitraum von mindestens sechs Monaten. Bei den Gruppen A und B fanden sich im Vergleich zu Gruppe C gehäuft Trennungserlebnisse, bei Gruppe A gehäuft solche vor dem 7. Lebensjahr.

RINGEL (1953) untersuchte 650 nichtpsychotische Patienten auf «gute» bzw. «schlechte» Kindheit. Unter schlechter Kindheit verstand er frühen Elternverlust, zerrüttete Familienverhältnisse, ungünstige Stellung in der Geschwisterreihe, körperliche Schäden und Benachteiligungen. Nach diesen Kriterien ließen nur 70 Patienten eine «gute Kindheit» vermuten. Bei 86 weiteren war diese Frage nicht zu klären. RINGEL (1961) untersuchte per Außenanamnesen auch 50 «erfolgreiche» Suizidanten. Es ergab sich, daß bei 37 von ihnen schon rein äußerlich abnorme Familienverhältnisse in der frühen Kindheit bestanden hatten. Bei seinen Untersuchungen an 136 jugendlichen Suizidpatientinnen (RINGEL 1965) fand er nur 24 mit einem «intakten Elternhaus».

v. SCHLIEFFENS (1969) Erhebungen an 77 Patienten nach Selbstmordversuchen ergaben, daß 35 Prozent von ihnen vor dem 12., 50 Prozent von ihnen vor dem 20. Lebensjahr einen Elternteil durch Tod oder Trennung verloren hatten. WALTON (1958; zit. n. STENGEL 1965) verglich aus einer Gruppe von 223 Depressiven diejenigen (n=78), die aus «broken homes» stammten, mit der Restgruppe (n=145). Unter «broken home» verstand WALTON den Verlust eines Elternteils oder ernste, das Familienleben störende elterliche Konflikte in der Zeit vor dem 15. Lebensjahr. Bei den Depressiven aus «broken homes» fand er Suizidversuche in der Vorgeschichte in 59 Prozent der Fälle, in der Vergleichsgruppe nur in 22 Prozent der Fälle.

LESTER und LESTER (1971) fassen ihre Literaturdiskussion zu dieser Frage wie folgt zusammen: Daß familiäre Belastungen in der frühen Kindheit den Suizid wahrscheinlicher machen, scheint gesichert; welche die Belastungen sind, dagegen nicht. Es sei verwiesen auf die eigenen statistischen Erhebungen (Kapitel IV). Weitere systematische Untersuchungen sind in Ulm geplant.

4.5. Besonderheiten der psychischen Entwicklung

Es gibt nur wenige Autoren, die sich nicht auf die Erhebung von Querschnittsdaten (z. B. frühe Elternverluste) beschränken, sondern bestimmte Aspekte im *Längsschnitt* über die ganze Lebensgeschichte hinweg zu verfolgen suchen. Diese Autoren kommen zu Beobachtungen, die die zahlreichen Daten über die frühe Kindheit mit den Daten über die Auffälligkeiten der psychiatrischen Vorgeschichte und den Besonderheiten der aktuellen Situation in einen Zusammenhang zu bringen vermögen.

Unter diesen Autoren ist an erster Stelle RINGEL zu nennen, der 1953 ein Syndrom, bestehend aus Einengung, Aggressionsumkehr und Suizidphantasien beschrieb, welches als *präsuizidales Syndrom* von der Fachwelt akzeptiert wurde und sich «in zwanzig Jahren bewährt und bestätigt hat» (RINGEL 1969). Das Syndrom sagt zwar nicht mit Sicherheit eine Suizidhandlung voraus, ist in dem Sinne also nicht spezifisch; es gilt aber als «richtungweisend» (WEITBRECHT nach RINGEL, a. a. O., S. 103), indem es «eindringlich auf eine bestehende Selbstmordgefahr hinweist und zu entsprechenden Gegenmaßnahmen verpflichtet».

Wie diese Formulierung zeigt, wird der Wert des präsuizidalen Syndroms vor allem im diagnostisch-prognostischen Bereich gesehen. Ein zweiter

Aspekt, nämlich die Frage, wie es zu dem präsuizidalen Syndrom kommt, welche Psychodynamik das präsuizidale Syndrom eigentlich hervorruft, wird von RINGEL zwar gesehen, aber zu wenig gewürdigt. Es wird nicht bedacht, daß das präsuizidale Syndrom einen Teil der gesuchten allgemeinen, d. h. überindividuellen und nosologisch unspezifischen suizidalen Psychodynamik widerspiegelt. Wüßte man mehr über Psychogenese und Psychodynamik des präsuizidalen Syndroms, würde sich der Weg zu einer gezielteren kausalen Therapie der Suizidalität öffnen.

RINGEL hat die Chance natürlich gesehen und zahlreiche Beobachtungen und Überlegungen zur Genese und Dynamik des präsuizidalen Syndroms gegeben. Doch ist er den Weg der genetisch-dynamischen Betrachtung nicht konsequent genug gegangen. In seiner Darstellung vermischen sich hin und wieder genetisch-dynamische und deskriptive Beschreibung, was zur Folge hat, daß Entstehungsgeschichte und Manifestation des präsuizidalen Syndroms nicht zu einem einheitlichen Bild verschmelzen.

Trägt man zusammen, was RINGEL über die *Genese* des präsuizidalen Syndroms schreibt, ergibt sich etwa folgendes Bild: Das Syndrom entwickelt sich im Ablauf einer krankhaften Entwicklung hin zum Suizid. Soweit es sich um eine neurotische Entwicklung handelt, gibt es keine spezifischen Traumata, die zu dem Syndrom prädisponieren; vielmehr führen Bedingungen verschiedener Art zu einer «schweren Neurotisierung in der Kindheit» mit dem zentralen Symptom der «Ich-Verunsicherung». Die frühesten Symptome gehen «einheitlich in die Richtung eines gehemmten und entmutigten Kindes mit schüchternem, unsicherem, ängstlichem und kontaktgestörtem Verhalten». Die traumatisierenden Bedingungen scheinen nicht einmalig, sondern fortgesetzt in allen Phasen der frühkindlichen Entwicklung wirksam zu sein. Aus diesem «Kindheitssyndrom» entwickeln sich nicht die klassischen Neuroseformen – wie hysterische, phobische, anankastische, neurasthenische oder psychosomatische Bilder –, vielmehr eine «Neurose zum Selbstmord hin», eine «Neurose der Lebensgestaltung» bzw. der «Lebensverunstaltung».

RINGEL sieht diese neurotische Entwicklung durch drei Faktoren bestimmt: erstens durch eine «grundsätzlich entmutigte Lebenseinstellung», die a priori eine Einengung des Lebensraums bewirkt; zweitens durch eine Fixierung an stereotype Apperzeptions- und Verhaltensmuster, die im Sinne des Wiederholungszwangs die ursprünglich pathogene Konstellation endlos perpetuieren; drittens durch neurotische Übertragungshaltungen, die auf jede neue Person die Erwartung des Nichtverstandenwerdens, ja des Alleingelassenwerdens übertragen.

Diese Konstellation bedingt einen Circulus vitiosus und einen regressiven Entwicklungstrend, den RINGEL *Einengung* nennt. Auf aktive Gestaltung wird verzichtet zugunsten passiver Erwartungshaltung. Die immer neuen Mißerfolge und Enttäuschungen führen zu einer mangelnden Wertobjektivierung und zu einem Wuchern subjektiven Werterlebens. Sie steigern die

Vulnerabilität und den Aggressionsdruck. Die Erfahrungen der Entmutigung haben zur Ausbildung eines rigiden und strengen Über-Ichs geführt, welches Aggressionsabfuhr verbietet bzw. mit Selbstbestrafung ahndet. Die *Suizidphantasien* in ihrer passiv sich aufdrängenden Art und die *Aggressionsumkehr* liegen in der Konsequenz dieser Entwicklung (zur genaueren Deskription des Einengungsbegriffes vgl. RINGEL 1969).

Das Auftreten des präsuizidalen Syndroms in klinisch relevanter Form ist vor dem Hintergrund dieser Entwicklung der Kristallisation in einer gesättigten Sole zu vergleichen. RINGEL zitiert MENNINGER: «Selbstmörder ist man, lange bevor man Selbstmord begeht» (alle Zitate 1969, S. 67ff).

Zur Dynamik der Entwicklung und Manifestation des präsuizidalen Syndroms bringt RINGEL folgende Vorstellungen: Die entscheidenden Momente, die die neurotische Entwicklung und die Ausbildung des Syndroms in Gang halten, sind *Kränkungen, Enttäuschungen, Mißerfolge*. Für diese Momente sind in der Regel *nahestehende Personen* verantwortlich. Kränkungen, Enttäuschungen und Mißerfolge forcieren die Einengung. Einengung ist ein *regressiver Vorgang*. Dieser Vorgang ist die «Grundlage des Syndroms» (a. a. O., S. 99). Die Regression dient der *Abwehr*, dem Selbstschutz, wie überhaupt das präsuizidale Syndrom ein «spezifischer Abwehrmechanismus» sei, dem tragischerweise ein Circulus vitiosus innewohne (a. a. O., S. 97).

Weniger umfassend als ausschnittweise betonen Autoren wie BERGLER (1946), GARMA (1944), TABACHNICK (1961) und WEISFOGEL (1969) Persönlichkeitszüge, die sich bei Suizidanten häufig finden, nämlich eine Kombination von *oral-passiver* und *masochistischer* Einstellung. Die Autoren leiten sie ab von frühen Störungen der Mutter-Kind-Beziehung. Vor allem TABACHNICK beobachtete, daß solche Menschen sich häufig ähnlich strukturierte Partner wählen, bei denen aber die Abhängigkeitswünsche durch altruistische Abtretung abgewehrt sind. Die Folge ist eine «destruktive Symbiose» (TABACHNICK 1961). Häufig finden sich Suizidgedanken oder Suizidversuche auch bei dem Partner dieser Menschen. RINGELS Ich-Verunsicherung und die «oral-passive und masochistische Einstellung» dürften sich nicht widersprechen.

Mit anderen Begriffen, im Grunde aber ganz ähnlich wie RINGEL, faßt v. SCHLIEFFEN (1969) zusammen, daß bei den Suizidpatienten seiner Stichprobe «in der weitaus überwiegenden Zahl» der Fälle eine akute und/oder chronische Störung zwischenmenschlicher Beziehungen vorausging. Er sieht als genetisch maßgebend den mangelnden affektiven Kontakt des Kindes zu den primären Beziehungspersonen an. Die notwendige Folge sind ein *mangelhaftes Selbstwertgefühl* sowie *instabile Kommunikationssysteme* mit geringer Krisentoleranz. In der Entwicklung lasse sich dann einerseits eine zunehmende soziale Isolierung und korrespondierend dazu ein Rückzug aus sämtlichen sozialen Bindungen verfolgen, andererseits aber eine Hinwendung zu «symbiotischen Zwei-Personen-Beziehungen». Diese

Entwicklung beinhaltet die Gefahr einer fehlerhaften Selbst-, Fremd- und Realitätsbeurteilung, führt zu überhöhten Erwartungen und im Konfliktfall zu narzißtischen Kränkungen und Entbindung von Aggression.

Diese Aussagen v. SCHLIEFFENS dürften deswegen ein besonderes Gewicht haben, als sie die Zusammenfassung umfangreicher biographischer und soziographischer Erhebungen und ausgiebiger testpsychologischer Diagnostik darstellen.

ZUMPE (vgl. HAFFTER, WAAGE und ZUMPE 1966) beobachtete 40 Kinder und Jugendliche zwei bis acht Jahre nach einem Suizidversuch. 34 von 40 hatten jahrelang vor dem Selbstmordversuch erhebliche Kontaktstörungen gezeigt sowie das subjektive Erleben eines erheblichen Mangels an Geborgenheit und liebevoller Zuwendung, vor allem in der Kindheit.

4.6. Besonderheiten der präsuizidalen Persönlichkeit

Es gibt nur wenige Versuche, Besonderheiten der Persönlichkeit des Suizidanten objektivierend zu erfassen. Soweit diese Versuche mit psychologischen *Testmethoden* unternommen wurden, lassen sich ihre Ergebnisse, wie v. SCHLIEFFEN (1969) betont, nur unter Vorbehalt vergleichen, da die Untersuchungen zum Teil an zu geringen Stichproben und an nicht auslesefreien Populationen unternommen wurden und da die verschiedenen Tests verschiedene Phänomene erfassen und nicht die gleiche Nomenklatur verwenden. Auch v. SCHLIEFFENS eigene umfangreiche Testuntersuchung an Suizidpatienten kommt über das relativ unspezifische Merkmal einer allgemeinen Stimmungslabilität nicht zu spezifischen Verhaltensmustern, Persönlichkeitseigenarten oder strukturellen Persönlichkeitsmerkmalen, die allen Suizidanten gemeinsam sind (ähnlich LESTER und LESTER 1971, S. 50).

Es erhebt sich die Frage: Liegt das an der Persönlichkeit des Suizidanten oder an der (noch) mangelhaften Methodik? Denkbar wäre, daß genetisch, dynamisch und strukturell völlig verschiedene Persönlichkeiten zu Handlungen kommen, die nur im letzten Schritt, nämlich in der Suizidhandlung, eine Gemeinsamkeit aufweisen. Ebenso denkbar aber wäre, daß die bisherigen testpsychologischen Methoden nicht geeignet sind, eventuell doch vorhandene gemeinsame Persönlichkeitszüge zu erfassen. Oder sie erfassen sie zwar, aber ihre Auswertungskriterien berücksichtigen nicht die gemeinsamen Persönlichkeitszüge. So könnte eine Optik zur Anwendung kommen, die der Psychologie der Suizidhandlung und der präsuizidalen Persönlichkeit nicht angemessen ist. Statt eines einheitlichen Bildes registriert man dann scheinbar unzusammenhängende Einzelheiten, die unter einer anderen Optik eventuell verschmelzen würden.

Die Bedeutung der angemessenen Optik für die Erfassung eines Zusammenhanges wurde schon in Verbindung mit dem präsuizidalen Syndrom von RINGEL erörtert. Der Sprung von der genetisch-dynamischen zur deskriptiven Betrachtungsweise behinderte die Erfassung des Syndroms als Ausdruck eines einheitlichen Vorgangs. Dabei ist gerade das präsuizidale Syndrom ein Hinweis darauf, daß es so etwas wie eine allgemeine Psychodynamik der Suizidalität und also auch gewisse Gemeinsamkeiten der zum Suizid neigenden Persönlichkeit geben müßte. Dafür sprechen auch die bisher beschriebenen Gesetzmäßigkeiten über Suizidhandlungen und suizidale Persönlichkeiten und ihre Beziehungen zu physikalischen, biologischen, soziologischen und psychologischen Bedingungen. Daß diese Gemeinsamkeiten nicht als starre Gesetzmäßigkeiten aufgefaßt werden dürfen, vielmehr individuelle und situationsbedingte Varianten zulassen, dürfte selbstverständlich sein, obwohl gerade dieser Umstand die Objektivierung der Gemeinsamkeiten (z. B. testdiagnostisch) erschwert.

Daß es Gemeinsamkeiten der präsuizidalen Persönlichkeit gibt, auch wenn die einzelnen Eigenschaften nicht bei jeder Persönlichkeit und nicht in voller Ausprägung anzutreffen sind, scheint unabweisbar zu sein angesichts der zahlreichen Beobachtungen, die trotz unterschiedlicher Methoden und an unterschiedlichen Populationen immer wieder gemacht und nicht widerlegt wurden. Solche Beobachtungen seien kurz vorgestellt.

4.6.1. Aggressionsproblematik

Daß der Suizid etwas mit aggressiven, ja Mordimpulsen gegen andere Personen zu tun habe und daß der suizidgefährdete Mensch an einer Aggressionsproblematik in dem Sinne leide, daß er *aggressive Impulse* nicht angemessen, sondern in kritischen Situationen nur durch *Wendung gegen die eigene Person* abführen kann, wird seit FREUDS (1916) Deutung der Melancholie und des Selbstmords als selbstverständlich vorausgesetzt, immer wieder bestätigt und auch testpsychologisch belegt (z. B. VINOLA 1966, STORK 1969). In der Literatur wird gelegentlich gefragt, ob die Suizidforschung über diese grundlegende Entdeckung FREUDS eigentlich hinausgekommen sei.

Die Deutung des Suizids als einer Möglichkeit der Aggressionsabfuhr erhält neben psychologischen Beobachtungen wichtige Unterstützung aus der Ethnologie. RINGEL (1969) verweist auf die vielen statistischen Untersuchungen, die das *reziproke Verhältnis von Mord und Selbstmord* aufgezeigt haben. Völker bzw. Bevölkerungsgruppen mit hoher Mordrate haben eine relativ niedrige Selbstmordrate und umgekehrt. RINGEL nennt als Beispiel die amerikanischen Neger. Kürzlich erst hat MCCANDLESS (1968) zwei nach Herkunft und Kultur sehr unterschiedliche Bevölkerungsgruppen in Guyana untersucht. Die Häufigkeit von Selbstmordhandlungen war bei den ostindischen Abkömmlingen geringer als bei den afrikanischen; erstere besitzen eine Anzahl kulturell sanktionierter Techniken, feindselige Affekte zu agieren.

Hendin (1964) deutet unter anderem in diesem Sinne das «skandinavische Suizidphänomen», die auffallend niedrige Suizidrate Norwegens im Gegensatz zu Dänemark und Schweden (7,9 zu 19,0 bzw. 18,5). In Norwegen werden aggressive Äußerungen bei Kindern eher wohlwollend geduldet (Kinder sollen lernen, sich zu wehren), während in Dänemark Aggressionen durch Provokation von Schuldgefühlen unterdrückt, in Schweden Aggressionen nur in Form von Ehrgeiz und Leistung gefördert werden.

Die nahe psychologische Verwandtschaft zwischen Mord und Selbstmord zeigt sich auch darin, daß *Mord und Selbstmord relativ häufig bei der gleichen Person vorkommen.* Nach Ringel (1969) haben in England 50 Prozent der Mörder nach ihrer Tat einen Selbstmordversuch unternommen. Hacker (1971) gegenüber äußerten 28 Mörder glaubhaft, sie hätten die Morde nur begangen, um exekutiert zu werden. Überhaupt geschehen rohe Gewalttaten nach Hacker häufig in einer Situation von Hoffnungslosigkeit und Verzweiflung. Der sprichwörtliche «Desperado» heißt in wörtlicher Übersetzung der Hoffnungslose; der Ausdruck bezeichnet aber zugleich einen unberechenbaren Gewalttäter. – Hitler hielt es für angemessen, daß Deutschland mit ihm in den Tod ging: «Das deutsche Volk war nicht wert, von mir geführt zu werden.»

Kritische Einwände gegen die These vom Selbstmord als Wendung von Aggression gegen die eigene Person finden sich bei Lester und Lester (1971). Die Schlußfolgerung, Töten sei ein aggressiver Akt, also sei Selbsttötung auch ein aggressiver Akt, halten sie für eine «simple Analogie». Tatsächlich ist die Charakterisierung der Suizidhandlung als autoaggressiver Akt eine Deutung, die das subjektive Erleben nicht berücksichtigt. Auch die reziproke Mord-Selbstmord-Gleichung halten sie für differenzierungsbedürftig (S. 52). Als Argument führen sie eine Untersuchung an Patienten nach Suizidversuchen (ohne nähere methodische Angaben) auf. Diese unterschieden sich in ihren aggressiven Äußerungen nicht gegenüber der Vergleichsgruppe (vgl. aber anderslautende Ergebnisse bei Stork 1969 und vor allem bei Vinola 1966). Sie räumen jedoch ein, daß der Untersuchung möglicherweise ein zu einfaches Aggressionskonzept zugrunde gelegen habe. Klinisch jedenfalls, so bestätigen sie, habe sich die Theorie von der Aggressionsumkehr bewährt.

Litman (1971) schränkt die Bedeutung der Aggressionsproblematik für die Psychologie des Suizids insofern ein, als er auf klinische Beispiele verweist, bei denen die Aggressionsthematik eine untergeordnete Rolle zu spielen scheint. Freud (1916) habe die Psychodynamik ohnehin differenzierter beschrieben; der Aspekt der Aggressionsumkehr werde in der Suizidliteratur überbetont (vgl. auch Kapitel III). Die eigenen Beobachtungen zeigen, daß es zwar gelegentlich den sanften, gutmütigen Suizidanten gibt, der sein ganzes Leben lang bemüht war, jeden aggressiven Impuls ängstlich zu unterdrücken, es dennoch unter den Suizidanten und ihren Partnern nicht selten zu aggressiven Auseinandersetzungen in Form von Machtkämpfen und sadomasochistischen Interaktionen kommt. Die Aggressionsproblematik gilt also nicht generell, sondern bezieht sich, wie später zu zeigen sein wird, auf spezifische Situationen.

4.6.2. Über-Ich und Selbsterleben

Ebenso unbezweifelt wie die Rolle der Aggressionsproblematik für die zum Suizid neigende Persönlichkeit hält sich eine andere Beobachtung in der Literatur, die ebenfalls von Freud (1916) herrührt. Es handelt sich um die Feststellung, der suizidgefährdete Mensch stehe unter einem hochgespannten, strengen und rigiden Über-Ich. Der potentielle Selbstmörder wird als ein Mensch beschrieben, der nach sehr hohen und unrealistischen Idealen lebt. Obwohl ihre Realisierung immer wieder mißlingt, wird sie von seinem Gewissen unerbittlich gefordert. Zu den Idealen gehört auch die Kontrolle der Aggressivität. In diesem Sinne wird die Suizidhandlung zum Teil auch als ein Akt der Selbstbestrafung interpretiert.

Diese Beobachtung scheint so evident zu sein, daß systematische Überprüfungen kaum durchgeführt wurden. Lester und Lester (1971) zitieren eine Dissertation von Miller (1968), der bestätigt, daß ernsthaft suizidale Personen sich einem «hero-image» verpflichtet fühlen, dem sie gar nicht nachkommen können, auf das sie aber auch nicht verzichten. Ringel (1963) hat durch eine Fragebogenerhebung zum Problem des Werterlebens und der Wertverwirklichung nachgewiesen, wie bei der suizidalen Persönlichkeit objektive Werte an Bedeutung verlieren, realitätsfremde subjektive Wertvorstellungen dagegen wuchern und bestimmend werden.

Als Folge des hochgespannten, strengen und rigiden Über-Ichs wird üblicherweise die *Irritierbarkeit des Selbstwerterlebens* verstanden. Dieser Befund läßt sich durch Testuntersuchungen belegen:

Die erwähnte Studie von Miller (1968) verglich eine Gruppe von Suizidalen mit einer Gruppe von Nichtsuizidalen (keine näheren methodischen Hinweise). Sie fand unter anderem, daß die Suizidalen ein negatives Selbstbild haben, rigider und autoritärer sind als die Vergleichsgruppe. Die Ringelsche Untersuchung bestätigte, daß ähnlich schwankend, enttäuscht und ablehnend wie gegenüber den soziokulturellen Werten auch die Einstellung Suizidaler zum Wert der eigenen Person ist. v. Schlieffen (1969) kommt in seiner Zusammenfassung der Testergebnisse ebenso wie Stork (1969) zu demselben Ergebnis. Vinola (1966) hat eine Testbatterie (Mill Hill Vocabulary Test, Hostility Scale, Level of Aspiration Test, Hysteroid Obsessoid Questionaire, Symptom Sign Inventary) bei 50 chirurgischen, 50 nichtsuizidalen psychisch Kranken und 50 Patienten nach Selbstmordversuch angewandt. Er beschreibt die Suizidpatienten im Vergleich zu den Kontrollgruppen unter anderem als rigide, in hohem Maße irritierbar, leicht verletzlich, wenig integriert. In einem Vergleich mit testpsychologischen Untersuchungen von 13 weiteren Autoren findet er übereinstimmende Ergebnisse.

Die vom Verfasser publizierten Kasuistiken von unbewußten Selbstmordversuchen ließen übereinstimmend eine sehr hohe Idealbildung erkennen. Sie ging so weit, daß Unglücklichsein, ja die suizidale Intention nicht nur vor anderen, sondern auch vor sich selber verleugnet werden mußte (Henseler 1971).

Die Irritierbarkeit des Selbstwerterlebens wird in der Literatur entweder nur festgestellt oder mit dem Über-Ich-Problem in Zusammenhang gebracht. Dieser Zusammenhang besteht sicherlich; es ist aber die Frage, ob er zur Erklärung hinreicht. Wenig diskutiert, obwohl immer wieder erwähnt, sind die mehr oder weniger geheimen *Größenphantasien* depressiver und zum Suizid neigender Menschen. Es muß festgehalten werden, daß das Schwanken des Selbstgefühls nicht etwa zwischen einem realistischen Selbstbild und Zweifeln an ihm, sondern *zwischen den Polen von Wertlosigkeit und einsamer Größe* geschieht.

4.6.3. Realitätsbezug

Fragt man einen Suizidanten nach den Überlegungen und Vorstellungen, die er sich im Zusammenhang mit dem Suizidversuch gemacht hat, erfährt man zunächst, er habe die Absicht gehabt, sich umzubringen, auch in Fällen mit offensichtlich lebenserhaltenden Begleitmotiven wie Appell, Rache, Erpressung u. ä. (Von den seltenen rein demonstrativen Suizidversuchen, die keine Suizidversuche, sondern Suizidgesten sind, ist hier nicht die Rede.) Fragt man aber weiter, wie denn kurz vor der Suizidhandlung seine Vorstellungen vom Tode gewesen seien, macht man sehr überraschende Erfahrungen. Die Vorstellungen sind, falls sie überhaupt reflektiert wurden, in der Regel weit von der Konsequenz des Todes, nämlich der Beendigung des Lebens, entfernt.

Diese Tatsache hat verständlicherweise viel Verwirrung gestiftet. Nun ist zu bedenken, daß der Mensch die Realität des Todes schon erschließen, sich aber nicht vorstellen kann. Der Tod ist ein abstrakter Begriff. Er bedeutet Nicht-Leben. Die Phantasie des Menschen kann sich etwas Verneintes nur in den Kategorien des Verneinten vorstellen. Die Phantasien vom Tod sind eigentlich Phantasien vom Totsein, und in diesen Phantasien kann sich der Mensch nur als irgendwie lebendig erleben.

«Der Satz: alle Menschen müssen sterben, paradiert zwar in den Lehrbüchern der Logik als Vorbild einer allgemeinen Behauptung, aber keinem Menschen leuchtet er ein, und unser Unbewußtes hat jetzt so wenig Raum wie vormals für die Vorstellung von der eigenen Sterblichkeit» (Freud 1919, S. 255).

Je nach Weltanschauung wären aber doch Vorstellungen bzw. Bilder von Abschied, Trennung, Ende oder von Übergang in etwas ganz Neues, Rückgabe des Lebens an Gott o. ä. zu erwarten. Solche Vorstellungen finden sich bei Suizidanten sehr selten. Das heißt nicht, daß sie, danach befragt, keine mehr oder weniger dezidierte Überzeugungen über das haben, was nach dem Tod sein wird. Diese Überzeugungen spielen aber für die Situation, aus der heraus die Suizidhandlung geschieht, merkwürdigerweise kaum eine Rolle.

Irle (1968) befragte 200 Suizidpatienten nach ihren Überzeugungen bezüglich des Lebens nach dem Tod. Er verglich die Aussagen mit denen einer Kontrollgruppe «seelisch Gesunder». Die Vergleichsgruppe entsprach nach Geschlecht, Alter und sozialer Herkunft annähernd der Gruppe der Suizidanten. Er zog darüber hinaus repräsentative Umfragen des Allensbacher Demoskopischen Instituts zu diesem Thema als Vergleich heran. Im großen und ganzen ergaben sich keine wesentlichen zahlenmäßigen Differenzen zwischen den Anschauungen der Suizidpatienten und denen der Vergleichsgruppe.

Diese Anschauungen, egal wie sie ausfielen, hatten jedoch einen sehr geringen Einfluß auf das Suizidgeschehen. Nur zehn Patienten (5 Prozent) hatten sich überhaupt diesbezügliche Gedanken gemacht. Nur 71 Patienten (30 Prozent) konnten sich nachträglich vorstellen, daß ihre Überzeugungen auf die Suizidhandlung Einfluß gehabt hätten, wenn sie bedacht worden wären. Und zwar hätten sie bei 50 Prozent dieser Personen den Suizidimpuls gehemmt, bei den anderen 50 Prozent gefördert. Anstelle dessen hatten bei den Suizidanten Phantasien von Geborgenheit, besserem Leben, Vereinigung mit verstorbenen Angehörigen, Belohnung für ein gutes Leben, Umwandlung in ein höheres, reineres Leben, Gewinn einer neuen Freiheit u. ä. vorgeherrscht. Irle faßt seinen Eindruck zusammen mit den Worten: «Es . . . scheint doch die Überzeugung einen verhängnisvollen Einfluß zu haben, daß ihnen letzten Endes . . . keine unwiderrufliche Wunde zugefügt werden kann» (S. 260).

Was Irle systematisch erforschte, war in der Literatur als Beobachtung bekannt. Schon Menninger (1938) schrieb: «Man tötet sich nicht, um nicht mehr zu leben, sondern um anders – besser – zu leben.» Bappert (1965), Bräutigam (1968), Farberow und Shneidman (1961), Litman und Tabachnick (1968), Modell (1961), Ringel (1963 u. a.), Sandler (1971), P. Schneider (1951), Stengel (1969), Stork (1969), Thomas (1970), Zilboorg (1937), Zwingmann (1965) sind nur einige Autoren, die denselben Sachverhalt mit ähnlichen Worten beschrieben haben.

Das Andersleben kann sich in der Phantasie verschieden darstellen: entweder als *Flucht* aus der gegenwärtigen Situation («an den Tod habe ich eigentlich gar nicht gedacht, ich wollte bloß weg»), als *Zuflucht* zu einem besseren Zustand («ich habe es mir im Bett gemütlich gemacht, habe noch Schokolade gegessen; es war so ein Hinsinken in eine Geborgenheit, in einen neuen Anfang») oder auch als beides. (Bei 50 Suizidpatienten der eigenen Beobachtung verteilten sich die beiden Möglichkeiten auf je 25.) Um Mißverständnissen vorzubeugen, sei noch einmal präzisiert: Der typische Suizidant will sich wirklich töten und ergreift Maßnahmen, die geeignet sind, sich umzubringen. Seine Phantasien vom Totsein – soweit sie überhaupt zugelassen werden – haben jedoch mit den realen Konsequenzen des Todes, die er rational durchaus kennt, wenig gemein.

SHNEIDMAN und FARBEROW (1957) sowie NEURINGER (1967) haben unter dem Eindruck dieser logischen Diskrepanzen linguistische Forschungen bei Suizidanten angestellt. Soweit es sich nicht um Psychotiker handelte, stellte sich heraus, daß Denkstörungen weniger den logisch-formalen Bereich als den Bedeutungsgehalt der Begriffe betreffen. So denken Suizidpatienten oft in Entweder-Oder-Kategorien. Die Todesvorstellungen lassen verschiedene Grade von Irrealität erkennen. v. SCHLIEFFEN (1969) beschreibt in der Zusammenfassung seiner Testergebnisse eine Tendenz zum Wunschdenken sowie eine starke projektive Überformung der Wahrnehmungsfunktionen, die ursprünglich gut ausgeprägt gewesen sind. FARBEROW und SHNEIDMAN (1961) fassen zusammen: *«Der Selbstmord ist ein psychosemantischer Irrtum.»*

Die Diskrepanz zwischen Phantasie und Realität bezüglich der Vorstellungen vom Tode ist nur ein Beispiel für die in bestimmten Bereichen reduzierte Realitätskontrolle und die Rolle unrealistischer Vorstellungen bis hin zu Größenphantasien bei Suizidpatienten. Der beschriebene Umgang mit dem Tode entspricht letztlich Phantasien von Allmacht und Unsterblichkeit. Die Schwankungen des Selbstwertgefühls zwischen den Extremen, etwas ganz Besonderes oder aber etwas völlig Nichtiges zu sein, wurden schon beschrieben. Beide Überzeugungen sind realitätsfern und stellen Größenphantasien, wenn auch mit wechselnden Vorzeichen, dar. Das von RINGEL (1963) beobachtete Wuchern subjektiver Wertvorstellungen, die magische Überschätzung aggressiver Impulse wie auch die schon erwähnten überhöhten Ideale sind weitere Beispiele für die Rolle realitätsfremder Vorstellungen, ebenso wie die Einschätzung nahestehender Personen. Wie später eingehender gezeigt wird, schwankt der Umgang mit diesen Personen in ähnlicher Weise zwischen Überschätzung und Mißachtung wie das Selbsterleben.

Mit diesen Größenvorstellungen hat es vermutlich zu tun, daß Suizidphantasien, das Wissen um die Möglichkeit, sich umbringen zu können, oder auch der Entschluß, sich zu einem bestimmten Zeitpunkt umzubringen, paradoxerweise lebenserhaltende Wirkung haben. Von verschiedenen Autoren, z. B. schon von ZILBOORG (1937), wird die Beruhigung, die damit eintritt, mit der Gewißheit erklärt, etwas passiv Befürchtetes (eine Enttäuschung, Strafe, Ohnmacht, Hilflosigkeit o. ä.) *aktiv vorwegnehmen* zu können. Mit dieser Gewißheit ist das bedrohte *Machtgefühl* wieder gesichert. HESSE beschreibt in seinem «Steppenwolf» die beruhigende Wirkung der Möglichkeit, sich umzubringen, wie folgt:

«Wie jede Kraft auch zu einer Schwäche werden kann (ja, unter Umständen werden *muß*), so kann umgekehrt der typische Selbstmörder aus seiner anscheinenden Schwäche oft eine Kraft und eine Stütze machen, ja er tut dies außerordentlich häufig. Zu diesen Fällen gehört auch der Harrys, des Steppenwolfes. Wie Tausende von seinesgleichen machte er aus der Vorstellung, daß ihm zu jeder Stunde der Weg in den Tod offenstehe, nicht bloß ein jugendlich-melancholisches Phantasiespiel, sondern baute sich aus eben diesem Gedanken einen Trost und eine Stütze ... eine dem Leben dienliche Philosophie ... Es gibt sehr viele Selbstmörder, denen aus diesem Gedanken ungewöhnliche Kräfte kommen ... Schließlich kam er im Alter von etwa 47 Jahren auf einen glücklichen und nicht harmlosen Einfall, der ihm oft Freude machte. Er setzte seinen 50. Geburtstag als den Tag fest, an welchem er sich den Selbstmord erlauben wolle ... Und in der Tat ertrug er manches Ungemach jetzt viel leichter ... und dann vertiefte er sich mit Liebe in die Vorstellung, wie an seinem 50. Geburtstag morgens die Briefe und Gratulationen ankommen würden, während er, seines Rasiermessers sicher, Abschied von allen Schmerzen nahm und die Tür hinter sich zuzog» (S. 41 f).

4.6.4. Suggestibilität

Ebenso landläufig bekannt wie oft beschrieben ist die Suggestibilität vieler suizidgefährdeter Menschen in bezug auf Suizidhandlungen. Besonders unter Jugendlichen sind immer wieder *Suizidepidemien* größeren oder kleineren Ausmaßes zu beobachten. Historisch geworden sind die Suizidepidemien, die sich nach dem Erscheinen von GOETHES «Die Leiden des jungen Werthers» oder nach dem Bekanntwerden der Komposition «Trauriger Sonntag» von REZSÖ SERESS ausbreiteten. In jüngster Zeit hatte die öffentliche Selbstverbrennung des JAN PALACH in Prag nach dem Einmarsch von Ostblocktruppen in die ČSSR eine Serie ähnlicher Suizide bzw. Suizidversuche zur Folge.

HANKOFF (1965) beschreibt eine Aufeinanderfolge von sechs Suizidversuchen in einem US-Truppenteil. LINDEN (1969) stellt fest, daß bei 12 Prozent seiner 203 Patienten die «Induktion» von Suizidgedanken eine Rolle gespielt hatte, und zwar bei 23 weiblichen, dagegen nur einem männlichen Suizidanten. v. SCHLIEFFEN (1969) berichtet, bei 28 Prozent seiner Population (21 von 77) habe sich zeigen lassen, daß Selbstmordversuche in der Umgebung einen suizidfördernden Effekt bis hin zu einer Art Imitationszwang hatten.

Mindestens für einen größeren Teil der suizidgefährdeten Menschen muß diese Beeinflußbarkeit unterstellt werden. Ihre Deutung steht, soweit zu sehen, noch aus; sie verweist aber auf Besonderheiten der zwischenmenschlichen Beziehungen.

4.6.5. Art der Durchführung der Suizidhandlung und die Bedeutung naher Beziehungspersonen

Noch irritierender als die realitätsfremden Vorstellungen vom Tod wirkt die Tatsache, daß Suizidhandlungen typischerweise außerordentlich überstürzt, halbherzig, inkonsequent durchgeführt werden und «im Drama des Suizidversuchs ... der *Mitmensch ... eine wichtige Rolle*» spielt (STENGEL 1965, S. 130). Diese beiden Umstände sind vor allem von STENGEL und COOK (1958) und in zahlreichen weiteren Arbeiten STENGELS herausgestellt und belegt worden. STENGEL beschreibt die Ambivalenz der Intentionen mit Bildern wie Hazardspiel, Feuerprobe, Gottesurteil und hebt hervor, daß vor allem der Suizidversuch durch seinen Appellcharakter ein «soziales Verhaltensmuster» sei.

Die typische Suizidhandlung resultiert also aus einer Mischung bzw. *Überdetermination* von selbstzerstörerischen und selbsterhaltenden Motiven. Die große Bedeutung selbsterhaltender Motive für den Ausgang der Suizidhandlung geht schon aus der Tatsache hervor, daß nur jede zehnte Suizidhandlung oder noch weniger tödlich endet. Die Herkunft der selbsterhaltenden Motive wird verschieden interpretiert. RINGEL betont in allen seinen Schriften (ähnlich FREUD vor der Einführung der Todestriebtheorie) die elementare Kraft eines «Selbsterhaltungstriebes». STENGEL und zahllose andere Autoren heben den sozialen oder Appellcharakter der typischen Suizidhandlung und damit auch die Bedeutung von Beziehungspersonen für das komplexe Suizidgeschehen hervor.

Die große Bedeutung von *Beziehungspersonen* nicht nur in der aktuellen suizidalen Situation, sondern überhaupt für den zum Suizid neigenden Menschen wird schon durch den seit DURKHEIM (1879) bekannten suizidfördernden Einfluß der sozialen Isolation unterstrichen. Nur wenige Autoren jedoch haben die Art der zwischenmenschlichen Beziehungen bzw. die Art ihrer Störung näher untersucht. RINGEL (1953) beschreibt, wie im Rahmen der «Neurose der Lebensgestaltung» und im Zusammenhang mit der Entstehung des präsuizidalen Syndroms eine zunehmende Einengung der zwischenmenschlichen Beziehungen erfolgt, «bis man sich schließlich an eine Person anklammert, von der man völlig abhängig ist» (1969, S. 57). Der Status der zwischenmenschlichen Beziehungen lasse sich als «Schlüsselpunkt der Abschätzung der ... Gefahr bezeichnen» (1969, S. 102). Tritt dann eine Selbstmordhandlung ein, waren «immer ... die Betroffenen einer wesentlichen lebenserhaltenden Stütze beraubt» (1953, S. 54). Der erweiterte Selbstmord sei ein Beispiel dafür, daß der Partner «als Bestandteil des erweiterten eigenen Ich umgedeutet und erlebt wird» (1969, S. 62). v. SCHLIEFFEN (1969) belegt zahlenmäßig die soziale Isolierung (vgl. Kapitel II 3.1). 40 Prozent seiner Suizidpatienten bezeichneten ihre Beziehungen als wenig oder nicht dauerhaft; dennoch sahen 70 Prozent ihre Beziehungen als subjektiv befriedigend an. Ähnlich RINGEL beschreibt auch v. SCHLIEFFEN, wie sich korrespondierend mit einem Rückzug aus sämtlichen sozialen Bindungen eine Hinwendung zu «symbiotischen Zwei-Personen-Beziehungen» entwickelt, die außerordentlich störanfällig und gefährdet durch Kränkung und Aggressionsentbindung sind.

Die ambivalente Suizidintention und die Bedeutung von Beziehungspersonen wurden gerade in jüngerer Zeit wiederholt zahlenmäßig belegt. GRÜNEBERG u. a. (1971) fanden, daß die meisten Selbstmordversuche planlos, impulsiv, ambivalent durchgeführt wurden. In 50 Prozent der 529 Fälle war der Zeitraum vom Auftauchen des Suizidgedankens bis zum Beginn der Suizidhandlung kürzer als 24 Stunden. Bei 76 Prozent wurde die Möglichkeit einer Rettung als «sicher» beurteilt, in nur 7 Prozent als unwahrscheinlich. RINGEL (1961) widerlegte die verbreitete These, daß jemand, der vom Selbstmord spreche, sich sicher nicht umbringe. 78 Prozent derer, die sich umgebracht haben, hatten ihre Absicht vorher mitgeteilt. Die Mitteilungen erfolgten nach den Untersuchungen von ROBINS u. a. (1959) in 41 Prozent der Fälle direkt und ausdrücklich, in weiteren 35 Prozent in kaum zu überhörenden Andeutungen, und zwar ganz überwiegend an die nächsten Angehörigen.

Diese Befunde dämpfen die optimistische Vermutung, daß Zeichen deutlichen Appells geringe Lebensgefahr signalisierten. Entgegen eigenen Erwartungen haben sich Suizidpatienten später umgebracht, bei denen der Verfasser gerade wegen ihres «Appellierens» das nicht erwartet hätte. Eine ähnliche Mitteilung machte kürzlich RINGEL (Quelle nicht mehr erinnerlich).

STENGEL (1969) stellte bei 167 Suizidversuchen fest, daß 75,5 Prozent in Gegenwart oder in der Nähe anderer Personen durchgeführt wurden. Bei 117 «erfolgreichen» Suizidanten lag der Prozentsatz immerhin bei 48 Prozent. Eine besonders sorgfältige Analyse der suizidalen Situation bei 203 nichtpsychotischen Patienten nach Selbstmordversuchen hat LINDEN (1969) vorgelegt. Einige der interessanten Daten seien hier wiedergegeben. Sie beleuchten besonders deutlich die Ambivalenz der Intentionen und die Bedeutung nahestehender Personen.

Die Bedenkzeit (die Zeit vom Auftauchen der Suizidgedanken bis zum Beginn der Suizidhandlung) betrug in 66,7 Prozent der Fälle weniger als 24 Stunden, die Entschlußzeit (die Zeit vom Entschluß bis zur Ausführung) in 88,0 Prozent weniger als 6 Stunden. Planvoll vorbereitet waren die Suizidversuche nur in 38,4 Prozent der Fälle. 67,7 Prozent der Patienten unternahmen den Suizidversuch in der Gegenwart (11,0 Prozent) oder in der zeitlichen oder örtlichen Nähe anderer Personen (56,7 Prozent). 83,5 Prozent der Patienten benutzten «weiche», nur 12,5 Prozent «harte» Suizidmethoden; 30,5 Prozent der Patienten wandten sich nach Durchführung der Suizidhandlung an andere Menschen. Die Wahrscheinlichkeit, nach dem Selbstmordversuch aufgefunden zu werden, war bei 92,5 Prozent gegeben. 18,8 Prozent – bei der Population von FARBEROW und SHNEIDMAN (1961) waren es 24 Prozent – suchten aktiv Hilfe; nur 7,5 Prozent wurden also zufällig gerettet.

Ähnlich wie HEIMERZHEIM (1933), HIRSCHFELD (1932), RINGEL (1963), STENGEL und COOK (1958) u. a. berichtet LINDEN, daß die Suizidabsicht bei 76,7 Prozent in weniger als zwei Tagen, bei 99 Prozent in weniger als zehn Tagen in der Klinik korrigiert wurde. Die eigenen Erfahrungen zeigen, daß rund 80 Prozent der Suizidpatienten am Tage nach der Suizidhandlung bzw. am Tage nach dem Aufwachen aus der Vergiftung nicht mehr akut suizidal waren.

ETTLINGER und FLORDH (1955) fanden bei 500 Suizidversuchen, daß nur 4 Prozent sorgfältig geplant, aber nur 7 Prozent mehr oder weniger harmlos waren. Trotz des hohen Anteils von auf Appell und Rettung gerichteten Verhaltensweisen waren aus dem Beobachtungsgut LINDENS 81,6 Prozent der Suizidanten überzeugt von der tödlichen Wirkung der angewandten Suizidmethode. Bei dem Rest gab es Unsicherheiten bzw. Zweifel.

4.6.6. Besonderheiten der Psychotherapie

Beobachtungen über eventuelle Besonderheiten der Psychotherapie von Suizidpatienten im Vergleich zu anderen Personengruppen müßten etwas aussagen über die Psychologie der Suizidhandlung bzw. die Persönlichkeit des Suizidanten allgemein. Merkwürdigerweise sind die Angaben zu diesem Thema zwar häufig, aber sehr pauschal. Sie betreffen vor allem Vorschläge über die Organisation von Beratungs- bzw. Behandlungszentren und deren personelle bzw. fachliche Zusammensetzung, oder sie enthalten quantitative Angaben über Zahl und Art der Therapiemethoden. Besondere Probleme werden kaum benannt. Die ausweichende Art der Darstellung läßt aber vermuten, daß es welche gibt, wie auch gelegentlich konzediert wird.

Grundsätzlich gibt es zwei verschiedene Ansätze psychotherapeutischen Zugangs, die sich in den therapeutischen Zielvorstellungen unterscheiden. Der eine Ansatz sieht im Symptom, also in der Suizidalität, das zu Therapierende. Er orientiert sich an einer statistischen oder idealtypischen Norm bzw. Normalität, von der das Symptom abweicht. Das therapeutische Ziel besteht darin, den Patienten dieser Normalität wieder anzunähern. Beim Suizidalen würde das bedeuten, ihn zu bewegen, seine Suizidabsichten aufzugeben. Aus diesem Prinzip leiten sich alle Bemühungen her, den Suizidpatienten zu überreden, zu ermutigen, ihm das Leben als lohnenswert darzustellen, an seine Verantwortlichkeit zu appellieren, gegebenenfalls ihn zu zwingen weiterzuleben, nicht zuletzt auch der Einsatz von Medikamenten. Die fragliche Wirksamkeit, insbesondere aber die theoretische Dürftigkeit dieses Ansatzes, hat seit mindestens 80 Jahren das Bestreben der Psychotherapeuten auf einen anderen Ansatz gelenkt: Das Symptom, hier also die Suizidalität, wird als etwas Eigentümliches, dem Patienten wie dem Therapeuten nicht klar Verständliches angesehen, und das Therapieziel besteht darin, den Stellenwert des Symptoms im subjektiven Erleben dès Patienten zu verstehen und gemeinsam zu klären. Dem Patienten wird also eine eigene Norm zugebilligt. Der Therapeut versucht, diese zu verstehen, und zwar mit der prinzipiellen Bereitschaft, sie zu respektieren, falls sie sich als überzeugend erweist. Bezogen auf den suizidgefährdeten Menschen besteht also das Therapieziel nicht darin, den Suizid um jeden Preis zu verhindern, sondern dem Patienten Gelegenheit zu geben, seine Motivation zu reflektieren. Die Befürchtung, ein derartiges Vorgehen könne den Suizid nicht nur nicht verhindern, sondern noch begünstigen, verkennt unter anderem, daß mit der Bearbeitung der psychischen Situation auch das Kurzschlüssige des Suizidimpulses, der «psychosemantische Irrtum» (FARBEROW und SHNEIDMAN 1961) des Suizidanten zutage tritt, der – wie oben ausgeführt – sterben will, unter dem Bild des Todes aber etwas sehr Lebendiges meint. Es kommt hinzu, daß mit der psychotherapeutischen Beziehung eine neuartige Situation für den Patienten entstanden ist, die, wie STENGEL und COOK (1958) herausgearbeitet haben, in den allermeisten Fällen den Suizid erübrigt.

HILLMAN (1966) sei als besonders leidenschaftlicher Verfechter des zweiten psychotherapeutischen Ansatzes zitiert. Er warnt geradezu vor der Suizidverhütung als primärem therapeutischem Ziel. «Unbedingte Suizidverhütung» sei ein Vorurteil und führe zu einer Verstärkung der Angst auf seiten des Patienten. Der Therapeut habe vielmehr den Patienten in seinem Verlangen nach dem Tod zu «begleiten». Erst dann konstelliere er für den Patienten die Möglichkeit, das, was er eigentlich möchte, in psychologischer Form vorzubringen. (HILLMAN kleidet seine Thesen allerdings in schwer verständliche Metaphern wie «radikale Wandlung durch die Todeserfahrung» u. ä.) Auch STENGEL fordert in seinen verschiedenen Schriften, die Therapie müsse darauf abzielen, den unbewußten Inhalt der Suizidhandlung bewußtzumachen, speziell den «Appellgehalt jedes einzelnen Suizidversuchs» zu verstehen und zu formulieren.

Wie schwierig die konfliktbearbeitende Psychotherapie bei Suizidalen ist, beschreiben verschiedene Autoren. BRÄUTIGAM (1968) nennt es eine «bemerkenswerte Erfahrung», daß es gewöhnlich nicht gelinge, Suizidanten in eine analytische, also konfliktbearbeitende Psychotherapie zu bringen. Er rät daher, eine Beratung zwar anzubieten, aber die Angehörigen in die Beratung einzubeziehen.

LITMAN (1970) betont die Rolle des Präverbalen, die Bedeutung von Gesten und Akten, die Spannung abbauen und Kommunikation herstellen. Entscheidend könnten ein verstehender Blick, ein anteilnehmendes Gefühl, eine Tasse Kaffee sein. Es läßt sich also rückschließen, daß die *Kommunikation zwischen Arzt und Patient überaus störanfällig* sein muß. TABACHNICK (1961) meint, das Ereignis, das die Selbstmordhandlung auslöst, stelle in den meisten Fällen eine symbolische Wiederherstellung einer früheren Zurückweisung durch die Mutter dar. Entsprechend diesem Verständnis solle der Umgang mit suizidalen Patienten bis zu einem gewissen Grade warme, akzeptierende, mütterliche Qualitäten haben. Demgegenüber zeige die Reaktion nicht nur der Umgebung, sondern auch gelegentlich des Arztes auch feindselige, rücksichtslose und abwertende Züge. TABACHNICK interpretiert das als *«Gegenübertragungskrise»*, und zwar als Abwehr eigener aggressiv-sadistischer Regungen, die durch das Beispiel des Suizidanten, das als Verführung erlebt wird, stimuliert werden. Die Abwehr erfolgt durch Projektion auf den Patienten. Dort werden sie bekämpft.

Ähnlich hält RINGEL (1969) die Bindung an den Arzt für den zentralen Bestandteil der antisuizidalen Therapie. RINGEL macht aber zugleich aufmerksam auf die Gefährdung dieser Bindung durch die *Ambivalenz* des Patienten: «Die Erfahrung lehrt, daß man ... Patienten, mit denen man wirklich Kontakt gewonnen hat, nicht verliert» (1961, S. 129). Im übrigen müsse die Psychotherapie von Suizidanten relativ aktiv geführt werden. Neben der Analyse ihrer Herkunft müsse die Abreaktion von Aggression gefördert werden. Er empfiehlt Ermutigung und Anregung der Phantasie in positive Richtung. Gruppentherapie müsse vor allem auf Kontaktfindung und Aggressionsabfuhr abzielen. Eventuell komme autogenes Training oder Psychodrama in Betracht. Hier vermischen sich symptomatische und konfliktbearbeitende Therapie.

Die Vorschläge von Autoren wie THOMAS (1964, 1970) und WIELE (1965) können nicht diskutiert werden. Sie erscheinen so vielfältig, daß der Referent ihre theoretische Konzeption und ihre praktische Handhabung nur schwer versteht.

5. Überblick

Überblickt man die Bestandsaufnahme der statistisch gesicherten und der an unterschiedlichen Populationen mit verschiedenen Methoden zu verschiedenen Zeiten übereinstimmend beschriebenen und nicht widerlegten Beobachtungen, lassen sich folgende 20 Thesen zusammenfassen:

1. *Häufigkeit*
Suizidhandlungen gehören zu den häufigsten psychopathologischen Phänomenen. Die Dunkelziffer der Suizidversuche ist beträchtlich; man kann wohl von 120000 Suizidhandlungen pro Jahr in der BRD ausgehen. Die Zahl der Suizidversuche steigt seit dem Ende des letzten Krieges an, während die Zahl der Suizide annähernd gleichbleibt. Etwa jede zehnte Suizidhandlung endet tödlich.

2. *Methoden*
Unter den Suizidmethoden überwiegen bei weitem die «weichen» Methoden, also solche, die nicht unmittelbar zum Tod führen. An weitaus erster Stelle stehen Vergiftungen.

3. *Geschlechtsverteilung*
Suizidhandlungen werden – jedenfalls in den westlichen Ländern – häufiger von Frauen als von Männern unternommen. Suizidhandlungen von Männern enden häufiger tödlich.

4. *Altersverteilung*
Das Gros der Suizidhandlungen fällt in das dritte und vierte Lebensjahrzehnt. Mit zunehmendem Alter steigt der Anteil mit tödlichem Ausgang.

5. *Familiäre Häufung*
Es gibt Häufungen von Suizidhandlungen in bestimmten Familien. Diese sind aber nicht erblich bedingt.

6. *Aktuelle soziale Situation*
Selbstmordhandlungen unternehmen besonders häufig solche Personen, die sozial wenig integriert sind. Die Suizidgefahr steigt mit dem Grad der sozialen Isolierung. Dementsprechend treten Suizidhandlungen besonders häufig in Situationen plötzlicher sozialer Desintegration auf. Die Suizidrate steigt auch mit der Größe des Wohnorts. Haben Gruppen in einer Großstadt starken Zusammenhalt (z. B. Gettobewohner), weisen sie eine relativ niedrige Suizidfrequenz auf.

7. *Verteilung nach sozialen Schichten*
Zwischen der Häufigkeit von Suizidhandlungen und sozialen Schichten bestehen *keine* eindeutigen Korrelationen. (Jedenfalls ist die Schichtenabhängigkeit in den USA ganz anders als in England, im England der zwanziger Jahre ganz anders als im England der sechziger Jahre und bei den Altersgruppen unter 65 ganz anders als bei den Altersgruppen über 65.)

8. *Bewußte Suizidmotive*
Die bewußten Motive bzw. die aktuellen Anlässe sagen wenig über die tatsächliche Ätiologie der Suizidhandlung aus, da sie ihren ätiologischen Stellenwert erst im Kontext anderer, meist unbewußter disponierender Faktoren erhalten. Faßt man die bewußten Motive in Konfliktkreisen zusammen, rangieren an weitaus erster Stelle Konflikte im zwischenmenschlichen Bereich.

9. *Nosologische bzw. diagnostische Einordnung*
Suizidhandlungen sind nosologisch unspezifisch, d. h. sie lassen sich nicht einer psychiatrischen Diagnosengruppe zuordnen. Psychosen werden im deutschen Sprachbereich bei rund 10 Prozent der Patienten mit Suizidversuchen, bei 30 bis 40 Prozent der Patienten mit Suiziden diagnostiziert. Zwangssymptome finden sich bei Suizidanten kaum oder nicht.

10. *Psychiatrische Vorgeschichte*
Menschen, die Suizidhandlungen unternehmen, sind fast ausnahmslos schon lange vorher psychisch krank gewesen. Sie zeigen entweder klinisch manifeste, in ihrer Art jedoch variierende psychiatrische Symptome in der Vorgeschichte oder aber deutliche Störungen der Persönlichkeitsentwicklung. Etwa 25 Prozent von ihnen haben schon früher versucht, sich umzubringen.

11. *Frühe Kindheit*

Ein sehr hoher Prozentsatz der Suizidpatienten läßt schwere psychische Belastungen in der frühen Kindheit erkennen. Beschrieben werden immer wieder Verluste von Elternteilen durch Tod oder Scheidung, sonstige frühe oder lang dauernde Trennungserlebnisse, grob zerrüttete Familienverhältnisse, grobe Fürsorgemängel und emotionale Vernachlässigung von seiten der Mutter. Derartige Befunde finden sich aber auch bei anderen psychischen Störungen, z. B. bei der Kriminalität. Daß die Belastungen in der frühen Kindheit für die Disposition zur Suizidalität maßgeblich sind, wird nicht bezweifelt; welche Faktoren spezifisch sind für die Entwicklung zum Suizid, läßt sich hingegen noch nicht ausmachen.

12. *Die psychische Entwicklung*

Für die psychische Entwicklung späterer Suizidanten ist – wenn nicht spezifisch, so doch – typisch eine Verunsicherung im zwischenmenschlichen Bereich und in der Einstellung zur eigenen Person. Die mangelhafte soziale Integration kann nicht nur soziologische Ursachen haben; denn zum Suizid neigende Personen lassen in ihrer Vorgeschichte ziemlich regelmäßig Kontaktschwierigkeiten erkennen. Die zwischenmenschlichen Beziehungen sind zahlenmäßig gering, in ihrer Art wenig tiefgehend und relativ flüchtig bzw. störanfällig. Aus diesen Verunsicherungen heraus entwickeln sich typische Verhaltensweisen, z. B. in der Partnerwahl und in der Realitätsbewältigung, sowie kurz vor der Suizidhandlung ziemlich regelmäßig ein charakteristisches, nosologisch unspezifisches «präsuizidales Syndrom», bestehend aus Einengung der äußeren und inneren Möglichkeiten, Aggressionsstau und -umkehr sowie Rückzug in die Phantasie mit sich aufdrängenden Suizidphantasien.

13. *Aggressionsproblematik*

Suizidgefährdete Menschen leiden unter einer Aggressionsproblematik in dem Sinne, daß sie heftige Aggressionen entweder generell oder doch unter bestimmten Umständen nicht bzw. nur durch Wendung gegen die eigene Person abführen können. Für die psychologische Verwandtschaft von Mord und Selbstmord spricht deren reziprokes Zahlenverhältnis in verschiedenen Kulturen sowie die Häufigkeit von Selbstmordhandlungen bei Mördern.

14. *Über-Ich*

Menschen, die zu Suizidhandlungen neigen, haben ein realitätsfernes, hochgespanntes Ich-Ideal und ein strenges, rigides Gewissen.

15. *Selbsterleben*

Das Selbstbild des Suizidanten schwankt zwischen (geheimgehaltenen oder auch unbewußten) Größenphantasien und (meist im Vordergrund des Bewußtseins stehenden) Minderwertigkeitsgefühlen. Es ist leicht irritierbar.

16. *Realitätskontrolle*
Der typische Suizidant will sich wirklich umbringen. Rational kennt er die Konsequenzen des Sterbens. Seine Phantasien vom Totsein nach der Suizidhandlung haben mit den Konsequenzen des Todes aber wenig gemein. Der Suizid wird in der Regel als Flucht aus einer unerträglichen Situation oder als Zuflucht zu einem harmonischen Zustand phantasiert. Vielfach bedeuten Suizidgedanken und Suizidhandlungen das aktive Vorwegnehmen einer passiv gefürchteten Gefahr, also die Sicherung eines bedrohten Machtgefühls. Ähnlich realitätsfern sind die hochgespannten Ideale, die Erwartungen an Beziehungspersonen, die magische Überschätzung aggressiver Impulse.

17. *Suggestibilität*
Ein größerer Teil der suizidgefährdeten Menschen läßt sich erstaunlich leicht zu Suizidhandlungen verleiten von Beispielen aus der Literatur oder der Realität.

18. *Art der Durchführung*
Suizidhandlungen sind in der Regel das Produkt aus selbstzerstörerischen und selbsterhaltenden Tendenzen. Letztere dominieren im allgemeinen; denn nur jede zehnte Suizidhandlung endet tödlich. Subjektiv ist aber die überwiegende Mehrzahl der Suizidanten überzeugt von der tödlichen Wirkung der Suizidmethode.

19. *Bedeutung von Beziehungspersonen*
Mit der Suizidhandlung wendet der Suizidant sich – in den meisten Fällen schon äußerlich erkennbar – an nahestehende Beziehungspersonen. Diese Beziehungspersonen spielen auch eine wichtige Rolle für den Anlaß zur Suizidhandlung.

20. *Besonderheiten der Therapie*
Die Psychotherapie von Suizidanten ist erschwert durch die hohe Störanfälligkeit der Arzt-Patient-Beziehung, der andererseits eine zentrale Bedeutung zukommt.

6. Entwurf eines idealtypischen Bildes

Versucht man die 20 Punkte des Überblicks – soweit sie nicht sehr unspezifische Korrelationen darstellen, wie z. B. Geschlechtsverteilung, Altersverteilung, familiäre Häufung, nosologische Unabhängigkeit – auf die in ihnen ausdrücklich enthaltenen oder aber zwanglos erschließbaren Aussagen zum Suizidgeschehen und zur Persönlichkeit des Suizidanten zu befragen und in eine für die spätere Bearbeitung relevante Darstellung zu bringen, ergibt sich etwa folgendes *idealtypische Bild*:

1. Der Suizidant ist ein Mensch, der in früher Kindheit traumatischen (d. h. seine Kompensationsmöglichkeiten übersteigenden) psychischen Belastungen ausgesetzt war. Schon während seiner Entwicklung zeigt er psychopathologische Auffälligkeiten bis hin zu klinisch manifesten psychiatrischen Syndromen. Die Suizidhandlung ist von den Eigentümlichkeiten der gestörten Entwicklung maßgeblich mitbestimmt. Sie wird für das bewußte subjektive Erleben eher entschlossen, in ihrem tatsächlichen Ablauf aber zwiespältig und inkonsequent durchgeführt. Die Analyse ihrer Motivstruktur läßt erkennen, daß neben selbstzerstörerischen auch selbsterhaltende und objektgerichtete Tendenzen wirksam sind; bezüglich der Dominanz der Tendenzen gibt es alle denkbaren Variationsmöglichkeiten.

2. Der Suizidant ist in seinem Selbsterleben stark verunsichert. Innere und äußere Realität (Phantasie und Wirklichkeit) sind nicht scharf getrennt; vor allem bezüglich der Suizidneigung ist er anfällig gegen Suggestionen. In seinem Selbstwerterleben schwankt er zwischen den Extremen einzigartiger Größe und völliger Nichtigkeit. Er hegt geheime (geheimgehaltene oder unbewußte) Größenphantasien. Seine Selbstwertzweifel gehen weit über das reale Maß hinaus; sie lassen sich als negative Größenphantasien charakterisieren.

3. Der Suizidant steht unter der Herrschaft eines strengen und rigiden Gewissens. Es mißt sein Denken, Fühlen und Handeln nach überhöhten und unrealistischen Idealen. Es straft ebenso rigoros, wie es Unterwerfung hoch belohnt.

4. Der Suizidant kann entweder generell oder in spezifischen Situationen mit seinen Aggressionen nicht angemessen umgehen. Er versucht, sie ängstlich zu beherrschen, verübelt sich ihre Existenz, überschätzt die Wirkung aggressiver Äußerungen bis hin zu magischen Vorstellungen. Nehmen sie überhand, wendet er einen großen Teil gegen die eigene Person.

5. Der Suizidant leidet unter Kontaktschwierigkeiten. Soweit er nicht weitgehend isoliert ist, sind seine zwischenmenschlichen Beziehungen emotional oberflächlich und flüchtig oder sehr krisenanfällig. Zugleich sehnt er sich nach zuverlässigen und emotional tragfähigen Beziehungen. Gelingt es ihm, Beziehungen aufzubauen, sind sie oft von vitaler Wichtigkeit und gerade darum gefährdet durch Enttäuschungen bzw. Konflikte. Konflikte im zwischenmenschlichen Bereich sind die weitaus häufigsten Anlässe zu Suizidhandlungen.

III. Selbstmord und Selbstwertproblematik

Betrachtet man die Daten der Bestandsaufnahme als Bedingungen und Manifestationen eines einheitlichen, aber verborgenen psychodynamischen Geschehens, stellt sich das Problem ihrer Deutung (vgl. Kapitel I). Ein entscheidendes Postulat liegt darin, daß ein theoretisches Modell gefunden werden muß, welches alle Aspekte berücksichtigt und sie auf einen gemeinsamen Vorgang zurückführt. Das Modell sollte Informationen verschiedener Art und unterschiedlichen Abstraktionsgrades, frühere (genetische) und aktuelle Faktoren sowie alle auftauchenden Variationen umfassen, erklären und ihnen ihren Stellenwert im Gesamtzusammenhang zuweisen. Es sollte Hypothesen anbieten und Untersuchungen erlauben, an denen die Theorie sich bewähren kann bzw. falsifizieren läßt.

Solche theoretischen Modelle existieren längst, doch erklären sie manche Phänomene gut, andere nicht oder nicht befriedigend. Eine kritische Übersicht soll Beispiele dieser Art diskutieren.

1. Theorien zur suizidalen Psychodynamik

1.1. Unreflektierte Theorien

Mit dem Begriff «Selbstmord» verbindet sich ebenso wie mit den Begriffen Selbsttötung, Suizid etc. schon eine Interpretation, nämlich die, daß es sich um einen *autoaggressiven Akt* handele. Diese Interpretation stützt sich auf die Angaben über die bewußte Intention der Suizidanten und den Handlungsablauf, wie er sich dem Außenstehenden darstellt. Zwar ist spätestens seit GAUPP (1905) bekannt und unzweifelhaft, daß die angegebenen Motive einer Selbstmordhandlung nicht identisch sind mit den eigentlichen Ursachen, und es wird gelegentlich darauf aufmerksam gemacht (z. B. LESTER und LESTER 1971), daß ein objektiv autoaggressiver Akt nicht notwendig auch subjektiv aggressiv gemeint sein muß; doch hat sich die Theorie von der Autoaggression erhalten und, wie auch LESTER und LESTER einräumen, klinisch bewährt.

1.2. Die «klassische» psychoanalytische Theorie

Die Unterscheidung zwischen angegebenen Motiven, den «im Bewußtsein des Täters auftretenden Gründen seines Handelns», und eigentlichen Ursachen, den «treibenden Kräften, die sehr oft dem Täter nicht zum Bewußtsein kommen» (GAUPP 1905), betrifft die Unterscheidung von bewußten und unbewußten Determinanten. Dieses Problem hat naturgemäß schon früh

Psychoanalytiker auf den Plan gerufen. Die erste medizinische Tagung über Selbstmord war das «Symposion über Selbstmord», das von FREUD einberufen wurde (vgl. FREUD 1910). Von ihm und ABRAHAM stammt auch die Theorie über die Psychodynamik der Selbstmordhandlung, die in der Literatur zum Suizidproblem am weitesten verbreitet ist. Diese Theorie deutet die Suizidhandlung als Ausdruck der Wendung von Aggression gegen die eigene Person. Niederschlag gefunden hat sie vor allem bei FREUD (1916), ABRAHAM (1924), RADO (1928) sowie in der Übersichtsarbeit von BERNFELD (1929). Gegenüber der Theorie von der Autoaggression enthält sie einen wichtigen Fortschritt insofern, als in dieser Theorie die Bedeutung des Mitmenschen für den suizidalen Akt an eine zentrale Stelle gerückt wird. Sie nimmt damit in die psychologische Erklärung hinein, was statistisch seit DURKHEIM (1879) schon bekannt war. Kurz skizziert besagt die Theorie folgendes:

Auf einen Objektverlust (dieser Begriff wird sehr weit gefaßt und meint nicht nur den tatsächlichen Verlust einer Beziehungsperson, sondern auch Enttäuschungen über sie u. ä.) reagiert der zur Depression Disponierte zunächst mit einer «Welle des Hasses» (ABRAHAM 1924). Dieser Haß muß aber sofort abgewehrt werden, da der Betreffende auf das Objekt nicht verzichten kann. Die Abwehr geschieht durch Regression auf orale Erlebnisweisen mit der Phantasie, sich das verlorene Objekt einzuverleiben. Nun ist das Objekt zwar gerettet, aber mit dem Selbst des Subjekts identifiziert. Der Haß, der sich ursprünglich auf das verlorene Objekt richtete, wütet nun gegen das Objekt im Selbst, wendet sich also gegen die eigene Person.

Es ist eingewandt worden, daß der depressive Affekt weniger in Haß und Wut als in Schuldgefühlen, hypochondrischen Befürchtungen und Verarmungsängsten besteht. ABRAHAM und RADO erklären das damit, daß der Vorgang der phantasierten Einverleibung wegen seines sadistisch-kannibalischen Charakters als schuldhaft erlebt wird. WISDOM (1967) fügt hinzu, daß der Objektverlust schon vorher als aktiv verursacht empfunden wurde (nicht: Die Mutter hat mich verlassen, und darum bin ich böse, sondern: Ich war so böse, und deswegen hat mich die Mutter verlassen), was Schuldgefühle hervorruft. RADO (1928) und FENICHEL (1945) belegen an klinischem Material, daß in Depressionen nicht nur das Über-Ich gegen das Objekt im Selbst wütet; zum Teil verbündet sich das Objekt auch mit dem Über-Ich und wütet so gegen das Selbst («duale Introjektion»).

Die *Selbstmordhandlung* wird in der klassischen Theorie als letzte Konsequenz der depressiven Dynamik verstanden. «Kein Neurotiker verspürt Selbstmordabsichten, der solche nicht von einem Mordimpuls gegen andere auf sich zurückwendet» (FREUD 1916, S. 438f). Das Objekt wird also im Selbst ermordet, das Selbst sühnt seine Schuld durch den Tod.

Die klassische psychoanalytische Theorie sieht in der Depression und in ihrer Konsequenz, dem Selbstmord, also vor allem die *Lösung eines Aggressionskonflikts*, und unter diesem Aspekt ist sie in die Suizidliteratur eingegangen. Von den Autoren, die mit dieser Theorie arbeiten, gehen die Überlegungen zur Psychotherapie folgerichtig dahin, wie man den Suizidgefährdeten dazu bringen kann, seine Aggressionen adäquat abzuführen. Trotz dieser Theorie fällt aber auf, daß die Psychotherapie von Suizidpatienten als sehr schwierig gilt. Das äußert sich indirekt darin, daß im wesentlichen beschrieben wird, wie therapeutische Teams (Telefonseelsorge, Lebensmüden-Beratungsstellen, Suicide Prevention Centers u. ä.) *organisiert* werden sollen. Weiterhin werden vor allem *konfliktzudeckende* Psychotherapieverfahren wie Verordnung von Psychopharmaka, autogenes Training, Hilfestellung in äußeren Problemen u. ä. beschrieben. Sobald es an die kausale Psychotherapie, an die Konfliktbearbeitung geht, werden die Angaben vage, zum Teil polypragmatisch oder offen resignierend. Das verwundert, wenn man bedenkt, daß eine so klare und weithin akzeptierte Theorie besteht. Es erhebt sich die Frage: Ist die Bearbeitung des Aggressionskonflikts zu schwierig, oder ist die Theorie zu einfach?

Tatsächlich läßt sich zeigen, daß die Deutung der Suizidhandlung als Ausdruck eines Aggressionskonflikts eine Simplifizierung der Darstellungen FREUDS und ABRAHAMS ist (s. u.). Sie ist in dieser Form aber weit verbreitet und auch in der Suizidforschung so tradiert worden. Im folgenden soll ohne Anspruch auf Vollständigkeit ihre Weitergabe und ihre Fortentwicklung innerhalb der Suizidforschung nachgezeichnet werden. Dabei wird vor allem herausgearbeitet, welche Beobachtungen und Interpretationen ihr widersprechen bzw. über sie hinausgehen. Erst dann wird auf die Fortentwicklung der psychoanalytischen Depressionstheorie rekurriert.

1.3. Sammlungen typischer Motive

Eine Reihe von vorwiegend psychoanalytisch arbeitenden Autoren bieten Beobachtungen an, die die unmittelbaren Suizidmotive bzw. Motivkonstellationen betreffen. Sie schließen zum Teil theoretische Erwägungen an, die Bereiche der suizidalen Psychodynamik beleuchten, ohne aber zu einer umfassenden Theorie zu führen. ZILBOORG (1936), HENDIN (1963), KUBIE (1964), LITMAN und TABACHNICK (1968) und STENGEL (1969) z. B. folgern aus den Äußerungen von Suizidanten über ihre bewußten Motive und deren Kontext mit sonstigen verbalen und averbalen Verhaltensweisen auf die Art der Phantasien, die in die Suizidhandlung eingingen. Methodisch wird dabei nur zum Teil berücksichtigt, daß diese Phantasien bzw. Motive schon das Endprodukt eines psychodynamischen Prozesses darstellen und mehr oder weniger sekundär bearbeitet sind, also großenteils nur in entstellter Form die eigentliche Motivation widerspiegeln. Aus diesem Grunde erklären sich die Vielfalt und der unterschiedliche Abstraktionsgrad. Stellt man zusammen, welche Phantasien bzw. Motive von den genannten Autoren beschrieben wurden, ergibt sich folgende Aufstellung:

Tötung eines internalisierten Objekts
Autoaggression
Sühne, Selbstbestrafung
Rache, Vergeltung
blinde Abfuhr aggressiver Spannungen (Katharsis)
omnipotente Beherrschung der Situation, aktives Zuvorkommen
faktische Realisierung einer emotional schon eingetretenen Tatsache (nämlich «tot» zu sein)
Rückkehr in die Kindheit
Kontaktsuche, evtl. in regressiver Art (Hasardspiel)
Wiedervereinigung mit einer toten Beziehungsperson, Symbiosewünsche, Ekstase, Hingabe
Resignation, Flucht
Neubeginn, Wiedergeburt, neues Leben

Diese Sammlung ist für die anstehende Fragestellung insofern interessant, als eine größere Anzahl von Motiven, nämlich die zuletzt genannten, nicht ohne Zwang als Ausdruck einer aggressiven Problematik zu deuten sind; sie beinhalten vielmehr so etwas wie Rückzug auf einen harmonischen Zustand und die Aufnahme sehr infantiler Objektbeziehungen.

Zur Theoriegeschichte ist bemerkenswert, daß ZILBOORG (1936) schon bezweifelt, daß die Tötung eines internalisierten Objekts der einzige Typ suizidaler Psychodynamik sei. KUBIE (1964) nimmt eine Vielfalt von psychodynamischen Mechanismen an und bezweifelt ausdrücklich die Möglichkeit einer einheitlichen Theoriebildung. HENDIN (1963) hält die Verbindung von depressiver und suizidaler Psychodynamik für zu eng. In seiner ethnopsychologischen Studie über das skandinavische Suizidphänomen (die auffallend niedrige Suizidziffer Norwegens gegenüber Dänemark und Schweden) stellt er Überlegungen zu psychodynamischen Vorgängen an, die er aber nicht in ein einheitliches Konzept bringt. Vielleicht wird deshalb seine Studie zwar oft beachtet; seine Aussagen werden aber kaum verwertet bzw. methodologisch in Frage gestellt. Zur allgemeinen Psychodynamik der Suizidalität betont HENDIN das Omnipotenzgefühl, mit dem Suizid jede Situation aktiv beherrschen zu können. Dem Omnipotenzgefühl entsprechen grandiose Maßstäbe, die der Suizidant an sich anlegt. Diese sind in den drei Ländern verschiedenen Inhalts, sie verleihen aber der Aggressionsproblematik ein irreal überhöhtes Gewicht (vgl. Kapitel II 4.6.1).

MENNINGER (1938) ist der bekannteste Suizidforscher, der die Todestriebtheorie FREUDS auf die Suizidproblematik überträgt. Nach ihm ist die Suizidhandlung Ausdruck einer regressiven Entmischung von libidinösen und destruktiven Trieben, wobei letztere überwiegen. Diese Theorie ist so allgemein gehalten, daß sie sich klinisch schwer verwerten läßt. Aus dem Modell ergeben sich kaum Ableitungen für das Verständnis der Psychodynamik eines konkreten Suizidanten.

LITMAN und TABACHNICK (1968) sehen in der Suizidhandlung einen Adaptationsvorgang: In bestimmten Situationen versagen die gewohnten Anpassungsmuster gegenüber der neuen Realität. Die Suizidhandlung stelle den Versuch einer Neuanpassung dar und führe zu einem «psychosozialen Moratorium» (Begriff von ERIKSON), das gesichert sei durch den starken sozialen Appellcharakter jeder Suizidhandlung (vgl. STENGEL). Die Theorie des psychosozialen Moratoriums klammert die aggressive Problematik zunächst aus. Anlaß für eine Neuanpassung ist ein Scheitern an der Realität, das zugleich eine Verunsicherung und Bedrohung der Identität, also ein narzißtisches Problem aufwirft. Aus der Darstellung wird dem Verfasser nicht ganz klar, wie die Autoren zu der Feststellung gelangen, daß die Psychodynamik des Suizids der klassischen psychoanalytischen Dynamik der Depression folge. Das Bild des psychosozialen Moratoriums deutet die Phantasien von Rückzug, Flucht, Rückkehr, Wiedervereinigung, Symbiose etc. ebenso wie die von der Wiedergeburt, dem Neubeginn und dem neuen Leben als etwas Eigenständiges.

1.4. Phänomenologische Strukturanalysen

Einzelne Autoren wollen hinter der Vielfalt der Motive das Suizidgeschehen als ein sich zwar unterschiedlich äußerndes, im Grunde aber einheitliches, wenn auch komplexes Phänomen entdecken. Ihre Interpretationen richten sich nicht auf einzelne Suizidhandlungen, sondern auf Motivrichtungen, Tendenzen, Intentionen und deren Zusammenspiel, also auf *Motivstrukturen;* wie sie zu erschließen sind, wenn man viele Suizidhandlungen überschaut und nach Regelhaftigkeiten sucht.

Das älteste Beispiel dieser Art dürfte von MENNINGER (1938) stammen. Dieser meint, in jeder Suizidhandlung drei Tendenzen finden zu können, nämlich

den Wunsch zu töten,
den Wunsch, getötet zu werden, und
den Wunsch, tot zu sein (vgl. Abbildung 1).

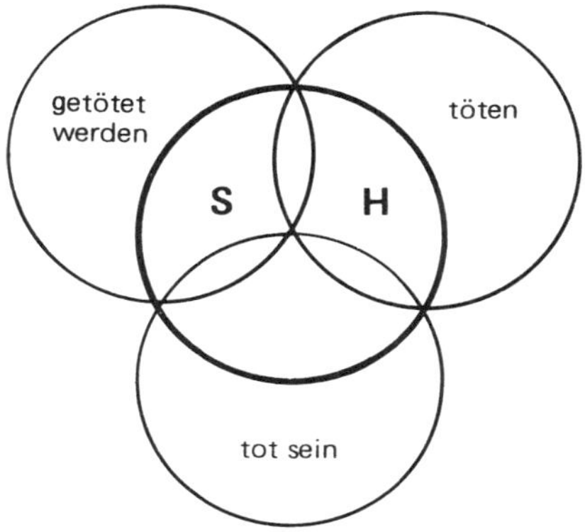

Abb. 1: *Motivstruktur der Suizidhandlung (SH) nach* Menninger (1938) (*Zeichnung nach* Feuerlein 1971)

Menninger steht noch ganz unter dem Eindruck des aggressiven Aspekts der Suizidhandlung. Es ist vor allem Stengels (1958, 1965, 1969, 1971) Verdienst, die Ambivalenz der psychischen Vorgänge im Suizidanten und ihren sozialen Effekt herausgearbeitet zu haben. Was landläufig längst bekannt ist und was besonders durch K. Schneider (1936) in Anlehnung an Brockhaus (1922) mit den Begriffen des demonstrativen Selbstmordversuchs bzw. des Selbstmordversuchs als Theater in die Fachliteratur Eingang gefunden hat, ist die Tatsache, daß die Suizidhandlung typischerweise nicht nur Ausdruck eines klaren und eindeutigen Selbsttötungsimpulses ist, sondern daß in die Suizidhandlung neben destruktiven auch starke konservative Motive eingehen.

Diese Beobachtung braucht nicht der Theorie vom Aggressionskonflikt zu widersprechen. Diese strebt ja eine Interpretation der Selbsttötungsimpulse an, deren Existenz nicht bezweifelt wird. Stengel hebt nur die Überdetermination hervor, die regelhafte Vermischung selbstzerstörerischer und selbsterhaltender Motive. Immerhin ist eine solche Trennung eine Abstraktion, und es läßt sich diskutieren, wie im konkreten Fall diese Motivmischung zustande kommt.

Stengels Beobachtung greift Feuerlein (1971) auf. Er stellt ein triadisches Modell vor, indem er in jeder Suizidhandlung Tendenzen von

Appell,
Autoaggression und
den Wunsch nach Zäsur (oder Pause)

annimmt. Auf die letzte Tendenz legt er besondere Betonung. Sie werde leicht übersehen; meistens drücke sie sich in dem Wunsch nach Schlaf aus. Die gleiche Tendenz wurde von anderen Autoren mit ähnlichen Bildern oder

Begriffen beschrieben. LITMAN und TABACHNICK (1961) sprechen in Anlehnung an ERIKSON von einem «psychosozialen Moratorium», also einer «Verschnaufpause», BAPPERT (1962) spricht von «Ausweichen», SHNEIDMAN (1963 und 1968) von «interruption», ZWINGMANN (1965) von einem «Zustand des suspendierten Denkens und der Sorgenfreiheit», LUNGERSHAUSEN (1968) von «Tod auf Zeit». FEUERLEIN entwirft folgendes Bild:

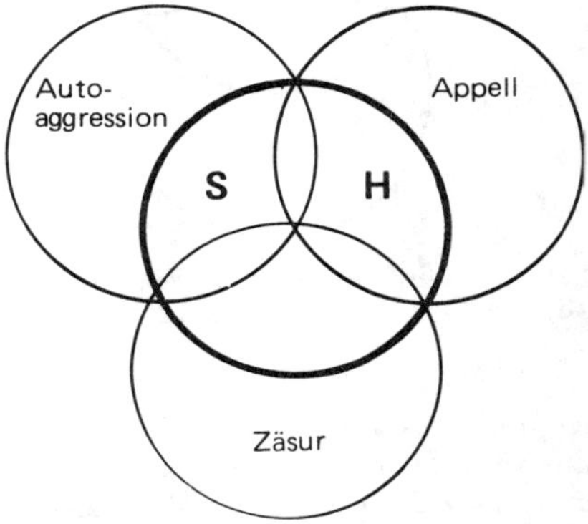

Abb. 2: *Motivstruktur der Suizidhandlung (SH) nach* FEUERLEIN (1971)

Der «Appell» wird von STENGEL verstanden als Hilferuf und Kontaktsuche, also als Appell um Zuwendung, zum anderen als Ausdruck von Rache, Erpressung, also als aggressive Äußerung. Teilt man danach die Appelltendenz auf in einen destruktiven und einen konservativen Anteil, stimmt FEUERLEINS Modell in etwa mit dem von LINDEN (1969) überein, der in jeder Suizidhandlung zwei Gegensatzpaare von Intentionen wirksam sieht, nämlich einerseits Aggression und Autoaggression, andererseits Appell und Flucht. Bildlich stellt sich das wie folgt dar:

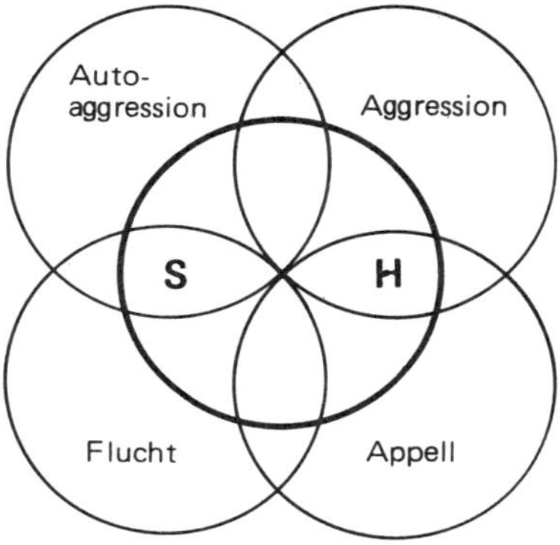

Abb. 3: *Motivstruktur der Suizidhandlung (SH) nach* LINDEN (1969)

Es ist zu diskutieren, ob die verschiedenen Modellvorstellungen mit ihren Bildern und Begriffen nicht ähnliches meinen. Vergleicht man das Modell von MENNINGER und FEUERLEIN und macht man sich klar, daß «der Wunsch, tot zu sein» – wie oben dargelegt – nicht die realen Konsequenzen des Todes, vielmehr Phantasien von Geborgenheit, Ruhe, Frieden etc. meint, dürfte mit dem Wunsch, tot zu sein, und dem Wunsch nach Zäsur, nach Schlaf, Pause, Unterbrechung etc. eine gleichartige Tendenz beschrieben sein. Dasselbe gilt für die Tendenz zur Flucht bei LINDEN. An Unterschieden bleibt bestehen, daß MENNINGER die Appelltendenz noch nicht kannte und daß bei dem Wunsch, tot zu sein, bei der Flucht und bei dem Wunsch nach Pause differenziert werden müßte zwischen dem Wunsch nach «ewigem» Tod oder dem Wunsch nach «Tod auf Zeit». Dieser Unterschied könnte sich aber verwischen, wenn man sich klarmacht, daß die verschiedenartigen Phantasien der Suizidanten vom Totsein ohnehin vielerlei Varianten aufweisen.

Nimmt man das Modell von LINDEN mit den erwähnten Korrekturen als das zur Zeit vollständigste an, ergibt sich für die typische Suizidhandlung eine zweifach polare Motivstruktur: Jeweils aggressive und libidinöse Strebungen richten sich einerseits gegen die eigene Person, andererseits an nahestehende Personen (vgl. Abbildung 4).

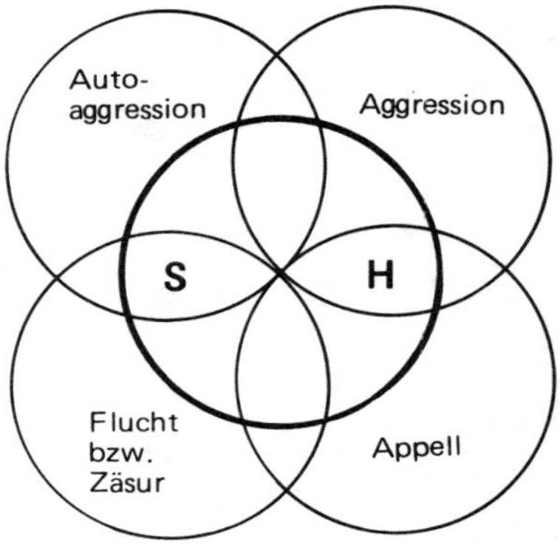

Abb. 4: *Motivstruktur der Suizidhandlung (SH), modifiziert nach* LINDEN (1969)

1.5. Das präsuizidale Syndrom

Eine bedeutsame Entdeckung machte RINGEL (1953), als er mit der Trias aus Einengung, Aggressionsumkehr und Suizidphantasien ein Syndrom beschrieb, welches unabhängig von der Person und unabhängig von der somatischen oder psychiatrischen Grundkrankheit jeder Suizidhandlung vorausgeht (vgl. Kapitel II 4.5; auch HENSELER 1974). Die Bedeutung der Entdekkung liegt nicht nur in ihrem diagnostisch-prognostischen Wert, sondern auch darin, daß das präsuizidale Syndrom einen Teil der gesuchten allgemeinen, d. h. überindividuellen und nosologisch unspezifischen suizidalen Psychodynamik widerzuspiegeln scheint. Auch wenn das Syndrom nicht in dem Sinne spezifisch ist, daß es eine Suizidhandlung mit Sicherheit voraussagt, scheint es doch typisch zu sein in dem Sinne, daß das Syndrom in der Regel jeder Suizidhandlung vorausgeht.

Aggressionshemmung, Aggressionsstau und Aggressionsumkehr sowie Suizidphantasien in deren Konsequenz sind nicht neu. Eine wichtige Ergänzung stellt aber die «Basis des Syndroms» (RINGEL 1969, S. 99), die *Einengung* dar. Die Einengung, ausgelöst bzw. forciert durch Kränkungen, Enttäuschungen, Mißerfolge, meint einen regressiven Entwicklungstrend mit einer zunehmenden Einschränkung der inneren und äußeren (dynamischen und situativen) Entfaltungsmöglichkeiten, begleitet von einer Reduzierung der zwischenmenschlichen Beziehungen und des objektiven Werterlebens. Dem regressiven Trend zugrunde liegt – jedenfalls soweit es sich um neurotische Entwicklungen handelt – eine «schwere Neurotisierung in der Kindheit» mit dem zentralen Symptom der «Ich-Verunsicherung». Diese

Ich-Verunsicherung kann nur mangelhaft bewältigt werden. Versuche dazu sind erstens eine Anklammerung an Beziehungspersonen, zweitens rigide und subjektive Idealbildungen, drittens Aggressionsabwehr und viertens der Rückzug in «einengende» regressive Erlebens- und Verhaltensweisen (Zitate aus RINGEL 1953 und 1969).

Der Begriff der Einengung und seine genetisch-dynamische Deutung kommen nahe an Vorstellungen heran, die die neuere Psychoanalyse in ihrer Narzißmustheorie anbietet (s. u.); denn er stellt die zentrale Bedeutung des Selbstgefühls und seiner gelungenen oder mißlungenen Regulation für das Verständnis der Suizidalität in den Vordergrund. – Zu ähnlichen Beobachtungen kommt auch v. SCHLIEFFEN (1969).

1.6. Spezifizierung der Objektbeziehungen

Die Bedeutung nahestehender Personen für die Entwicklung der Suizidalität hat schon DURKHEIM (1879) statistisch belegt und ist u. v. a. besonders von STENGEL (1958 und später) betont und belegt worden. In der FREUD-ABRAHAMschen Theorie steht das «Objekt» an zentraler Stelle, weil jede Depression von einem Objektverlust ausgeht. Um eine Depression oder gar eine Suizidhandlung auszulösen, bedarf es aber nicht irgendeines Objektverlustes. Wie noch zu zeigen ist, beschäftigt sich FREUD (1916) viel differenzierter, als meist referiert wird, mit der Frage, welcher Art die Objektbeziehungen seien, damit auf einen Objektverlust hin die depressive Dynamik und der Selbstmord zustande kommen.

In der Literatur zum Suizidproblem wird die Art der Objektbeziehungen der Suizidanten vielfach als abhängig, anklammernd, symbiotisch, oral, passiv und masochistisch beschrieben (GARMA 1944, BERGLER 1946, RINGEL 1953, TABACHNICK 1961, v. SCHLIEFFEN 1969, WEISFOGEL 1969). Diese Begriffe sind der psychoanalytischen Triebtheorie entnommen und differenzieren nicht genügend zwischen der Abhängigkeit auf Grund von regressiven Triebbedürfnissen und der Abhängigkeit auf Grund von unreifen Ich-Mechanismen, genauer auf Grund unreifer, vorwiegend identifizierender Objektbeziehungen.

Auf diese Unterscheidung verweist besonders DÜHRSSEN (1967). Bei den von ihr beschriebenen elf 16- bis 18jährigen Mädchen kam es zu ernstgemeinten Suizidversuchen, als sie, die ohnehin in einer Identitätskrise im beruflichen Bereich steckten, von der Mutter aus der Rolle einer bevorzugten Beziehungsperson verdrängt wurden (z. B. durch die Geburt eines neuen Kindes, durch ein Enkel- oder Pflegekind). Vorher waren die Mädchen ein besonderes Identifikationsobjekt ihrer Mütter gewesen. In der komplexen Beziehung hatten sie unter anderem «dem Prestigebedürfnis und dem verhinderten Ehrgeiz der Mütter nachträgliche Befriedigung bringen» sollen (a. a. O., S. 22). Als das abrupt aufhörte, fühlten sie sich rettungslos ausgestoßen und abgewiesen.

Obwohl Dührssen diesen Begriff nicht benützt, beschreibt sie eine narzißtische Objektbeziehung. Die Mädchen waren narzißtische Objekte der Mütter und umgekehrt. Die Bedeutung der narzißtischen Objektbeziehungen für Verständnis und Betreuung von Suizidpatienten wurde vom Referenten (1970b) diskutiert und kasuistisch belegt (vgl. auch Kapitel III 2.3.2).

1.7. Die Entwicklung der psychoanalytischen Depressionstheorien

Liest man bei Freud genauer nach, muß man mit Dührssen (1967) und Litman (1970) feststellen, daß die Rolle der Aggression, die Freud der depressiven Dynamik zuschreibt, in der Sekundärliteratur einseitig überbetont wurde. Berücksichtigt man die Überlegungen Freuds zum Suizidproblem nicht nur in seiner Arbeit «Trauer und Melancholie» (1916), sondern auch in seinem übrigen Werk (Näheres s. Litman), erfährt man, daß Freud eine komplizierte Überdetermination von Motiven angenommen hat, ohne sie allerdings zu einem einheitlichen Konzept zu verbinden. Er nennt Motive wie Appell, Rache, Identifikation, Selbstbestrafung, symbolische Erfüllung sexueller Wünsche, nach 1920 immer wieder die Entbindung des Todestriebes durch Triebentmischung bei Regression. Als Ich-Vorgänge beschreibt er Regression, Desintegration des Ich, Ich-Spaltung in Ich und Über-Ich u. ä. Auch 1916 betont Freud, daß der «melancholische Mechanismus» (Abraham 1924) erst ermöglicht wird, wenn zwei Vorbedingungen erfüllt sind, nämlich erstens eine *Fixierung auf der oralen Stufe* und zweitens die *Ambivalenz der Objektbeziehungen.*

In den Erläuterungen vor allem zu den Objektbeziehungen tauchen Begriffe aus der Narzißmustheorie auf, die entsprechend dem Stand der theoretischen Entwicklung damals noch nicht klar von libidotheoretischen Begriffen unterschieden wurden. So formuliert Freud (1916): «. . . die orale Phase gehört noch dem Narzißmus an» (S. 436). Wünsche, passiv geliebt zu werden, werden mit Oralität, orale Introjektion mit narzißtischer Identifikation gleichgesetzt. Freud stimmt aber einer Diskussionsbemerkung Ranks zu, der meinte, daß der Widerspruch zwischen der «starken Fixierung an das Liebesobjekt» und der «geringen Resistenz der Objektbesetzung» auf den narzißtischen Charakter der Objektwahl zurückzuführen sei (S. 435). Freud wirft auch die Frage auf, ob nicht eine «rein narzißtische Ich-Kränkung» hinreiche, um das Bild der Melancholie zu erzeugen (S. 440). Er geht aber nicht weiter darauf ein.

Setzt man die Akzente etwas anders, läßt sich schon Freud (1916) so interpretieren, daß die beschriebene Lösung des Aggressionskonflikts eine *narzißtisch gestörte Persönlichkeit voraussetzt* und daß für die Auslösung des Konflikts das Versagen eines narzißtischen Objekts maßgeblich ist.

Konsequent weitergedacht wäre die Aggressionsabwehr etwas Sekundäres, die Beeinträchtigung des Narzißmus das Primäre.

ABRAHAM (1924) wirft der klinischen Psychiatrie vor, das Nebeneinander von Äußerungen «eines positiven und eines negativen Narzißmus» (a. a. O., S. 145) übersehen zu haben. Ein Kleinheitswahn z. B. oder die Vorstellung, der größte Verbrecher aller Zeiten zu sein, setze ja eine ausgeprägte Selbstüberschätzung voraus. Die Disposition für dieses Nebeneinander sucht ABRAHAM in der besonderen Ambivalenz des Gefühlslebens, das dem potentiellen Melancholiker eigen sei.

Die Konsequenz zieht z. B. FENICHEL (1945). Er hebt hervor, daß am Beginn jeder Depression ein Verlust an Selbstgefühl stehe, ausgelöst durch ein Objekt oder das Über-Ich. Er beschreibt ausführlich die Rolle der narzißtischen Objektbeziehungen als Disposition zur Depression. Erst wenn durch Verlust des narzißtischen Objekts oder durch eine Verurteilung von seiten des Über-Ichs ein Verlust an Selbstgefühl eingetreten ist, setzt die «klassische» depressive Dynamik ein.

Zu der oralen Fixierung und der Ambivalenz der Objektbeziehungen komme als dritte Disposition für die Depression ein vermehrtes narzißtisches Bedürfnis. FENICHEL macht auf die geheime Selbstüberschätzung hinter der Selbstverachtung aufmerksam, die auch darin zum Ausdruck komme, wie der Depressive seine Umgebung tyrannisiert. Bezüglich des Suizids unterscheidet FENICHEL den passiven vom aktiven Typ. Der *passive Suizid* sei eine Resignation, der *aktive Suizid* ein Versuch der Versöhnung des Über-Ichs, also eine Sühne, bei der zugleich die strafende Instanz, das Über-Ich, mitgetötet wird.

Die Konzeption des «passiven Suizids» stützt sich auf eine Formulierung FREUDS über die Melancholie nach der Einführung des Strukturmodells und der Theorie des Todestriebes. FREUD schreibt: Das Selbst «gibt sich auf, weil es sich vom Über-Ich gehaßt und verfolgt, anstatt geliebt fühlt. Leben ist . . . für das Ich gleichbedeutend mit Geliebtwerden, vom Über-Ich geliebt werden . . . Es sieht sich von allen schützenden Mächten verlassen und läßt sich sterben» (1923, S. 288). Bei dieser Darstellung setzt FREUD die Introjektion des verlorenen und gehaßten Objekts, also den «klassischen» melancholischen Mechanismus voraus. Seine Aussage über die Bedeutung des Geliebtwerdens für das Ich – heute würde man von Selbst sprechen – geht aber über den speziellen Fall der Melancholie hinaus und kennzeichnet die Bedeutung des Selbstgefühls für das Suizidgeschehen.

Was BIBRING (1953) zu Ende führt, klingt schon bei FENICHEL an: Die «einfache Depression», die jedermann kennt, ist ein *Warnsignal* analog der Angst. BIBRING (1953) nennt Angst und Depression Grundreaktionen (basic reactions) des Ich. Die Angst signalisiert eine Triebgefahr und regt das Ich an, sich zu wehren. Die Depression zeigt eine «narzißtische Gefahr» an und gibt dem Ich das lähmende Gefühl, der Gefahr hilflos und ohnmächtig ausgeliefert zu sein.

Hier nimmt BIBRING FREUDS Unterscheidung von Angst und seelischem Schmerz auf, die er 1926 (S. 197–202) diskutiert. Was BIBRING über die Depression sagt, entspricht weitgehend dem, was FREUD über den seelischen Schmerz äußert. FREUD charakterisiert die Angst als Reaktion auf die Gefahr des Objektverlusts, den seelischen Schmerz als Reaktion auf tatsächlichen Objektverlust (vgl. auch RAPAPORT 1967).

Depression wäre dann primär emotionaler Ausdruck für Hilflosigkeit und Ohnmacht, gemessen an den Maßstäben des Ich-Ideals, also ein intrasystematischer oder *Strukturkonflikt.* Damit ist die Theorie der Depression als Ausdruck eines *Aggressionskonflikts* verlassen zugunsten der Theorie eines Strukturkonflikts. Die Beteiligung von Aggression sei eine wenn auch häufige Komplikation. «Die Wendung der Aggression gegen die eigene Person ist sekundär zum Zusammenbruch des Selbstgefühls» (1953, S. 45). Primär ist die Unterwerfung des Selbst unter das strafende Über-Ich, welches mit dem Gefühl der Hilflosigkeit und Ohnmacht einhergeht. Bezüglich des Suizids unterscheidet BIBRING wie FENICHEL das «Ich, das sich selber tötet», und das «Ich, das sich sterben läßt» (1953, S. 46). Nur im ersten Fall sei Aggression mit im Spiel.

Unterstützt werden die Überlegungen BIBRINGS durch Direktbeobachtungen an Säuglingen von SPITZ (1967 u. a.). SPITZ bemüht sich jedoch, die Depression als Affektzustand von der Depression als Krankheitseinheit sorgfältig zu trennen. Von letzterer solle man nur dann sprechen, wenn ein Über-Ich da ist und wenn Regressionsvorgänge von der analen zur oralen Stufe möglich sind, was im ersten Lebensjahr ausgeschlossen ist. Einfacher erscheint jedoch die Annahme, daß die von SPITZ beschriebene «anaklitische Depression» durchaus zur so verstandenen Krankheitseinheit der Depression gehört, wenn auch als früheste (oder eine der frühesten) Form(en). Objektverlust, depressiver Affekt und Apathie sind ja gegeben. Die Psychodynamik der späteren Depression wird natürlich entsprechend der differenzierteren Entwicklung des psychischen Apparates unter Beteiligung von Regression und Über-Ich etc. verlaufen. Betrachtet man die anaklitische Depression so, wäre mit BIBRING anzunehmen, daß sich in ihr schon der Kernvorgang jeder Depression abspielt und daß spätere Differenzierungen des psychodynamischen Ablaufs Komplikationen dieses Kernvorgangs sind.

BIBRINGS Theorie blieb nicht unwidersprochen. Sie soll auch nicht weiterdiskutiert werden, sondern als Beleg dafür dienen, wie im Laufe der Entwicklung der psychoanalytischen Depressionstheorie die Bedeutung narzißtischer Vorgänge zunehmend in den Vordergrund der Aufmerksamkeit gerückt ist (vgl. auch WISDOM 1967, LOCH 1967 und 1969).

Die Einsicht in die Bedeutung narzißtischer Vorgänge wächst, wenn man sich das in Kapitel II 6 entworfene *idealtypische Bild* der Suizidhandlung und der suizidalen Persönlichkeit vor Augen hält. Das gilt besonders

1. für die realitätsferne Art der Selbsteinschätzung,
2. für die so widersprüchlich anmutende Rolle der zwischenmenschlichen Beziehungen,

3. für die Diskrepanz zwischen den Todesphantasien und der Wirklichkeit des Todes,
4. für die Unterscheidung zwischen Sterben und Sichumbringen, wie überhaupt
5. für den zum Teil magischen Umgang mit der Realität.

Eine differenzierte Kenntnis der Psychologie des Narzißmus könnte die Möglichkeit bieten, diese und andere Auffälligkeiten in ein einheitliches und umfassenderes theoretisches Bezugssystem zu bringen und damit einem besseren Verständnis zuzuführen. Sollte sich diese Hoffnung erfüllen, müßte sich die Interpretation auch an klinischen Beispielen bewähren.

2. Die suizidale Psychodynamik aus der Sicht der psychoanalytischen Narzißmustheorie

2.1. Begriffsklärung

Den Begriff «Narzißmus» führte Freud 1914 in die psychoanalytische Theorie ein; er wurde in der Psychoanalyse der letzten 50 Jahre jedoch uneinheitlich benutzt.* Nach der klärenden Diskussion der sechziger Jahre, die vor allem mit den Namen Balint (1960), Joffe und Sandler (1967), Kohut (1966, 1971), Schumacher (1970) und Argelander (1971) verbunden ist, versteht die Psychoanalyse heute unter Narzißmus oder narzißtisch die verschiedenen Zustände des Selbstwertgefühls, der affektiven Einstellung des Menschen zu sich selbst. Ist diese realitätsgerecht, spricht man von gesundem Narzißmus, ist sie es nicht, von narzißtischer Störung. Die narzißtische Störung kann sich in einem übertriebenen Selbstgefühl ebenso wie in übertriebenen Minderwertigkeitsgefühlen äußern. Im Zuge der Entwicklung der Psychoanalyse von einer vorwiegend es-psychologischen zu einer auch ich-psychologischen Ausrichtung verdeutlichte sich die relative Eigenständigkeit und Eigengesetzlichkeit eines *narzißtischen Regulationssystems* in der Psyche des Menschen neben dem bekannteren System der Triebregulation.

Unter Regulation des Narzißmus versteht die Psychoanalyse die Aufrechterhaltung eines affektiven Gleichgewichts bezüglich der Gefühle von innerer Sicherheit, von Wohlbehagen, Selbstwertgefühl, Selbstsicherheit, im folgenden kurz *Selbstgefühl* genannt. Dieses affektive Gleichgewicht ist wohl zu unterscheiden von der Entspannung nach Triebabfuhr. Die Regulation des Selbstgefühls stellt die Psyche vor eine nicht minder wichtige und schwierige Aufgabe als die der Triebregulation.

Es erweist sich als klärend und fruchtbar, wenn man sich in konkreten

---

* Zur Entwicklung des Begriffs und der verschiedenen theoretischen Ansätze ist ein gesonderter Beitrag des Verfassers in Vorbereitung.

Konfliktsituationen, z. B. in suizidalen Krisen, sorgfältig klarmacht, um welche Art von Konflikt es primär geht: um einen Triebkonflikt (z. B. die Bewältigung überstark erlebter Aggression) oder um einen narzißtischen Konflikt (z. B. die Bewältigung einer unerträglichen Kränkung). Was narzißtische Konflikte sind, wie sie entstehen, wie sie auf den verschiedenen Entwicklungsstufen aussehen und welchen Gesetzmäßigkeiten sie unterliegen, läßt sich am besten klären, wenn man sich die Entwicklung des narzißtischen Systems vor Augen hält. Im folgenden sei sie kurz skizziert.

2.2. Entwicklung und Funktion des narzißtischen Systems

2.2.1. Der harmonische Primärzustand

Eine Grundannahme der psychoanalytischen Narzißmustheorie besteht darin, sich den frühesten psychophysiologischen Zustand des Kindes nach dem Modell der *intrauterinen Einheit von Mutter und Kind* vorzustellen. Dieser Ur- oder Primärzustand muß ein Zustand von Harmonie, Behagen, Spannungsfreiheit, fragloser Sicherheit und Geborgenheit sein. Der Fötus unterscheidet noch nicht zwischen sich und den Objekten der Umwelt. Er erlebt das intrauterine Milieu noch nicht als etwas, das außer ihm existiert. Das «außer ihm», jedenfalls im Sinne umrissener Objekte, gibt es für ihn noch nicht. Ähnliches kann man, wenigstens für größere Zeiträume, auch für die frühe Säuglingszeit voraussetzen. Diesen *harmonischen Primärzustand* kann man nicht erinnern, man kann ihn aber erschließen

a) aus dem Verhalten des Säuglings,
b) aus der dunklen Erinnerung oder Sehnsucht, die in jedem Menschen steckt und die sich in Mythen vom Paradies, vom goldenen Zeitalter o. ä. niedergeschlagen hat,
c) aus tief regressiven Zuständen, wie wir sie vor allem in der Psychopathologie beobachten, und
d) aus den Anstrengungen, die im Laufe der psychischen Entwicklung unternommen werden, einen solchen Zustand wieder zu erreichen. Freud meint: «Die Entwicklung des Ichs besteht in einer Entfernung vom primären Narzißmus und erzeugt ein intensives Streben, diesen wiederzugewinnen» (1914, Ges.W. Bd. 10, S. 167).

Hermann Hesse, der als Jugendlicher zwei Selbstmordversuche unternommen und im späteren Leben häufiger unter depressiven Verstimmungen gelitten hat, schreibt: «Meine Geburt geschah in früher Abendstunde an einem warmen Tag im Juli, und die Temperatur jener Stunde ist es, welche ich unbewußt mein Leben lang geliebt und gesucht und, wenn sie fehlte, schmerzlich entbehrt habe.» Der Monat Juli, allgemeiner die Atmosphäre der Mittsommerzeit, hat überhaupt in Hesses Leben eine besondere Bedeutung behalten (Ficker 1972).

Über die Existenz eines solchen harmonischen Primärzustandes besteht Einigkeit in der Literatur. Uneinigkeit besteht in der Bezeichnung und der metapsychologischen Beschreibung dieses Zustandes. FREUD (1914) spricht vom *primären Narzißmus* und nimmt einen subjektiven Zustand großartiger Unabhängigkeit von der Umwelt an. BALINT (ab 1932, z. B. 1960) spricht vom Stadium der *primären Liebe* und meint damit, es gäbe sehr primitive Objektbeziehungen prinzipiell von Anfang an.

2.2.2. Die Urverunsicherung und die Trennung von Selbst und Objekten

Nicht zu bezweifeln und von hoher theoretischer Bedeutung ist die Tatsache, daß mit zunehmender Wahrnehmungsfähigkeit, mit wachsenden Bedürfnissen und mit den unvermeidlichen Frustrationen des extrauterinen Lebens dieser harmonische Primärzustand in Frage gestellt und erschüttert wird.

Das hat zwei wichtige Folgen: Die eine ist ein enormer Anreiz für die Ich-Entwicklung. Das Kleinkind entnimmt den Unlusterlebnissen die Erfahrung, daß es außer ihm etwas gibt, das mit ihm nicht identisch ist. Über verschiedene Vorstufen entstehen langsam die ersten inneren Bilder der eigenen Person (Selbstrepräsentanzen) und der Objekte (Objektrepräsentanzen), die nunmehr als getrennte Einheiten erlebt werden können. Die andere Folge ist eine unerträgliche Enttäuschung und Verunsicherung, die mit peinigenden Gefühlen von Angst und Ärger einhergehen. Da das Kind nicht über die Möglichkeiten verfügt, sich den Unlusterfahrungen zu entziehen oder sie durch Abwehrmechanismen unschädlich zu machen, und da es auch bei sorgfältiger Pflege unmöglich ist, diese Unlusterfahrungen stets in erträglichen Grenzen zu halten, werden Angst und Ärger immer wieder die Grenze des Reizschutzes durchbrechen und traumatische Erfahrungen von Hilflosigkeit, Ohnmacht und Erschöpfung herbeiführen.

Auf eine Phase großartigen und selbstverständlichen Behagens, von Harmonie und innerer Sicherheit folgt also die traumatische Erfahrung des Gegenteils, eine Erfahrung, die als katastrophal erlebt wird und die man vielleicht mit *Urverunsicherung* bezeichnen kann. In der Mythologie hat sich diese Erfahrung in den Bildern vom Himmelssturz der Engel oder von der Vertreibung aus dem Paradies niedergeschlagen.

Dieser Urverunsicherung entgeht kein Mensch. Sicher ist aber, daß es enorme Unterschiede gibt, wieweit und wie gut die Erfahrungen von Hilflosigkeit und Ohnmacht von den Pflegepersonen ausgeglichen werden. Wie katastrophal die Urverunsicherung aber erlebt wird, geht unter anderem aus den Anstrengungen hervor, einem Wiedererleben dieser Verunsicherung zu entgehen. Man kann das oben erwähnte FREUD-Zitat auch so formulieren: Die Entwicklung des Ichs besteht in einer Entfernung von der Urverunsicherung und erzeugt ein intensives Bestreben, sie nie wieder zu erleben. LAMPL de Groot (1936) schreibt: Eine unbeschädigte libidinöse Besetzung des Selbst «scheint ... die erste und wichtigste Bedingung für die psychische Gesundheit» zu sein (S. 442). Ohne das Gefühl einer basalen inneren Sicherheit, ohne ein Urselbstvertrauen kann kein Mensch leben.

2.2.3. Kompensationsmechanismen

Um der drohenden Erschütterung des Selbstgefühls zu entgehen, stehen dem Menschen vier Kompensationsmöglichkeiten zur Verfügung, die zwar verschiedenen Entwicklungsstadien angehören, aber noch im späteren Leben eine Rolle spielen. Es sind

1. die Regression auf den Primärzustand,
2. Verleugnung und Idealisierung,
3. Angleichung an die Realität und
4. Verinnerlichung.

Die primitivste und früheste Möglichkeit ist die der Regression. Entsprechend dem Entwicklungszustand des Kleinkindes, das Phantasie und Realität eben erst zu unterscheiden beginnt, kann eine drohende Verunsicherung dadurch *aktiv vorweggenommen* werden, daß durch Phantasie und Agieren (Umsetzen der Phantasie in Handlung) die eben gewonnene Individualität oder persönliche Identität wieder aufgegeben wird zugunsten von *Verschmelzungsphantasien*. Wunschvorstellungen von Aufgabe der Identität zugunsten einer Wiederverschmelzung spielen eine große Rolle im frühkindlichen, aber auch im erwachsenen Leben. Das Bedürfnis, ganz eins zu sein mit dem anderen, im anderen aufzugehen u. ä., drückt diesen Wunsch aus. Eine zweite Möglichkeit, sich ein sicheres Selbstgefühl zu bewahren, besteht darin, daß man tatsächliche oder vermeintliche Mängel der eigenen Person, die das Selbstgefühl bedrohen, *verleugnet* und durch die Phantasie vom Gegenteil ersetzt, sich selbst also *idealisiert*, etwa nach der Formel: Es stimmt gar nicht, daß ich ein Versager bin; im Gegenteil, ich bin ein verkanntes Genie.

Unsere Erziehung besteht zu wesentlichen Teilen darin, den Kindern Illusionen von Großartigkeit zu vermitteln. Wir betonen, wie groß, wie schön, wie lieb, wie tüchtig, wie unglaublich stark, wie überraschend klug sie schon seien. Darüber hinaus geben wir ihnen lange Zeit das Gefühl, als Eltern unerschütterlich sicher, allmächtig, allwissend, einmalig zu sein. Offenbar spüren wir, daß das Kind lange Zeit das Gefühl braucht, entgegen den Wahrnehmungen der Realität ein grandioses Wesen zu sein, das von hochidealen Personen umgeben ist.* Entwicklungsgeschichtlich ist unübersehbar, daß das Kind in sich die Bilder (Repräsentanzen) eines *grandiosen*

* Kohut (1971) spricht vom «mirroring», der bestätigenden und beifälligen Widerspiegelung des kindlichen Selbst seitens der Mutter.

Selbst und *idealisierter Eltern* aufbaut und auf diese Illusion lange Zeit nicht verzichten kann.* (Auf die Besonderheiten der Objektbeziehungen auf dieser Stufe wird im Zusammenhang mit der Pathologie des narzißtischen Systems eingegangen; vgl. Exkurs «Narzißtische Objektbeziehungen».)

Die dritte Kompensationsmöglichkeit besteht in der *Angleichung an die Realität.* Im Laufe der Jahre geht die Entwicklung des Kindes, des Jugendlichen, des Erwachsenen ja so weiter, daß die Idealisierung der eigenen Person wie die Idealisierung der Eltern und der anderen nahestehenden Beziehungspersonen ersetzt wird durch realitätsgerechtere Einstellungen. Das ist ein langsamer Prozeß, der günstigenfalls im Laufe der Pubertät einigermaßen abgeschlossen wird. Am Ende stehen also die Repräsentanzen eines *realen Selbst* und *realer Objekte*

Merkwürdigerweise kann ein Mensch auf ein gewisses Maß an Vollkommenheitsillusion nicht verzichten. Es ist ein allgemeiner psychischer Mechanismus des Menschen, Verluste von Befriedigungen nicht einfach hinzunehmen, sondern durch *Verinnerlichung* (Internalisierung) wenigstens zum Teil aufzuheben. Die Verinnerlichung idealer Aspekte ist die vierte Kompensationsmöglichkeit einer Bedrohung des Narzißmus. Jeder Mensch trägt neben dem realen Bild der eigenen Person (reales Selbst) in sich in ein dunkles, kaum bewußtes, aber erschließbares Idealbild seiner selbst, welches ihm die Gewißheit gibt, bei allen tatsächlichen Fehlern und Mängeln im Grunde doch «ganz in Ordnung» zu sein. Dieses sogenannte *Idealselbst* (Begriff von SANDLER, HOLDER und MEERS 1963) ist ein kleiner Privatwahn, den wir uns gönnen, weil wir ohne ihn nicht leben können. Das Ideal-Selbst hat eine Art Pufferfunktion. Würden wir uns jeweils so fühlen, wie es dem realen Bild unserer Person entspricht, würden wir ständig hin und her gerissen sein in unserem Selbstgefühl. Das Ideal-Selbst kann diese Schwankungen dämpfen, indem es dem Über-Ich und der Außenwelt gleichsam versichert: Tatsächlich bin ich heute miserabel, aber das ist nur vorübergehend; eigentlich und im Grunde bin ich gut.

Auch auf die idealen Aspekte unserer frühen Erziehungspersonen können wir nicht verzichten; denn die Illusion der allwissenden, unfehlbaren und allmächtigen Elternautorität verinnerlichen wir im *Über-Ich,* die dazugehörenden idealen Maßstäbe im *Ich-Ideal.* Der narzißtische Anteil am Ich-Ideal/Über-Ich-System ist ablesbar an dem Nimbus, an dem Absolutheitsanspruch, der von ihm ausgeht (ARGELANDER 1971).

Die Entwicklung der narzißtischen Selbst- und Objektrepräsentanzen beinhaltet also eine zunehmende Annäherung an die Realität, ohne daß die idealisierenden Vorstellungen völlig aufgegeben werden können. Da die Entwicklung des narzißtischen Systems in enger Wechselwirkung mit den

---

* Begriffe von KOHUT (1969, 1971). In der kürzlich erschienenen deutschen Übersetzung von «The Analysis of the Self» unter dem Titel «Narzißmus» (Frankfurt: Suhrkamp 1973) werden sie mit «Größen-Selbst» und «allmächtige Objekte» bezeichnet.

Entwicklungsstufen	grandioses Selbst	idealisiertes Objekt
oral	an sich selbst Genüge haben, alles schon haben, unbegrenzte Sättigung, fragloses Akzeptiertsein	unerschöpfliche Quelle des Nährens, Gebens, Wärmens, Sorgens, Sicherheitgebens, stetige Anwesenheit
oral-sadistisch	unbegrenzte Verfügungsgewalt, absolute Vernichtungsmacht	fragloser Garant für Schutz, Geborgenheit, Sicherheit
anal	grandioser Wert, Einzigartigkeit, unerhörte Größe	grandioser Wert, Einzigartigkeit, unerhörte Größe
anal-sadistisch	unerhörte Macht, Allmacht, Unbezwingbarkeit	unerhörte Macht, Allmacht, Unbezwingbarkeit
phallisch	unerreichbare Überlegenheit, Vollkommenheit	unerreichbare Überlegenheit, Vollkommenheit
phallisch-sadistisch	unbesiegbare Überlegenheit, Siegeszuversicht, Eroberungsmacht bzw. Verführungsmacht	siegreicher Held bzw. schönste und erfolgreichste Frau
Latenzzeit	Realismus, Mut, Leistung, Initiative, Erfolg	Realismus, Mut, Leistung, Initiative, Erfolg

Tab. 4: *Idealisierte Aspekte auf den verschiedenen psychosexuellen Entwicklungsstufen*

psychosexuellen Entwicklungsphasen verläuft, ist anzunehmen, daß die idealisierenden Vorstellungen inhaltlich von den verschiedenen Stufen der Libidoentwicklung mitbestimmt werden. In Anlehnung an ABRAHAM (1924), ERIKSON (1950), BIBRING (1953), HEIMANN (1962), DANNEBERG (1968), SCHUMACHER (1970), STAEWEN-HAAS (1970) und BELAND (1971) wurde versucht, die Inhalte der zu erwartenden Vorstellungen zu entwerfen (vgl. Tabelle 4).

2.2.4. Die Funktion des gesunden narzißtischen Systems

Die bisherige Darstellung ermöglicht Modellvorstellungen über das gesunde narzißtische System nach genetischen und strukturellen Aspekten (vgl. Tabelle 5).

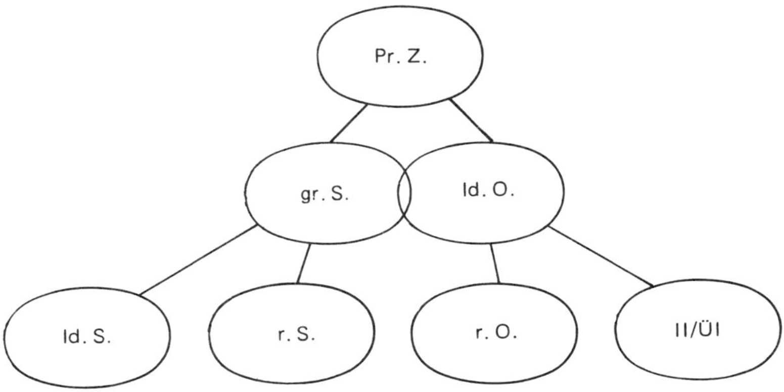

Legende:
Pr. Z. = Primärzustand
gr. S. = grandioses Selbst
Id. O. = idealisiertes Objekt
Id. S. = Ideal-Selbst
r. S. = reales Selbst
r. O. = reales Objekt
II/ÜI = Ich-Ideal/Über-Ich-System

Tab. 5: *Übersicht über die Entwicklung des narzißtischen Systems* (modifiziert nach KOHUT 1966, 1971)

Berücksichtigt man die oben beschriebenen Wechselwirkungen und dynamischen Veränderungen des Systems, läßt das Modell Vorstellungen über die Funktionsweise des Regulationssystems zu. Im Zentrum des Systems steht das reale Selbst. Es ist Träger des Selbstgefühls, erhält aber eine Rückendeckung, eine Art «Pufferung» durch das Ideal-Selbst, das in einer engen funktionellen Einheit mit dem realen Selbst gesehen werden muß, wie oben beschrieben wurde.

Die Funktionseinheit aus realem Selbst und Ideal-Selbst steht im Mittelpunkt dreier Einflußmöglichkeiten:

1. den negativen oder positiven affektiven Besetzungen,
2. der Kritik bzw. dem Lob der realen Objekte und
3. der Kritik bzw. dem Lob des Ich-Ideal/Über-Ich-Systems.

Aufgabe des Ich als regulierender Instanz ist es, zu vermitteln bzw. auszugleichen, d. h. für ein gesundes Selbstgefühl zu sorgen.

Beobachtet man das narzißtische System, wie es konkret funktioniert, macht man einige wichtige Entdeckungen, die vom theoretischen Idealtypus abweichen. Das narzißtische System ist nämlich sehr *regressionsanfällig*, d. h. der Umgang mit uns selbst und unseren Objekten entspricht oft nicht dem Modell der reifsten Stufe; vielmehr können entwicklungsgeschichtlich frühere Mechanismen leicht wieder die Oberhand gewinnen. Derartige Regressionen, soweit sie flüchtig und unschwer reversibel sind, sind praktisch bei allen Menschen zu beobachten. Sie sind nicht nur nicht pathologisch; sie stehen vielmehr *im Dienste des Ich*, wie am Beispiel der narzißtischen Objektbeziehungen (vgl. Kapitel III 2.3.2) noch demonstriert wird.

2.3. Die Pathologie des narzißtischen Systems

Wie liegen die Verhältnisse nun bei einem Menschen, dessen narzißtisches System sich nicht so ungestört entwickeln konnte?

Zu erwarten ist, daß das zentrale Symptom eines gestörten narzißtischen Systems ein *labiles Selbstgefühl* sein muß. Die Dynamik narzißtischer Störungen läßt sich am Umgang mit Kränkungen am besten studieren. Nach den theoretischen Erwartungen wird ein Mensch Kränkungen mit den Kompensationsmechanismen begegnen, die ihm aus seiner Entwicklung vertraut sind und sich bewährt haben. Vermutlich wird er sie in der umgekehrten Reihenfolge ihrer Entstehung benutzen, also

1. die Realitätsprüfung und eventuell Realitätsangleichung sowie
2. den Rückzug auf verinnerlichte Idealbilder; wenn das nicht ausreicht,
3. die Verleugnung und die Idealisierung; und wenn das nicht genügt,
4. Verschmelzungsphantasien und deren Agieren als Ausdruck der Regression auf den harmonischen Primärzustand.

2.3.1. Die reife Reaktion auf eine Kränkung

Der narzißtisch relativ ungestörte Mensch wird einer Kränkung damit begegnen, daß er sich ihrer realen Bedeutung vergewissert. (Habe ich recht gehört? Hat er das so gemeint? Trifft der Vorwurf zu?) Sollte die Kränkung einen realen Mangel oder Fehler berühren, wird er sich dessen Stellenwert überlegen und unter Umständen mit Nachsicht reagieren. (Es stimmt zwar, aber ist das so schlimm?) Er kann auch Schutz suchen bei seinem Ideal-Selbst und einräumen, daß die Kritik zwar berechtigt ist, ihre Berechtigung sich aber auf ein momentanes und unwesentliches Versagen bezieht. Er kann auch seine Ansprüche an sich selber, seine Ich-Ideale korrigieren. (Es stimmt zwar, aber eine solche Vollkommenheit kann ich von mir auch nicht erwarten.) Und schließlich kann er sich angemessen gegen ungerechtfertigte Anteile der Kränkung wehren und den Sachverhalt korrigieren.

2.3.2. Die unreife Reaktion auf eine Kränkung

Dieser gekonnte, reife Umgang mit Kränkungen wird dann nicht ausreichen oder nicht möglich sein, wenn *die Kränkung sehr schwer* ist oder es sich um einen narzißtisch labilen Menschen handelt, dessen *Kränkbarkeit sehr groß* ist. In diesem Fall werden Kompensationsmechanismen zum Tragen kommen, die sich in früheren Entwicklungsphasen bewährt haben. Als solche bieten sich die *Verleugnung* und *Idealisierung* an. Die schmerzliche Realität wird negiert und durch Phantasien vom Gegenteil ersetzt. Ein solcher Umgang mit der Realität hat einige entscheidende Konsequenzen

für das Selbsterleben,
für die Idealbildung,
für das Über-Ich,
für den Umgang mit Aggression und besonders
für die zwischenmenschlichen Beziehungen.

Das Erleben der eigenen Person tendiert zurück in das Reich infantiler Großartigkeit. Es kommen die alten Repräsentanzen des *grandiosen Selbst* und der idealisierten Objekte wieder zum Tragen. Die Idealisierung bläht das Selbst und die Objekte auf, was die unerwünschte Konsequenz hat, daß nicht zu leugnende Mängel ebenfalls zu einer bedrohlichen Größe aufgebauscht werden; denn wenn ein idealer Mensch versagt, ist das keine Bagatelle, sondern ein Skandal. Da die Verleugnung nicht streng durchzuhalten ist, kommt es so zu einem ständigen Oszillieren zwischen Größenphantasien und unrealistisch hohen Minderwertigkeitsgefühlen, also negativen Größenphantasien. Den Größenphantasien entspricht konsequenterweise eine Erhöhung des Anspruchsniveaus, das ebenfalls illusionäre Züge tragen muß. Anders ausgedrückt ist ein hochgespanntes, *realitätsfernes Ich-Ideal* zu erwarten.

Natürlich werden diese Ideale unerbittlich durch ein strenges, rigides *infantiles Über-Ich* eingefordert. Ein Mensch, der überhöhte Vorstellungen von sich hat, wird auch seine Kräfte und Fähigkeiten magisch überhöht einschätzen. Das gilt besonders für Aggressionen, die dem Narzißmus wegen ihrer Machtqualität besonders nahestehen. *Aggressive Impulse* werden in ihren Auswirkungen *katastrophal*, ja vernichtend phantasiert und müssen deswegen sorgfältig in Schach gehalten werden. Es kommt hinzu, daß ein überhöhtes Ich-Ideal Aggression unter Umständen überhaupt verpönt. Das strenge Gewissen wird schon ihr Auftauchen übelnehmen. Darüber hinaus müssen Aggressionen sorgfältig abgewehrt werden, da sie die für diese Menschen besonders wichtigen Objektbeziehungen gefährden. (Zur Qualität der «narzißtischen Wut» vgl. KOHUT 1973b, besonders Seite 540ff).

Eine besondere Rolle spielen die zwischenmenschlichen Beziehungen von Personen, die ihren Narzißmus durch Verleugnung und Idealisierung schützen müssen.

Exkurs: Narzißtische Objektbeziehungen

FREUD hat 1914 darauf hingewiesen, daß man einen anderen Menschen aus zwei Gründen lieben kann: entweder weil er wegen seiner besonderen Eigenarten irgendwelchen Bedürfnissen von mir entgegenkommt (Anlehnungstyp) oder weil er in irgendwelchen Aspekten dem Bild meiner eigenen Person entspricht, weil ich mich in ihm wiederfinde, kurz: weil ich mich selber in ihm lieben kann («narzißtischer Typ der Objektwahl, narzißtische Objektbeziehung»). Diese beiden Möglichkeiten stehen jedem Menschen offen und sind keineswegs pathologisch.

Jeder kennt das Hochgefühl, das in einem aufsteigt, wenn er einen Menschen trifft, der genau seine Ansichten, z. B. in Sachen Politik, teilt. Man hupt erfreut, wenn man einem Wagen mit dem Kennzeichen der eigenen Stadt im fernen Ausland begegnet. Trifft man unverhofft einen alten Schulkameraden, vergißt man die Zeit, weil man erst einmal ausgiebig mit ihm reden muß – nicht weil der Schulkamerad so ausnehmend sympathisch, sondern weil er eben einer von der alten Penne ist.

Solche Beispiele lassen sich beliebig vermehren: Der Kollege desselben Betriebs, der Parteigenosse, der Vereins- oder Corpsbruder, der Wissenschaftler der gleichen Schule, der Anhänger der gleichen Konfession usw. werden sehr leicht hochgeschätzt bzw. unreflektiert bevorzugt, nicht weil der Betreffende die Hochschätzung wirklich verdiente, sondern weil man sich in ihm identifizierend wiedererkennt. Natürlich gehen in diese Beziehungen auch Elemente der Vertrautheit ein, die aus Erfahrungen mit realen Objekten stammen. Unübersehbar ist aber die Tendenz zur Vergrößerung, zur Idealisierung, und diese hat narzißtische Qualität, weil sie eine Funktion für das eigene Selbstgefühl erfüllt.

Der *Partner*, der Objekt einer solchen Beziehung wird, nimmt die unerwartete Hochschätzung in der Regel mit angenehmer Überraschung wahr.

Narzißtische Objektbeziehungen werden von den Beteiligten lange Zeit als ideal empfunden. Sie zeichnen sich aus durch raschen Kontakt, Unkompliziertheit, gegenseitige Bestätigung und das Fehlen von Aggression.

Eine Gruppe von Gleichgesinnten z. B., die darangeht, ein Projekt zu verwirklichen, hat zu Anfang sehr wenige Schwierigkeiten miteinander. Es herrscht eine gewisse Euphorie, eine Selbstverständlichkeit im Umgang, eine unbefragte Sicherheit bezüglich der Einstellung der anderen vor, die nicht der Realität zu entsprechen braucht, sondern weithin eine Projektion idealisierter eigener Erwartungen darstellen kann.

Es ist festzuhalten, daß narzißtische Objektbeziehungen etwas Normales, Ubiquitäres, ja Wichtiges sind, obwohl sie auf einer Illusion basieren. Gefährlich werden sie erst dann, wenn sie nicht nur eine Möglichkeit sind, sondern *starre Bedingung* einer zwischenmenschlichen Beziehung werden. Das Gefährliche daran ist, daß an die Illusion nicht gerührt werden darf. Sollte sich im Laufe der Zeit zeigen, daß das Objekt die vermutete Eigenschaft gar nicht hat, versagt das Objekt also in seiner narzißtischen Funktion, so ist das für solche Menschen nicht nur ärgerlich, sondern katastrophal.

Gerade narzißtisch labile Menschen greifen aber gern nach der Möglichkeit, den vermeintlichen oder tatsächlichen Mangel der eigenen Person durch andere, die diesen Mangel auch oder die diesen Mangel gerade nicht haben, ausgleichen zu lassen.

Ein selbstunsicherer Mann nimmt sich gern eine ebenfalls unsichere Frau oder aber das Gegenteil, eine besonders strahlende Frau, die ihm und anderen beweist, daß er eben doch ein richtiger Mann ist. – Jemand, der Selbstzweifel hat, verbündet sich gern mit einem betont selbstsicheren Partner oder mit einem Leidensgenossen. Beispiele könnten vermehrt werden.

Haben selbstunsichere Menschen einen Partner gefunden, der so ist wie sie, der so ist, wie sie früher einmal waren, oder der so ist, wie sie eigentlich sein möchten, bedeutet das eine hohe narzißtische Zufuhr, einen Gewinn von Sicherheit, womit ihr labiles narzißtisches System stabilisiert wird. Da der narzißtische Charakter der Objektbeziehungen aber eine starre Bedingung ist, sind solche Verbindungen sehr konfliktanfällig. Sie sind meist flüchtig. Wegen der Enttäuschungen nimmt die Zahl der Beziehungen zunehmend ab. Vielfach finden solche Menschen aber Partner, mit denen sie sich über längere Zeit verbünden. In diesen Fällen besteht die Gefahr, daß sie dem narzißtischen Konflikt nicht ausweichen können und daß durch das Versagen des Partners in seiner spezifischen narzißtischen Funktion das narzißtische Gleichgewicht zusammenbricht.

2.3.3. Die pathologische Reaktion auf eine Kränkung

Die bisher beschriebenen Reaktionen halten sich noch im Rahmen des einigermaßen Bekannten, Nachvollziehbaren, häufig zu Beobachtenden und in diesem Sinne Normalen. Sie stellen mehr oder weniger geglückte Kompensationsversuche dar, die vielleicht gelegentlich als unreife Reaktionen erkannt, kaum aber als klinisch pathologisch gewertet werden. Es erhebt sich die Frage, was eintritt, wenn die bisher erörterten Kompensationsmechanismen versagen und noch primitivere Maßnahmen mobilisiert werden. Schon wegen des schematischen Charakters unserer Vorstellung von der Entwicklung des narzißtischen Systems und wegen der schwierigen Einfühlung in derart frühkindliche Zustände ist freilich nicht zu erwarten, daß sich eine systematische Ableitung aller Möglichkeiten ergibt.

Eine Möglichkeit aber müßte die sein, der *narzißtischen Katastrophe*, dem völligen Zusammenbruch des narzißtischen Gleichgewichts, dadurch zu entgehen, daß man ihr *aktiv zuvorkommt*, indem man sein Selbstgefühl rettet, auf seine Identität als Individuum aber verzichtet, was gleichbedeutend ist mit einer *Regression auf den harmonischen Primärzustand.* Die Phantasien, die hinter einem solchen Agieren stehen, müßten Ruhe, Erlösung, Verschmelzung, Wärme, Geborgenheit, Triumph, Seligkeit u. ä. beinhalten. Mit dem Agieren verbindet sich die Vorstellung, die Gefahr der narzißtischen Katastrophe, des totalen Verlassen- und Ausgeliefertseins überspringen zu können und in dem dann erreichten Zustand «Sieger» zu bleiben.

Die Mythologien sind voll von solchen Beispielen. Die Verherrlichung des Heldentodes, die Hochschätzung des Freitodes, die Todesverachtung enthalten die Vorstellung, daß durch aktives Vorwegnehmen des Todes ein Zustand ewiger Größe erreicht werde. Ihre großartigste Ausprägung hat diese Vorstellung psychologisch gesehen in der christlichen Kreuzestheologie gewonnen.

2.4. Narzißmustheorie und suizidale Psychodynamik

Mit diesen Überlegungen ist die psychoanalytische Narzißmustheorie so weit dargelegt und entwickelt worden, daß die Frage aufgeworfen werden kann, ob sie sich tatsächlich als das erwartete umfassende und den Einzelphänomenen angemessene Bezugssystem erweist.

2.4.1. Fünf Thesen

Es dürfte schon aufgefallen sein, daß sich in das aus der Theorie abgeleitete Bild des narzißtisch gestörten Menschen und seiner Möglichkeiten, sein Selbstgefühl zu schützen, viele Einzelheiten des idealtypischen Bildes von der suizidalen Persönlichkeit und ihrer Selbstmordhandlung einfügen lassen. Tatsächlich erweisen sich folgende Thesen als äußerst fruchtbar zur Erklärung der Eigentümlichkeiten und scheinbaren Widersprüchlichkeiten des typischen Suizidanten:

1. Der zur Selbstmordhandlung neigende Mensch ist eine in ihrem Selbstgefühl stark verunsicherte Persönlichkeit.
2. Das heißt für sein subjektives (bewußtes und auch unbewußtes) Erleben, daß er sich vermehrt bedroht fühlt, in einen Zustand totaler Verlassenheit, Hilflosigkeit und Ohnmacht zu geraten, aus dem er sich selber nicht retten kann.
3. Zum Schutz seines Selbstgefühls bedient er sich deshalb in hohem Maße der Realitätsverleugnung und der Idealisierung der eigenen Person wie seiner Umgebung.
4. Reichen diese Schutzmechanismen nicht aus, muß er zu noch primitiveren Mitteln greifen, nämlich zu Phantasien vom Rückzug in einen harmonischen Primärzustand.
5. Indem er diese Phantasie in Handlung umsetzt, kommt er der drohenden narzißtischen Katastrophe aktiv zuvor und rettet für sein Empfinden sein Selbstgefühl. Er verzichtet zwar auf seine Individualität zugunsten einer Verschmelzung mit einem diffus erlebten primären Objekt, gewinnt aber Sicherheit, Geborgenheit, Ruhe und Seligkeit.

Diese Thesen beziehen sich auf die narzißtische Problematik und deren Psychodynamik. Sie behaupten nicht, daß neben den narzißtischen nicht auch andere (objektgerichtete, soziale, biologische u. ä.) Determinanten von Bedeutung wären. Die Thesen sind so allgemein gehalten, daß sie auch für andere psychologische Vorgänge, z. B. für den Rückzug in einen Rausch, vielleicht auch für die Sucht oder für bestimmte dissoziale Verhaltensweisen, wie z. B. Fortlaufen, Streunen u. ä., gelten können. Sie stellen also nicht die differentia specifica für den Suizidanten im Vergleich zu allen anderen Formen psychopathologischen Erlebens und Verhaltens dar, haben aber große erklärende Kraft für bestimmte Besonderheiten der zum Suizid neigenden Persönlichkeit und der Durchführung der Suizidhandlung. Bezugnehmend auf die 20 Punkte des «Überblicks» (Kapitel II 5), soll das im einzelnen demonstriert werden.

2.4.2. Die suizidale Persönlichkeit

Wie *These 1* behauptet, ist der zur Suizidhandlung neigende Mensch eine in seinem Selbstgefühl stark verunsicherte Persönlichkeit. Es ist also zu erwarten, daß er in der Regel nicht zu einer reifen Bewältigung von Kränkungen in der Lage ist, vielmehr Verletzungen des Selbstgefühls in unreifer oder gar pathologischer Weise mit regressiven Mechanismen begegnet. Die am ehesten zu erwartenden Mechanismen sind Verleugnung und Idealisierung.

Diese müßten sich im Selbsterleben, im Ich-Ideal/Über-Ich-System, im Umgang mit der Realität, in der Art der Aggressionsbewältigung und in den zwischenmenschlichen Beziehungen des potentiellen Suizidanten äußern.

2.4.2.1. *Das Selbsterleben*

Das scheinbar so widersprüchliche Selbsterleben mit seinem Schwanken zwischen den Extremen einzigartiger Größe und völliger Nichtigkeit (*Punkt 15*) enthält einen Sinn, wenn man annimmt, ein narzißtischer Defekt werde verleugnet und durch Größenphantasien überkompensiert. Aus der Perspektive der Größenphantasien gewinnt der narzißtische Defekt nunmehr eine irreal überhöhte Bedeutung. Jede Konfrontation mit dem Defekt hat schwere Minderwertigkeitsgefühle zur Folge, die man als negative Größenphantasien charakterisieren kann.

2.4.2.2. *Das Ich-Ideal/Über-Ich-System*

Den geheimen Größenphantasien entspricht ein realitätsfernes, hochgespanntes Ich-Ideal, dessen Befolgung vom Über-Ich streng und rigide eingefordert (*Punkt 14*), dann aber mit hohem Lohn versehen wird. So entsteht ein Circulus vitiosus; denn je höher die Anforderungen, desto leichter das Versagen, das neue Anstrengungen nach sich zieht.

Viele Suizidanten räumen ein, daß die Ansprüche an sich selber eigentlich überhöht sind. Keinem anderen Menschen würden sie es übelnehmen, wenn er vor ihnen versagt. Es heißt dann aber: «Bei mir ist das etwas ganz anderes.» Das Ich-Ideal/Über-Ich-System hat bei diesen Menschen etwas Quasipersönliches, welches durch die regressive Art des Erlebens verständlich wird. Das Ich-Ideal/Über-Ich-System verbindet sich nämlich wieder mit den idealisierten Objektrepräsentanzen und wird wieder mehr als von außen kommend (reexternalisiert), konkret und einmalig erfahren. Wenn das so ist, gelten die Forderungen eben nicht für alle. Die Ideale sind Kompromissen nicht zugänglich; dafür wird ihre Befolgung aber auch mit einer Exklusivität belohnt, die wiederum Größenphantasien nährt.

2.4.2.3. *Die Realitätskontrolle*

Die verleugnend-idealisierende Art des Selbsterlebens, die Errichtung bzw. Wiederbelebung eines infantilen Ich-Ideal/Über-Ich-Systems oder/und die Aufnahme unverzichtbarer narzißtischer Objektbeziehungen (s. u.) setzen eine beträchtliche Lockerung der Realitätskontrolle zugunsten der Phantasie voraus (*Punkt 16*). Verleugnung und idealisierende Entstellung der Realität sind ja die vorherrschenden Mechanismen der Regulation des Narzißmus. Eine kritische Betrachtung der Lebenssituation von Suizidanten fördert regelmäßig erstaunliche Fehleinschätzungen zutage. Das wird dadurch verständlich, daß wegen der Verleugnung und Idealisierung die Konfrontation mit der Realität gemieden bzw. uminterpretiert werden muß.

Eine Frau, deren Mann sie jahrelang fast unverhüllt betrog, hielt dennoch an der Überzeugung fest, daß es sich nur um eine «nette Bekanntschaft» handele und die Ehe zwar nicht ganz so verlaufe, wie es sein sollte, im Grunde aber glücklich sei. Erst als sie eines Abends mit eigenen Augen feststellen mußte, daß ihr Mann sich in das Schlafzimmer der anderen Frau begab, brach diese Überzeugung zusammen, und die Frau unternahm einen Selbstmordversuch.

2.4.2.4. Die Aggressionsproblematik

Die Unfähigkeit des typischen Suizidanten, mit aggressiven Impulsen angemessen umzugehen (*Punkt 13*), bzw. die Neigung, sie gegen die eigene Person zu wenden, läßt sich aus den bisherigen Ableitungen mehrfach begründen. Die überhöhte Einschätzung der eigenen Person beinhaltet auch überhöhte Vorstellungen von den Auswirkungen der eigenen Triebimpulse. Die Vorstellung, daß ein Wutausbruch nicht wiedergutzumachende, ja katastrophale Folgen hätte, findet sich bei Suizidanten regelmäßig. Vielfach werden aggressive Regungen strikt unterbunden. Sie sind vor dem Ich-Ideal verpönt und werden vom Über-Ich streng bestraft. Aggressive Impulse müssen vor allem im zwischenmenschlichen Bereich streng kontrolliert werden, da sie geeignet sind, die narzißtischen Objektbeziehungen zu gefährden. Das ist um so schwieriger, als gerade narzißtische Objektbeziehungen auf die Dauer zunehmend zu Frustrationen führen (s. Kap. III 2.4.2.5).

Einen scheinbaren Widerspruch dazu stellen die Suizidanten dar, die in sadomasochistischen Beziehungen leben und in ihnen durchaus sadistisch sein können. Es müßte sich zeigen lassen, daß die geäußerten Aggressionen jedenfalls nicht den Bereich narzißtischer Kränkbarkeit berühren dürfen. Daß sich die aggressiven Impulse bei Überschreiten einer kritischen Grenze dann gegen die eigene Person statt gegen das frustrierende Objekt richten, wird leichter verständlich, wenn man sich klarmacht, daß durch die narzißtische Objektwahl ohnehin schon eine partielle Identifizierung mit dem Objekt eingetreten ist. Oft ist nicht deutlich, wer von den Aggressionen betroffen wird, das Objekt oder das Subjekt.

2.4.2.5. Die zwischenmenschlichen Beziehungen

Eine wichtige Möglichkeit, den narzißtischen Defekt auszugleichen, liegt in der *vorwiegend narzißtischen Objektwahl.* Es müßte bei den vielen Suizidanten, deren suizidauslösender Konflikt im zwischenmenschlichen Bereich liegt, zu zeigen sein, daß ein wesentlicher Teil des Konflikts darauf beruht, daß die Beziehungsperson in einer für das narzißtische System des Suizidanten wichtigen Rolle bzw. Funktion versagt und dadurch die Krise herbeigeführt hat. Das würde die vielen Besonderheiten erklären, die sich auf die nahestehenden Personen beziehen, nämlich die *Konfliktanfälligkeit* gerade im zwischenmenschlichen Bereich (*Punkt 8*), die auch die Arzt-Patient-Beziehung so störanfällig macht (*Punkt 20*), die *Kontaktstörungen* (*Punkt 12*), genauer: die mangelnde Fähigkeit zu tiefgehenden, dauerhaften, zuverlässigen Objektbeziehungen, die *soziale Isolierung* (*Punkt 6*) bzw. die suizidverhütende Bedeutung der sozialen Integration, die *Suggestibilität* vieler Suizidanten (*Punkt 17*) und das *Appellverhalten* (*Punkt 19*), das in so viele Suizidhandlungen eingeht.

Wenn Partner dazu dienen müssen, Defekte im Selbstbild dauerhaft auszugleichen, wird das Schicksal der Beziehungen nach dem oben beschriebenen Muster verlaufen. Freundschaften werden stürmisch geschlossen, führen aber über kurz oder lang zur Enttäuschung, sind jedenfalls sehr *krisenanfällig*. Das erklärt, daß die auslösenden Ursachen häufig für den Außenstehenden so banal, auch für den Konfliktpartner oft unverständlich sind. Diese Vorgänge lassen sich besonders gut in Psychotherapien studieren. Typischerweise nimmt der Suizidant kaum Rücksicht auf die im allgemeinen begrenzten Gegebenheiten des Therapeuten. Ihm wird wortlos eine bestimmte Rolle zugeschoben. Versteht er sie nicht oder verhält er sich nicht nach ihr, genügt eine Geste (ein nicht so freundliches Gesicht, ein Blick auf die Uhr o. ä.), um eine elementare Enttäuschung hervorzurufen. Therapien werden dann einfach abgebrochen, ohne daß der Therapeut verstanden hat, wieso. Der Patient ist in seiner Enttäuschung auch nicht willens oder in der Lage, sich zu erklären. Das wirft wichtige Verhaltensregeln für die Psychotherapie auf.

Wenn zwischenmenschliche Beziehungen immer wieder enttäuschen, werden sie nach und nach aufgegeben. Typisch ist für die Biographie vieler Suizidanten eine zunehmende *Resignation gegenüber zwischenmenschlichen Kontakten* (*Punkt 12*). Suizidanten sind aber selten völlig alleinstehend; oft haben sie viele Freunde, aber keinen dauerhaften und zuverlässigen Partner. Besteht eine dauerhafte Beziehung, z. B. eine *Ehe*, erweist sie sich in der Regel als außerordentlich *problematisch*. Günstigenfalls sind Beziehungen zu finden, in denen auf beiden Seiten narzißtische oder auch Triebbedürfnisse gestillt werden und die aus diesem Grunde relativ dauerhaft sind (z. B. die nicht seltenen sadomasochistischen Beziehungen von Suizidanten zu ihren Partnern).

Die Erfahrung der «Urverunsicherung» und ihre scheinbare Bestätigung durch die immer neuen Enttäuschungen im zwischenmenschlichen Bereich führen oft zu einer panischen *Angst vor neuen Beziehungen*. Auch das läßt sich in Psychotherapien sehr gut beobachten: Die dringend gewünschte gute und zuverlässige Beziehung muß durch Mißtrauen und aggressive Äußerungen immer wieder auf die Probe gestellt, die erwartete Enttäuschung muß immer wieder probehalber vorweggenommen werden (vgl. Kap. IV). Die soziale Isolierung liegt in der Konsequenz dieser Entwicklung. Sie ist um so tragischer, als der Suizidant nichts mehr wünscht als eine befriedigende und dauerhafte Beziehung und sich seines illusionären Anspruchsverhaltens kaum oder nicht bewußt ist. Der Isolierung kommt entgegen, daß die *Gesellschaft* schwierige, insbesondere «egoistische» Individuen günstigenfalls toleriert, in der Regel aber ausstößt. So gesellt sich zu dem individualpsychologischen Zug ein sozialpsychologischer Druck.

Die *Suggestibilität*, die bei rund 25 Prozent der Suizidanten erkennbar ist, wird ebenfalls leicht verständlich unter der Annahme eines vorwiegend narzißtischen, also partiell identifizierenden Umgangs mit Objekten. Für jemanden, der so erlebt und der selber Suizidneigungen hat, muß ein Dichter, der von der Faszination des Suizids schreibt, oder ein Mensch, der sich tatsächlich umbringt, ein Leidensgenosse sein, jemand, der genauso erlebt wie er, ein Wahlverwandter, innerlich mit ihm verbunden, ja Teil seines Selbst, dem nachzufolgen als nur konsequent erscheinen mag.

Das *Appellverhalten* vieler Suizidanten gewinnt nach dieser Hypothese neue Determinanten. Es geht bei dem Appell nicht nur um Geltungssucht, Rache oder Erpressung, sondern auch um den Versuch, das für das narzißtische Gleichgewicht unverzichtbare, aber enttäuschende Objekt zurückzugewinnen und die Kränkung auszugleichen. Wendet sich das enttäuschende (narzißtische) Objekt oder ein wohlwollendes für narzißtische Projektionen offenes Ersatzobjekt (in Gestalt des betreuenden Arztes, der Krankenschwester, der Sozialarbeiterin, des Pfarrers oder bestimmter Verwandter, Nachbarn, Freunde, Kollegen u. ä.) dem Suizidanten zu, ist in vielen Fällen die Suizidgefahr vorläufig gebannt. Die Untersuchungen STENGELS (1958 u. a.) interpretieren die verschiedenen sozialen Maßnahmen bzw. Veränderungen, die auf einen Suizidversuch zu folgen pflegen, als Akte der Umsorgung und Verwöhnung. Diese Maßnahmen lassen sich mindestens ebensogut als Akte narzißtischer Zufuhr, als Beweise für die Wichtigkeit der Person des Suizidanten auffassen. Eigene Beobachtungen aus zum Teil lang dauernden Psychotherapien unterstreichen vor allem die letztere Interpretation (HENSELER 1970).

2.4.3. Die Suizidhandlung

Das Beispiel der Frau, die einen Selbstmordversuch unternahm, als sie das Fremdgehen ihres Mannes nicht mehr verleugnen konnte (vgl. Kap. III 2.4.3.2), ließe sich vorläufig verallgemeinern: Eine Suizidhandlung erfolgt dann, wenn das Selbstgefühl anders nicht mehr zu schützen ist. Die Suizidhandlung ist, so gesehen, tatsächlich eine «Ehrenrettung», wenn auch in einem elementareren Sinn als der gewöhnlich mit dem «Freitod» verbundene.

Die Suizidhandlung ist eine Konfliktlösung. Der Konflikt besteht in der Gefahr, einer vernichtend phantasierten Situation passiv und hilflos ausgeliefert zu sein, und ihrer Abwehr durch Agieren von Phantasien, die dieser Gefahr aktiv zuvorkommen. Wie oben schon formuliert, wird unter Verzicht auf die Identität als Individuum zugunsten eines Aufgehens in einem Zustand von Harmonie und Sicherheit mit einem diffus erlebten primären Objekt die gefürchtete Gefahr übersprungen, die Illusion von Selbstbestimmung gewahrt. («Der Sprung von dieser Brücke macht dich frei», SCHILLER, «Wilhelm Tell».)

Eine Patientin: «Wenn mir nichts mehr bleibt, bleibt mir doch die Möglichkeit, mich umzubringen. Das kann mir nicht genommen werden.» Die Patientin willigte in eine Psychotherapie nur ein unter der Bedingung, daß der Therapeut nicht darauf abziele, ihr die Möglichkeit zum Suizid zu nehmen.

Stimmt diese Deutung, muß der Suizidhandlung eine Mischung aus realer Lebensgefahr und irrealer Gefahrlosigkeit, aus Furcht und Zuversicht, aus Resignation und Triumph, aus totaler Vereinsamung und vollkommener Kommunikation anhaften. Die Zielphantasien müßten harmonische Zustände zum Inhalt haben, die aber diffus, vage, unpersönlich bleiben und dem Handeln etwas Irreales, Schwerverständliches, Unklares verleihen. Genauso sind aber Suizidhandlungen. Prüft man diese Modellvorstellung an den Suizidphänomenen, erweist sie sich als sehr brauchbar, erklärt sie doch weitere Eigentümlichkeiten und Unverständlichkeiten, die den Suizidhandlungen typischerweise anhaften, wie z. B.

die realitätsfernen Vorstellungen vom Tod *(Punkt 16)*,
das Überwiegen «weicher» Suizidmethoden *(Punkt 2)*,
die Inkonsequenz in der Durchführung *(Punkt 18)*,
die häufigen Fehleinschätzungen der Suizidmethoden *(Punkt 18)*,
die bewußten oder unbewußten, aber erschließbaren Vorstellungen von Macht und Unsterblichkeit *(Punkt 16)*,
zum Teil die Flüchtigkeit von Suizidimpulsen,
die häufige Schamreaktion von Suizidanten,
die beruhigende Wirkung des Entschlusses, sich zu töten,
die differente Einschätzung von Sterben und Selbstmord.

Die Vorstellungen vom Tod bestehen bei Suizidanten entweder aus einer Negation – das heißt, sie beinhalten die Flucht aus einer unerträglichen Situation, ohne daß positive Vorstellungen darüber existieren, wohin die Flucht geht – oder aus Phantasien von Zuflucht in einen harmonischen Zustand. (Bei den 50 Suizidanten der eigenen Beobachtung verteilen sich die beiden Formen auf je eine Hälfte.) Der harmonische Zustand wird geschildert als ein vager, unklarer Zustand von Wärme, Ruhe, Erlösung, Geborgenheit, Seligkeit, Triumph, also genauso, wie theoretisch zu erwarten war.

Das *Überwiegen «weicher» Suizidmethoden* entspricht diesen Todesvorstellungen. Es erscheint naheliegend, daß der Weg zu einem harmonischen Zustand nicht hart, gewalttätig, schmerzhaft sein soll. Die *mangelnde Konsequenz* in der Durchführung ebenso wie die häufigen *Fehleinschätzungen* der Suizidmethode bezüglich ihrer Wirksamkeit haben einerseits mit der Mischung von selbstzerstörerischen und selbsterhaltenden Motiven zu tun, dürften andererseits aber auch dadurch bestimmt sein, daß eigentlich nicht der Tod, sondern etwas Phantastisches intendiert wird. Die erschließbaren *Phantasien von Macht, Sicherheit, Unsterblichkeit* spiegeln genau das narzißtische Problem wider, um das es letztlich geht.

Die *Flüchtigkeit der Suizidimpulse* ist bekannt. Nach eigenen Beobachtungen an mehr als 250 Patienten ist höchstens jeder fünfte Suizidant noch akut suizidal, wenn er aus seiner Vergiftung o. ä. erwacht. Die Erklärung dürfte zum Teil darin liegen, daß mit der Zuwendung und der Bestätigung, die der Patient nach seinem Suizidversuch in aller Regel erfährt, der narzißtische Konflikt vorläufig aufgehoben ist.

Suizidversuche werden in der Regel später *beschämt verschwiegen*. Bekanntlich werden viele Suizidversuche als Unfälle, Versehen, Kurzschlußhandlungen u. ä. gedeutet oder ihre Ernsthaftigkeit bagatellisiert (und zwar nicht nur von den Angehörigen, sondern auch von den Suizidanten selbst). Die Dunkelziffer der Suizidversuche ist sehr groß. Eigene Erfahrungen wie Angaben in der Literatur stimmen darin überein, daß Suizidanten nur in den ersten Stunden oder Tagen relativ offen über die auslösenden Umstände sprechen können. Später wird die Suizidhandlung wie ein Fremdkörper abgekapselt und abgewehrt.

Als Gründe werden sicherlich zu Recht soziale Motive angeführt, nämlich das Tabu des Todes, die jahrhundertelange Verpönung des Suizids durch Kirche und Staat, das Odium des Geisteskranken u. ä. Nach eigenen Beobachtungen dürfte aber das Wiederaufdecken und Durcharbeiten der zum Suizidversuch führenden Situation als so peinlich, so narzißtisch belastend empfunden werden, daß sie einfach gemieden bzw. verleugnet werden müssen. Dieser Tendenz kommt darüber hinaus das rational schwer Faßliche des Geschehens und die erneut gefestigte Dominanz von Verleugnung und Idealisierung entgegen.

HENDIN (1964) bestätigt, daß Suizidpatienten in monatelangen Psychotherapien das zum Selbstmordversuch gehörende Material hartnäckig verdrängen können. – Der Verfasser hat eine psychoanalytische Behandlung einer Patientin durchgeführt, die einen Suizidversuch unternommen hatte. In den rund 300 Stunden der Behandlung war es nur unvollkommen möglich, die Suizidsituation detailliert zu erinnern und zu bearbeiten.

Sehr viele Suizidanten berichten, daß der *Entschluß, sich umzubringen*, eine entlastende, *beruhigende Wirkung* auf sie gehabt habe. Gelegentlich geht diese Beruhigung schon mit dem Kauf der Schlaftabletten einher, mit denen man sich irgendwann umbringen will oder kann. Hier kommt offenbar das oben an dem Beispiel einer Patientin schon genannte *Gefühl von Souveränität* zum Tragen. Es beruht auf dem Wissen, ein Machtmittel zu haben, das einem nicht genommen werden kann, ein Mittel, das es ermöglicht, dem ohnmächtigen Verlassen- und Ausgeliefertsein mit Sicherheit zu entgehen und es in einem harmonischen Zustand aufzuheben. «Wenn alles schiefgeht, bleibt mir immer noch der Selbstmord.»

Auf die Bedeutung des *aktiven Zuvorkommens* hat schon ZILBOORG (1936) aufmerksam gemacht. Indem der Mensch dem natürlichen Tod aktiv zuvorkomme, erziele er phantasierte Unsterblichkeit.

Hendin (1964) spricht davon, daß in jeder Suizidhandlung, ja in jedem Gedanken an die Möglichkeit eines Suizids eine Omnipotenzphantasie wirksam sei. Jede Situation sei dann aktiv zu beherrschen.

Trotz jahrhundertelanger kirchlicher und staatlicher Verpönung des Selbstmordes hat sich in unserer Kultur (und auch anderswo) die Vorstellung erhalten, daß der freiwillige Tod ähnlich dem Helden- oder Opfertod etwas Rühmliches, ja Sieghaftes bedeute. Hier dürfe auch eine Wurzel des häufig geäußerten Einwandes liegen, ob ein Außenstehender überhaupt berechtigt sei, einen Menschen an der Durchführung eines Suizids zu hindern.

Die *unterschiedliche Einschätzung von Sterben und Suizid* wird ebenfalls verständlich. Nicht wenige Suizidanten versichern ja, daß sie eine schreckliche Angst vor dem Sterben hätten, daß für ihr Empfinden der Suizid aber etwas ganz anderes sei. Tatsächlich ist der Tod etwas anderes, wenn er vorgestellt wird als ein passives Sich-ausliefern-Müssen an nicht mehr zu kontrollierende Mächte, als wenn er als ein Sieg erlebt wird.

Ghysbrecht (1968) kommt in seiner psychopathologischen, philosophischen und daseinsanalytischen Untersuchung von Doppelselbstmorden in der Literatur zu dem Ergebnis, der *Doppelselbstmord* sei eine Äußerung des Dranges nach existentieller Kommunikation, den die Betroffenen auf Grund ihrer Unfähigkeit zum zwischenmenschlichen Kontakt anders nicht realisieren können. Der Autor findet offensichtlich mit anderen Methoden und Begriffen zu dem gleichen Schluß, nämlich daß mit dem Selbstmord eine Verschmelzungsphantasie agiert wird.

Damit ist die Interpretation der überindividuellen Suizidphänomene vorläufig abgeschlossen. Das theoretische Modell ist sicher ausbaufähig und in einzelnen Aspekten weiter zu differenzieren. Wie erwähnt, scheint es geeignet zu sein, auch andere psychologische bzw. psychopathologische Phänomene als Suizidalität und Suizidhandlung zu beleuchten.

Es wurde darauf verzichtet, alle Punkte des «Überblicks» (Kap. II 5) in die Interpretation einzubeziehen, obwohl eine Anzahl nicht interpretierter Phänomene zu Deutungen herausfordern: Zeigt der Anstieg der Suizidversuche in der BRD seit etwa 1950 eine Zunahme narzißtischer Störungen an? Wenn ja, wodurch entstehen sie? – Besagt die Tatsache, daß Frauen häufiger zu Suizidhandlungen greifen als Männer, daß Frauen narzißtisch labiler sind? Wenn ja, was macht sie dazu? – Bedeutet die Häufung von Suizidhandlungen vor und während der Menstruation eine Labilisierung des narzißtischen Systems? Wenn ja, wie geschieht das? Ist das hormonell oder psychisch bedingt? – Signalisiert die Altersverteilung der Suizidversuche, daß Frauen im dritten, Männer im vierten Lebensjahrzehnt in eine Krise ihres Selbstgefühls geraten? Wenn ja, wieso und wodurch?

Diese und weitere Fragen zu beantworten wäre sehr reizvoll. Doch handelt es sich um so komplexe Phänomene, daß die Deutung von nur einem Aspekt her zu gewagt erscheint. Immerhin regen die aufgeworfenen Fragen dazu an, bestätigende oder sie widerlegende Beobachtungen zu sammeln (vgl. auch Kapitel IV 5).

IV. Prüfung der Theorie an 50 Kasuistiken

1. Fragestellung

Die Interpretation der Suizidhandlung als narzißtische Krise und des zum Suizid neigenden Menschen als narzißtisch labile Persönlichkeit hielt sich bisher an eine Abstraktion, an den typischen Suizidanten. Ob und in welchem Umfang sie sich auch am konkreten Suizidanten, in der klinischen Praxis, bewährt, wird nun zu prüfen sein.

Von der Theorie her ist zu erwarten, daß sich die vermutete narzißtische Problematik dann erkennen läßt, wenn auf folgende Punkte besonders geachtet wird:

a) auf das Selbstbild und die damit zusammenhängenden Idealbildungen des Patienten,
b) auf die zwischenmenschlichen Beziehungen und die Interaktion mit dem Untersucher und
c) auf den biographischen Hintergrund, speziell in bezug auf die infantilen Beziehungspersonen.

Es müßte zu zeigen sein, daß die narzißtische Problematik maßgeblich an der Auslösung der Suizidhandlung beteiligt ist.

Wenn es zutrifft, daß die Entwicklung des narzißtischen Systems nicht unabhängig von der psychosexuellen Entwicklung verläuft, ist weiterhin zu erwarten, daß sich narzißtische Konflikte trotz aller individueller Ausprägung ähneln und in Gruppen nach Konfliktthemata einordnen lassen. Entsprechend den drei großen Phasen der infantilen Sexualentwicklung müßten narzißtische Konflikte folgender Art zu erwarten sein (vgl. Kap. III 2.2.3; Tab. 4):

a) Konflikte in bezug auf die psychosexuelle Identität (entsprechend der phallischen Phase),
b) Konflikte in bezug auf Wert und Macht (entsprechend der anal-sadistischen Phase) und
c) Konflikte in bezug auf das Akzeptiertsein schlechthin (entsprechend der oralen Phase).*

* Fragen wie die, ob die narzißtische Problematik z. B. auf der phallischen Stufe erst entstanden ist oder entwicklungsgeschichtlich schon vorher existierte, sich dann aber erst manifestierte, bleiben damit offen. Sie sind durch die Art der Untersuchung nicht zu beantworten.

2. Krankengut und Untersuchungsmethodik

In der Zeit vom 1. 1. 1968 bis 30. 9. 1970 gehörte der Referent dem psychiatrischen Konsiliardienst im Zentrum für Innere Medizin und Kinderheilkunde der Universität Ulm an. Ihm oblag speziell die psychische Betreuung der Patienten, die nach Suizidversuchen eingeliefert wurden. In dem erwähnten Zeitraum hat der Referent 250 Suizidpatienten untersucht und betreut; auch nach dieser Zeit hat er sich besonders der Psychotherapie von Suizidpatienten gewidmet.

Bei den 250 Patienten handelt es sich überwiegend um Suizidversuche durch Vergiftungen. Unsystematische Untersuchungen an den ersten 200 Patienten sowie das begleitende Literaturstudium führten zur Entwicklung und ersten Formulierung der oben dargestellten Theorie. Von einem Stichtag im Jahre 1970 an wurden die nächsten 50 Suizidpatienten auslesefrei einer ausführlichen halbstandardisierten Beobachtung und Exploration unterzogen, um die aus der Theorie abgeleiteten Erwartungen (s. o.) klinisch zu prüfen. Die Untersuchung begann, sobald die Patienten in der Lage waren, klare und zusammenhängende Auskünfte zu geben. Die Exploration erfolgte in der Regel täglich. Sie nahm zwischen drei und sechs, in Einzelfällen auch mehr Stunden in Anspruch.

Der Untersuchungsgang stützte sich auf vier methodische Verfahren:

1. auf das *«freie Interview»*, wie es in der psychoanalytischen Praxis erarbeitet wurde. Das freie Interview stützt sich auf Informationen aus drei Quellen:

a) auf die objektiven, d. h. jederzeit nachprüfbaren Daten (z. B. biographische Anamnese),
b) auf die Angaben des Patienten über die subjektive Bedeutung dessen, was er erlebt, und
c) auf die szenischen oder situativen Informationen, die der Patient verbal und averbal in der Interviewsituation vermittelt.

Die Zuverlässigkeit der Informationen wächst mit ihrer Zahl und ihrer Integration zu einem einheitlichen Bild (vgl. Kap. I 2 und 3; Näheres s. Argelander 1970). Grundsätzlich wurde die Untersuchung mit einem solchen Interview eröffnet.

2. auf die gezielte *Exploration*, wie sie in der Psychiatrie geübt wird. Diese dient der Erweiterung der Informationen, speziell in bezug auf die Vorgeschichte und die zum Selbstmordversuch führende Situation. Besonders erfragt wurden die bewußte Motivation und der Tathergang, die erwartete und die tatsächliche Reaktion der Umgebung (aus der Sicht des Patienten), die aktuellen und die infantilen mitmenschlichen Beziehungen u. ä.

3. auf eine *Fragebogenerhebung.* Der Fragebogen, der vom Patienten allein ausgefüllt wurde, berücksichtigt besonders Daten der psychischen Entwicklung und der sozialen Lebensbedingungen (s. Anhang).

4. auf einen *projektiven Test.* Es handelt sich um die Object-Relation-

Technique (ORT) nach PHILLIPSON, die nach dem von PHILLIPSON angegebenen Schema ausgewertet wurde.

Die mit den verschiedenen Verfahren gewonnenen Daten wurden in einen ausführlichen Bericht integriert, dessen Gliederung verbindlich war. Die Gliederung berücksichtigt besonders die Gesichtspunkte, die von der Fragestellung her relevant schienen (s. Anhang: Schema für die Abfassung eines Fallberichtes). Der so erstellte Bericht wurde ohne die Punkte C und D (Zusammenfassung, Diagnose, psychodynamische Deutung, Folgerungen für Suizidgefährdung und Therapie) einem Kollegen vorgelegt, der unabhängig vom Untersucher elf Fragen zu beantworten hatte (vgl. Anhang: Schema für die Auswertung der Fallberichte). Ergaben sich Differenzen in der Beurteilung, wurden sie diskutiert. Gelang dabei eine zwanglose Einigung, wurden die Beurteilungen als übereinstimmend gewertet, anderenfalls die fehlende Übereinstimmung registriert.*

Von den Untersuchungen ausgeschlossen blieben notwendigerweise solche Patienten, die zu der erforderlichen Mitarbeit nicht in der Lage waren. Zu ihnen gehören die Patienten mit akuten Psychosen, die sofort verlegt werden mußten, so daß die Stichprobe sich mit einer Ausnahme ausschließlich auf Nichtpsychotiker bezieht. (Wie oben erwähnt, beträgt der Prozentsatz der Psychotiker an den 250 Patienten der eigenen Beobachtung knapp 10 Prozent.) Zu ihnen gehören weiterhin die Patienten, die ihre Mitarbeit ausdrücklich verweigerten; es handelte sich aber nur um wenige Fälle.

Wie in Kap. II diskutiert, ist die Einschränkung der Aussagen durch die mangelnde statistische Repräsentanz der Stichprobe wegen der hohen Dunkelziffer bei Selbstmordversuchen ohnehin nicht zu vermeiden. Diese Studie verfolgt aber auch nur den Anspruch, an 50 Fällen zu prüfen, ob und wie sich die vermutete narzißtische Problematik bei ihnen darstellt. Bei dieser Fragestellung erübrigt sich auch eine Kontrollgruppe. Ob sich die Erfahrungen an den Patienten dieser Stichprobe verallgemeinern lassen, bleibt weiteren Beobachtungen überlassen.

3. Das Problem der Materialreduktion

Im Interesse der Nachprüfbarkeit läge es nahe, die 50 Kasuistiken vollständig darzustellen, da aus dem Zusammenhang gerissene Abschnitte das Bild verfälschen können. Da jeder Bericht aber acht bis zwölf eineinhalbzeilig geschriebene Schreibmaschinenseiten umfaßt, würde der Rahmen des Möglichen gesprengt. Einer vertretbaren Reduktion des Materials kamen folgende Umstände entgegen:

Erstens zeigte es sich, daß die obenerwähnten Fragestellungen (Kap. IV 1) so viel relevantes Material enthalten, daß die Wiedergabe der Kasuistiken auf die Ausschnitte, die diese Fragestellungen beantworten, beschränkt werden konnte. Zweitens ergab sich, daß die Art der Konfliktthemen eine

---

* Herrn DR. MED. DIETER BECKER sei an dieser Stelle noch einmal für seine interessierte und unermüdliche Mitarbeit herzlich gedankt.

Einteilung in drei Gruppen und eine Restgruppe erlaubte. So schien es ausreichend, für jede der drei Gruppen ein typisches Beispiel ausführlich darzustellen und die relevanten Daten der anderen Mitglieder der Gruppe übersichtsartig anzuschließen. Die Kasuistiken der Restgruppe werden schließlich einzeln aufgeführt. Es handelt sich um die fünf Patienten, die von den beiden Beurteilern in wesentlichen Punkten unterschiedlich oder unsicher beurteilt wurden und bei denen die Diskussion keine zwanglose Einigung erbrachte.

Aus Gründen der Materialreduktion, vor allem aber wegen der speziellen Fragestellung wird auf die Diskussion anderer Determinanten als narzißtische Konflikte verzichtet. Es sei wiederholt, daß mit der besonderen Berücksichtigung der narzißtischen Problematik nicht eine Monokausalität angenommen wird.

4. Falldarstellungen

4.1. Gruppe A

4.1.1. Herr A A

4.1.1.1. Selbstbild und Ich-Ideal

Herr A A (4)*, ein 35jähriger kaufmännischer Angestellter, ist ein großer, schlanker, kräftiger, eher jünger wirkender Mann. Sein weiches Gesicht und seine modische Kleidung lassen ihn jungenhaft erscheinen. Der Eindruck wird unterstrichen durch die vertrauliche Offenheit, mit der Herr A A dem Referenten vom ersten Augenblick an begegnete. Sprudelnd überfällt er ihn mit seinen Schilderungen, Befürchtungen und Klagen: Er sei in einer entsetzlichen Situation. Er sei ein Mensch, der schon früh zu Verantwortung und Selbständigkeit angehalten wurde. Dem Vorbild seiner Mutter nacheifernd, habe er durch zähe, unermüdliche Arbeit den Mangel an höherer Schulbildung ausgeglichen. «Schneidig, mutig, leistungsfroh», wie seine Mutter es ihm vorlebte, habe er sich in seinem Betrieb in eine Stellung heraufgearbeitet, in der er unersetzlich sei. Praktisch leiste er die Arbeit eines Akademikers. «Ich kenne nichts als Arbeit. Ich gehöre zu der Generation, die Deutschland wiederaufgebaut hat.»

Da viel von ihm verlangt wird und die Termine drängen, nimmt Herr A A unerledigte Akten mit nach Hause und verwendet Abende und Wochenenden zum Aufarbeiten. In den letzten Jahren ist das fast die Regel geworden. Natürlich arbeitet er sehr viel, aber er ist zufrieden mit seiner Arbeit. «Sie ist meine große Liebe.» Wenn er Entspannung braucht, spielt er Tennis oder hört klassische Musik. Er hat eine große Plattensammlung, und Beethoven-

---

* Hier und im Folgenden bedeutet die in Klammern gesetzte Zahl hinter den Initialen die laufende Nummer der Fallberichte.

sche Symphonien bieten ihm «Begeisterung, Glückseligkeit, Verklärung, Entspannung und Ruhe».

So könnte denn alles gut sein, wenn seine Frau nicht wäre. «Die Frauen sind mein Untergang.» Nach achtjähriger Verlobungszeit hatte er zum erstenmal geheiratet. Drei Jahre später ließ er sich scheiden; seine Frau hatte ihn mit seinem Freund betrogen. Zu spät habe er bemerkt, den Fehler begangen zu haben, eine Frau aus einer moralisch fragwürdigen Familie zu heiraten. Bald darauf heiratete er wieder, und zwar eine Frau, jung, hübsch, energisch, wie seine erste. Und siehe da: schon wieder ein Reinfall. Seine Frau verstehe ihn nicht, erkenne seine Leistung nicht an, wisse auch gar nicht, was Arbeit sei. An ihm könne es nicht liegen. Er möchte ja in Harmonie mit ihr leben, aber sie sei ein Störenfried, ein Spielverderber, ein Hemmschuh.

Seine Frau rechnet ihm vor, daß er sich von der Firma ausnutzen läßt, daß er viel zuviel arbeitet, daß er zuwenig verdient, daß er sich in der Firma zum Trottel machen läßt, dem alle lästige Arbeit zugeschoben werde. Sie wirft ihm darüber hinaus vor, daß er durch seine Arbeit und seine exklusiven Hobbies, an denen er seine Frau auch nicht teilnehmen läßt, seine Familie vernachlässige. Dabei nehme er sich, wenn möglich, schon Zeit für Frau und Kind. Aber nie sei seine Frau damit zufrieden, vielmehr wolle sie immer noch mehr von ihm. Was Wunder, daß sein Interesse an ihr seit den sechs Jahren der Ehe zunehmend abnehme.

Herr A A vermutet, seine Frau wolle ihn bloß beherrschen. «Und das kann ich mir von einer Frau doch nicht bieten lassen!» Er sieht in dem launischen Verhalten seiner Frau nichts als schlechte Anlage, falsche Erziehung und den Beweis dafür, sie sei ihm geistig und moralisch nicht gewachsen. Er erwägt pädagogische Maßnahmen ihr gegenüber, doch fühlt er sich einfach überfordert. Die Wochenenden zu Hause seien so erschöpfend, daß er sicher bald an einem Herzinfakt ende. Er habe auch schon an Scheidung gedacht. Seine Frau sei sogar einverstanden gewesen. Er selber habe diesen Plan aber wieder verworfen, da eine zweite Scheidung den Eindruck hervorrufen könne, er versage bei Frauen, und es läge an ihm. «Und das mag ich nicht glauben.»

Der Selbstmordversuch erfolgte im Rahmen einer solchen Auseinandersetzung. An einem Samstag brachte er wieder Akten mit heim. Kaum hatte das seine Frau gesehen, überfiel sie ihn mit Vorwürfen und ironischen Bemerkungen. Er verwies auf seine Verpflichtungen und auf drohende Termine, doch sie ließ nichts davon gelten. Sie warf ihm schließlich vor, er richte mit seiner unsinnigen Arbeitswut seine ganze Familie zugrunde. Dieser Vorwurf brachte ihn «außer Rand und Band». Ihm kam sogar der Gedanke: «Wenn das stimmt, tue ich das lieber selber mit mir.» Er hatte aber noch keine ernsthaften Selbstmordabsichten.

Am nächsten Tag versuchte er einzulenken. Er ging auf alle Wünsche seiner Frau ein, obwohl er sich dabei hin- und hergerissen fühlte von Überlegungen wie: ob er es mit seiner Würde als Mann vereinbaren könne, sich von seiner Frau so beherrschen zu lassen. Für alle Fälle kaufte er sich in einer Apotheke Schlaftabletten.

Abends im Bett glaubte er, wirklich das Äußerste an Entgegenkommen gezeigt zu haben. Da mußte er feststellen, daß seine Frau noch weitere Wünsche hatte. Ihn packte die Panik. Er glaubte, seine Frau überhaupt nicht mehr verstehen zu können. Den ganzen Tag hatte er sich Mühe gegeben, und nun sei sie noch nicht zufrieden. Er konnte nicht mehr richtig denken. Er sprang aus dem Bett, eilte ins Bad, schluckte 20 Schlaftabletten und legte sich, ohne ein Wort davon zu sagen, wieder neben seine Frau ins Bett. «Ich wollte mich umbringen, weiter habe ich nichts gedacht. Ich konnte auch gar nicht klar denken. Ich habe mich einfach hingelegt und überhaupt nichts mehr gedacht.»

Nachträglich konnte sich Herr A A wohl vorstellen, daß seine Eltern und sein Sohn bestürzt und unglücklich gewesen wären, wenn er gestorben wäre. «Das wäre ja nicht auszudenken, nein, die dürfen nichts erfahren!» Was seine Frau gedacht oder getan hätte, kann er sich auch nachträglich nicht vorstellen.

Seine Frau entdeckte jedenfalls am folgenden Morgen seinen Zustand und veranlaßte die Einweisung in eine Klinik.

4.1.1.2. Zwischenmenschliche Beziehungen und Interaktion

Wie der Text nur unvollkommen widerspiegelt, ist Herrn A As Bericht zunächst ein nicht enden wollender Appell um Bestätigung. Beschwörend, sich anklammernd, redet er auf den Referenten ein, läßt ihn kaum zu Worte kommen. Einwände des Referenten nimmt er formal zwar höflich auf, übergeht aber ihren Inhalt. Es scheint ihm nur darauf anzukommen, den Referenten von seiner Sicht der Dinge zu überzeugen. Sein Bemühen ist darauf gerichtet, ihn zu einer Art Komplizen zu machen, sich seines Beistandes zu versichern gegenüber den Intrigen seiner Frau. Denn immer wieder warnt er eindringlich vor dem Charme seiner Frau, die leider die Fähigkeit habe, andere für sich einzunehmen. Tatsächlich komme sie mehrmals täglich und gebe sich sehr besorgt um ihn. Das sei aber das Schlimme! Im Grunde sei sie nämlich nicht so. Hinter der fürsorglichen Fassade stehe ihr Wunsch, ihn «kleinzumachen».

Auch in den folgenden Tagen drehen sich seine Überlegungen um die Frage, wie er sich seiner Frau gegenüber behaupten könne. Der Referent hat Mühe, ihn von der Sinnlosigkeit des Plans zu überzeugen, seinen geliebten Beruf aufzugeben und einen Job als Straßenbahnschaffner anzunehmen. Als Schaffner, glaubt er, werde er nicht so angespannt, vielmehr seiner Frau «nervenmäßig überlegen» sein. Wenn dann das Geld nicht reicht, «muß sie eben mal arbeiten».

Je mehr Herr A A sich innerlich beruhigte, desto mehr trat ein scheinbar kontrastierender Persönlichkeitszug in den Vordergrund: eine überraschende Selbstgefälligkeit, Selbstgerechtigkeit und unrealistische Selbstüberschätzung. Es fällt ihm gar nicht auf, daß er die vom Referenten angebotene Zeit regelmäßig überschreitet. Er geht, wie erwähnt, auf Einwände des Referenten nur insoweit ein, als sie in seine eigene Sicht der Dinge passen. Konfrontationen oder Deutungen, die davon abweichen, werden allenfalls flüchtig stutzend wahrgenommen, dann kühn vom Tisch gewischt. Was er berichtet, walzt er in genüßlicher Breite aus. Er liebt wohlformulierte Sätze, die er in Variationen immer neu wiederholt. Er verliert sich in unwesentliche Details, die geeignet sind, sein Wissen, seine Bildung und die Bedeutung seiner Person zu unterstreichen. Die Sprache wird immer gespreizter, die Phrasen immer leerer. Die Beratung entwickelt sich im Laufe von sechs Stunden zu einer willkommenen Gelegenheit für Herrn A A, sich wie ein Pfau am Schillern seines prachtvollen Gefieders zu erfreuen.

Auf seiten des Referenten entwickelt sich nach anfänglichem Mitleid, Wohlwollen, Interesse ein zunehmendes Gefühl von Ungeduld und Resignation. Zunächst ist er verwirrt über die Widersprüchlichkeit des Berichts, dann folgt ungläubiges Staunen über das Ausmaß der Realitätsverleugnung. Die Erfahrung, Herrn A A innerlich so gut wie nicht zu erreichen, macht ihn ratlos, die Selbstverständlichkeit, mit der er von Herrn A A vereinnahmt wird, ruft Gereiztheit hervor. Die Beobachtung, wie sich schließlich die Szene in eine Schau verwandelt, wirkt auf den Referenten einerseits resignierend, andererseits verblüffend.

Als Herr A A nach sechs Sitzungen fragt, ob der Referent nicht jemanden kenne, der ihm helfen könne, ist dieser zunächst sprachlos, dann eher resigniert. Herr A A hatte mit der (bewußt keineswegs bösartig gemeinten) Bemerkung die vielstündigen Bemühungen des Referenten als erfolglos abgetan. Herr A A findet dann selber die Hilfe, die er sucht und beim Referenten nicht gefunden hat. Ein Arzt gibt ihm den Rat, gegenüber seiner Frau doch mal kräftig aufzutrumpfen. Er bietet ihm an, ihn deswegen jederzeit beraten zu wollen. Herr A A ist glücklich, diese Möglichkeit gefunden zu haben, und verzichtet auf weitere Gespräche mit dem Referenten.

Die hier und bei den weiteren Kasuistiken protokollierten emotionalen Reaktionen des Untersuchers auf den Umgang des Untersuchten mit ihm dürfen nicht als Be- oder Verurteilungen verstanden werden. Als kritisch reflektierte introspektive Wahrnehmungen dienen sie der Anreicherung von Beobachtungen und damit einer differenzierten Diagnostik. Als *Gegenübertragungsreaktionen* im psychoanalytischen Sinne spiegeln sie das wider, was der Untersuchte auf Grund seiner inneren Einstellung zum Untersucher in diesem provoziert.

Voraussetzung für die kritische Wahrnehmung solcher Reaktionen sind auf seiten des Untersuchers die Fähigkeit, sie von persönlichen Voreingenommenheiten zu unterscheiden, sowie die wohlwollend abwartende Haltung, welche die Erwartungen und Befürchtungen des Untersuchten zur Entfaltung kommen läßt, ohne sie durch die eigene Realität (Meinungen, Wertungen, persönliche Besonderheiten u. ä.) zu verfälschen (vgl. die psychoanalytische Abstinenzregel).

4.1.1.3. *Biographischer Hintergrund*

Wie ist dieses Gemisch aus Hilflosigkeit und Großspurigkeit, Ängstlichkeit und Auftrumpfen, Versagen und Anspruch, Anbiederung und Überheblichkeit zu verstehen? Wer ist dieser unentbehrliche, fleißige, erfolgreiche, sportliche und gebildete Mann, daß eine kritische Bemerkung seiner Frau ihn zum Selbstmordversuch treiben kann?

Herr A A ist einziges Kind eines kaufmännischen Angestellten, der zur Zeit seiner Kindheit häufig arbeitslos war. Die Mutter war daher gezwungen, ihrerseits berufstätig zu werden. Der Patient wurde tagsüber von der Großmutter oder einer Tante betreut. Bis in die Schulzeit hinein hat der Patient gestottert und an den Nägeln geknabbert. Als kleiner Junge fühlte er sich oft einsam. Diese Phase wurde im 12. Lebensjahr abgelöst von einem intensiven Ehrgeiz, der ihn bis heute nicht verlassen hat. Obwohl nur Volksschüler, erreichte er über Lehre, Fortbildungskurse und insbesondere zähe Arbeit eine Position, von der er versichert, sie sei sonst Akademikern vorbehalten.

Herr A A heiratete nach achtjähriger Verlobungszeit. Wie erwähnt, wurde die Ehe wegen Untreue der Frau nach drei Jahren geschieden. Seit sechs Jahren ist er zum zweitenmal verheiratet. Seit diesem Zeitpunkt leidet er an Schlafstörungen, an häufigen diffusen, organisch nicht zu erklärenden Kopfschmerzen, seit fünf Jahren auch an Schwindelzuständen und gelegentlichen Ohnmachtsanfällen. Ärztliche Untersuchungen ergaben nie organpathologische Befunde.

Die wichtigste Person seines Lebens ist die Mutter. Herr A A schildert sie leuchtenden Auges als ungewöhnlich tüchtige und ehrgeizige Frau, die ihr Leben lang hart gearbeitet hat. Früher habe er sie oft vermißt. Tagsüber war sie nie da, abends war sie oft müde und gereizt. Überhaupt sei sie eine ernste, strenge Frau. Sie sei es aber gewesen, die ihn früh zu Selbständigkeit und Verantwortung angehalten und ihn durch ihr Vorbild zu «Schneid, Mut und Leistungsfreude» angespornt habe. Noch heute «verehrt» er sie. Er findet es unverständlich, daß seine Frau seine Hochschätzung der Mutter nicht teilt, vielmehr auf die gestörte Ehe seiner Eltern verweist. Diese Ehe war zwar äußerlich intakt; innerlich haben sich Vater und Mutter aber seit Jahren entfremdet. Der Patient sucht die Schuld dafür beim Vater, der leider das Leben von der angenehmen Seite her betrachte. Er sei zwar gewandt, humorvoll, beliebt in den örtlichen Vereinen, er mache es sich aber gemütlich und hebe gern einen. Dadurch habe er es auch nicht weit gebracht. Während er arbeitslos war, arbeitete die Mutter. Während ihm häufig gekündigt wurde, habe die Mutter den Arbeitsplatz stets behalten.

Herr A A selber hat wohl zahlreiche Bekannte, aber keine festen Freunde. Schuld daran habe seine Frau, die ihn so einenge, daß er in ihrer Gegenwart nicht aus sich herausgehen kann. Sein Sohn, von dem er einmal behauptet, daß er sehr an ihm hänge und daß er seinetwegen die Ehe aufrechterhalten müsse, taucht in seinem Bericht sonst nie auf.

4.1.1.4. Deutung

Die widerspruchsvollen Selbstdarstellungen von Herrn A A und das Geschehen in der Interaktion mit dem Referenten gewinnen angesichts des biographischen Hintergrundes einen Sinn, wenn man annimmt, daß Herr A A in seinem Selbstgefühl als Mann stark verunsichert ist und sich gerade bezüglich seiner Männlichkeit von Frauen ständig bedroht fühlt. Herr A A kann das zum Teil selber formulieren («die Frauen sind mein Untergang»), sieht aber nicht, daß diese Bedrohung zunächst in seiner Phantasie besteht. Indem er sich aber entsprechend dieser Phantasie verhält, enttäuscht und provoziert er die Frauen tatsächlich. Reagieren diese dann mit Ungeduld, Gereiztheit, Kritik oder gar Untreue, findet Herr A A seine Phantasie bestätigt. Die Folge ist ein noch weiterer Rückzug in Arbeit, Ehrgeiz und exklusive Hobbies, in denen er sich sicher, ja großartig fühlen kann («Ich gehöre zu der Generation, die Deutschland wiederaufgebaut hat»), was dann neue Enttäuschung und Provokation für die Frauen bedeutet.

Dieser Teufelskreis, der zunächst dem Schutz seines Selbstgefühls dient, führt notwendigerweise irgendwann in eine so absurde Situation, daß die gesunde Kritik und die Konfrontation mit der Realität Zweifel aufwerfen müssen an seiner Sicht der Dinge. Herr A A schildert, wie ihm gelegentlich diese Gedanken kommen. («Sollte das alles an mir liegen? Das mag ich nicht glauben.») Er sieht auch, daß seine zweite Ehe in die Brüche geht, und es ist ihm klar, daß die Umgebung ihm eine zweite Ehescheidung zur Last legen würde. («Man würde ja denken, ich versage bei Frauen.») In dieser Situation versagt der Schutz seiner Größenphantasien, und das Selbstgefühl ist plötzlich aufs äußerste gefährdet. Ein geringer Anstoß genügt, um es zum Zusammenbruch zu bringen.

Das war die Situation, in der der Selbstmordversuch erfolgte: Die Vorhaltung seiner Frau, er richte mit seiner Wochenendarbeit seine Familie zugrunde, konnte er nicht abweisen. Er erschrak vor dieser Sicht der Dinge, geriet in Panik («außer Rand und Band»), erste Selbstmordgedanken tauchten auf («dann tu ich das lieber selber mit mir»). Jetzt setzt eine Gegenbewegung ein: Herr A A versucht, sich und seiner Frau zu zeigen, daß er ja einsichtig ist, daß er sich Mühe gibt, daß es also an ihm nicht liegen kann. Es taucht zugleich damit aber wieder eine Befürchtung auf: «Kann ich mir das von einer Frau bieten lassen?» Für alle Fälle kauft er Tabletten. Abends muß er feststellen, daß seine Frau noch nicht zufrieden ist. Nun reicht sein Schutzsystem nicht mehr aus. Er gerät in Panik, kann nicht mehr klar denken und schluckt die Tabletten.

Die ersten Tage nach dem Selbstmordversuch waren bestimmt von einer neuen Technik, sein Selbstgefühl wiederherzustellen. Herr A A benutzte die Zuwendung von seiten des Referenten, sich Selbstbestätigung zu holen. Es wurde beschrieben, wie er an ihn appellierte, ihn zum Verbündeten zu gewinnen suchte, ihn «vereinnahmte», über seine Zeit verfügte und seine Einwände und Anregungen nur insofern aufnahm, als sie zu seiner Theorie paßten. Er behandelte den Referenten in typischer Weise als narzißtisches Objekt. Was er offen suchte, beim Referenten aber nicht fand, war die Bestätigung seiner vermeintlich bedrohten Männlichkeit. Für diese Deutung spricht sein Überwechseln zu dem Arzt, der auf seine Vorstellungen einging.

Zu jenem Zeitpunkt war dem Referenten die zentrale Bedeutung des narzißtischen Problems noch nicht klar. Dementsprechend verhielt er sich ungeschickt. Je mehr Herr A A merkte, daß der Referent seine Darstellung in Frage stellte, desto unerreichbarer zog er sich von ihm zurück, desto höher verstieg er sich in seine alte Bastion von wirklichkeitsferner Selbstüberschätzung, von Realitätsverleugnung und Idealisierung.

Offengeblieben ist die Frage nach der Genese seiner Verunsicherung als Mann und seiner Phantasie von der Bedrohung seiner Männlichkeit durch «die Frauen». Hier ist der Einfluß der Eltern, besonders der Mutter, wohl unübersehbar: Den Vater hatte der Patient, soweit ihm bewußt, nur als schwachen, untüchtigen, bequemen Menschen erlebt, der dem Ideal der Mutter von Schneid, Mut und Leistungsfreude überhaupt nicht entsprach. Der Vater stellte also nicht das Vorbild dar, mit dem Herr A A sich als Junge identifizieren konnte. Das tat um so mehr die Mutter, die nach Anspruch, Verhalten und emotionaler Einstellung sich als «Mann im Haus» und Ernährer der Familie präsentierte. Indem Herr A A sich mit dieser Frau identifizierte, übernahm er zugleich die Abwertung des Weiblichen, die unausgesprochen, wahrscheinlich auch ausgesprochen, im Verhalten der Mutter liegt. Das Weibliche wurde spätestens von da an identisch mit faul, dumm, arbeitsscheu, in niedrigen Gefühlen und Bedürfnissen gefangen, unfähig zu höheren Ideen, zugleich aber verführerisch, gefährdend, herabziehend. Der Verzerrung des Weiblichen entspricht ein ebenso verzerrtes Männlichkeitsideal von Höchstleistung auf beruflicher, sportlicher und ästhetischer Ebene, fern aller Sinnenfreude und Lebenslust.

Die Folge ist eine tragische Unfähigkeit zu Männerfreundschaften wie zu reifen heterosexuellen Liebesbeziehungen. Herr A A wird zu einer traurigen Figur. Gerade das, was er gewinnen will, nämlich die Selbstsicherheit eines erfolgreichen Mannes, muß an der Realität scheitern.

Diese Deutung des Geschehens bestätigen weitere Befunde. Die zwischenmenschlichen Beziehungen der Personen im ORT sind – soweit überhaupt Aktionen phantasiert werden – geprägt von aggressiven Spannungen wie Herrschsucht, Neid, Rücksichtslosigkeit, Eifersucht etc., die jeweils von Frauen ausgehen und sich gegen Männer oder Söhne richten.

Ein *Gespräch mit der Ehefrau* schließlich vervollständigte das Bild: Der Referent hatte Frau A A schon einige Male flüchtig gesehen und den Eindruck gewonnen, daß ihr sachliches und bedächtiges Verhalten ganz in Gegensatz steht zu dem Bild, das Herr A A von ihr entworfen hatte. Da Herr A A gewarnt hatte, man falle leicht auf den Charme seiner Frau herein, versuchte der Referent seinen Eindruck wiederholt kritisch zu reflektieren. Der Eindruck blieb aber bestehen.

Frau A A bestätigte freimütig die Darstellung ihres Mannes, daß es häufig zu lautstarken, gelegentlich sogar handgreiflichen Auseinandersetzungen zwischen ihnen komme. Sie beschreibt in sachlichem Ton und sich selbst keineswegs schonend die häusliche Situation. Sie ist bereit, eigene Fehler einzusehen und abzustellen, kann sich aber das Verhalten ihres Mannes nicht erklären. Sie spüre, daß ihr Mann sich in die Arbeit flüchte, aber wieso? Sie kenne die Angst des Mannes, von ihr zu sehr beherrscht zu werden, und vermeide alles, was in diese Richtung gehen könne, aber ihr Mann sei zu argwöhnisch und lege solche Motive dauernd in sie hinein. Frau A A bestätigt die enge Verbundenheit ihres Mannes mit seiner Mutter. Diese versuche auch heute noch ständig Einfluß zu nehmen auf ihren Sohn, was ihr auch gelinge. Es sei nicht möglich, sich über diese Tatsache mit Herrn A A zu verständigen. Am schlimmsten sei aber die Zurückweisung als Frau. Sie habe ihrem Mann schon vorgeschlagen, eine Eheberatung aufzusuchen. Das habe er aber gereizt abgelehnt.

Da sich Herr A A einer weiteren Behandlung entzog, wurde versucht, Frau A A in geeigneter Weise auf die Problematik aufmerksam zu machen und ihr Verständnis für seine Situation zu vermitteln.

Zusammenfassend handelt es sich bei Herrn A A um eine Problematik, die aus der Kenntnis der Lebensgeschichte verständlich wird. Im Vordergrund steht ein ödipaler Konflikt. Einige Angaben des Berichtes weisen darauf hin, daß der ödipale Konflikt noch kompliziert wird durch Konflikte, die mit der emotionalen Vernachlässigung durch die Mutter zu tun haben dürften (Einsamkeitsgefühl, Zuflucht zu fremden Familien etc.). Für den Suizidversuch maßgeblich und auslösend ist aber die mit der komplexen neurotischen Konstellation verbundene narzißtische Problematik. Die narzißtische Problematik ist inhaltlich vorwiegend bestimmt von einer Verunsicherung in seiner Identität als Mann.

Von dieser Problematik her sind seine zwischenmenschlichen Beziehungen verständlich. Frauen werden als bedrohlich erlebt und müssen entwertet werden, Männer werden als Rivalen empfunden oder gemieden. Nur dann ist eine Frau akzeptabel, wenn sie als jung, hübsch, energisch auffällt und den Erfolg des Mannes nach außen hin dokumentiert, wenn sie als geschlechtsloses Wesen seine Pseudoideale teilt bzw. bestätigt – wie die Mutter. Nur dann ist ein Mann als Partner akzeptabel, wenn er auf seine Größenphantasien eingeht. Zwischenmenschliche Beziehungen sind nur dann und nur insoweit möglich, als der Partner keine eigenständige Persönlichkeit mit eigenen Ansichten und eigenen Wünschen bleibt, sondern so ist, wie Herr A A ihn für die Aufrechterhaltung seiner inneren Sicherheit sehen möchte, also ein narzißtisches Objekt.

Wird eine solche Objektbeziehung ernstlich in Frage gestellt, zerbricht zugleich die Selbstsicherheit. Der Suizidversuch ist also Ausdruck eines Zusammenbruchs des narzißtischen Gleichgewichts bzw. ein Verzweiflungsakt zur Rettung des Selbstgefühls.

4.1.2. Übersicht über die ganze Gruppe A

Eine ähnliche Problematik und ähnliche psychische Konstellationen wie Herr A A weisen 16 weitere Suizidanten auf. Es handelt sich also außer um

den 35jährigen Herrn A A (4)

um

den 54jährigen Herrn A B (40),
den 67jährigen Herrn A C (28),
den 28jährigen Herrn A D (45),
die 50jährige Frau A E (26),
die 28jährige Frau A F (29),
die 47jährige Frau A G (32),
die 20jährige Frau A H (23),
die 22jährige Frau A I (46),
das 18jährige Fräulein A J (11),
das 18jährige Fräulein A K (43),
die 43jährige Frau A L (37),
die 28jährige Frau A M (38),
die 46jährige Frau A N (8),
den 49jährigen Herrn A O (34),
den 43jährigen Herrn A P (20),
den 55jährigen Herrn A Q (41).

4.1.2.1. Selbstbild und Ich-Ideal

Das Selbstbild und die Ich-Ideale von *Herrn A A* sind geprägt von dem Anspruch, etwas Besonderes, Außerordentliches, Einmaliges gerade in seiner Rolle als Mann darzustellen, jedenfalls in seinem Verständnis dieser Rolle. Da die Realität ihm aber zeigt, daß gerade seine Männlichkeit problematisch ist, wird sie verleugnet bzw. idealisierend uminterpretiert. Das zeigt sich schon in der Art der Darstellung seiner Situation. Die Fakten werden großzügig ausgewählt, Banalitäten übertrieben betont. Er hat eine Vorliebe für Zitate, erwähnt mit Betonung bedeutende Namen, legt Schriftstücke vor, als glaubte man ihm nicht, führt Details an, die eigentlich nichts beitragen, versucht, durch anspruchsvolle Verallgemeinerungen sein subjektives Erleben zu etwas Exemplarischem zu erheben. Als Außenstehender spürt man hinter den Übertreibungen das ängstliche Bedürfnis nach Bestätigung. Gerade das Bemühen um Glaubwürdigkeit erzeugt auf die Dauer das Gefühl von Peinlichkeit, Gereiztheit und Ungeduld.

Ähnlich stellt sich *Herr A B* vor. Er ist ein 54jähriger eher vorgealterter

Mann. In Haltung, Mimik und Gestik gibt er sich eine Note weltmännischer Überlegenheit und Nonchalance, gemischt mit einer leicht aufdringlichen Servilität. Er sei ein ganz ungewöhnlicher Pechvogel. Sohn eines Großgrundbesitzers, hätte er eine Schauspielschule besucht, sei aber durch den Krieg aus seiner Karriere herausgerissen und wäre schließlich Kunsthandwerker geworden. Bei General X, Generalmajor Y und Generalfeldmarschall Z habe er gekämpft; noch heute erzählten seine Kameraden von ihm. Dann erkrankte er an einem chronischen Leiden, das ihn zu 50 Prozent erwerbsunfähig macht. Nach dem Krieg heiratete er seine große Liebe, und das sei sein Unglück. Da er wegen seiner 50prozentigen Erwerbsunfähigkeit seit 22 Jahren keine Arbeit finde (!), arbeitet seine Frau und degradiere ihn «zur Putzfrau». Nicht als ob er etwas gegen Waschen, Putzen, Kochen, Einkaufen hätte; aber seine Frau honoriere seine Leistung nicht. Sie sei «unzuverlässig, dumm, verständnislos, vollgefressen und verludert», eine Beleidigung seiner Künstlernatur und ein Kreuz für ihn als Mann.

Den Suizidversuch unternahm er, als seine Frau in einem Streit seine Arbeitsunfähigkeit als «Nichtstun» bezeichnete, ihm vorhielt, gegenüber seinem 16jährigen Sohn pädagogisch zu versagen und auf seine Suiziddrohung höhnisch erklärte: «Du traust dich ja nicht.» «Da war es aus.» Er zog sich ins Schlafzimmer zurück und nahm Tabletten.

Der 67jährige *Herr A C* bezeichnet sich als erstaunlich erfolgreichen Mann. Sohn eines Handwerksmeisters und nur mit Volksschulbildung ausgestattet, habe er sich mit Fleiß und nie ermüdender Energie hinaufgearbeitet zum Direktor und später zum Besitzer eines Betriebes. Er hat eine Reihe von Erfindungen gemacht, ist ein gefragter Fachmann, ein ungewöhnlich beliebter Arbeitgeber. Soeben schreibe er seine Autobiographie. Er konnte es sich leisten, eine sehr junge, «sehr, sehr hübsche» Frau zu heiraten, und bald nach der Scheidung von der ersten Frau eine noch viel jüngere, ebenfalls sehr hübsche, künstlerisch begabte und aus sehr guter Familie stammende Frau, mit der er im Alter von 62 Jahren noch einen Sohn zeugt. Als Ehemann sei er großzügig. Beide Ehen seien «sehr, sehr hübsch, eine Gaudi». Leider passierten da einige unverständliche Dinge: Seine erste Frau betrog ihn, und den Selbstmordversuch unternahm er, als er zu bemerken glaubte, daß auch seine zweite Frau eine außereheliche Beziehung aufgenommen hatte.

Der 28jährige *Herr A D* empfindet sich als Mann voller hoher Ideale und präziser Vorstellungen von Ethik und Ästhetik. Seine Interessen gelten ausschließlich der Kunst, besonders klassischer Musik und Gesang. Er heiratete eine um drei Jahre ältere, schuldig geschiedene Frau mit Kind und bemühte sich, ein vorbildlicher Gatte und Vater zu sein. Überhaupt sei er sehr kinderlieb und hilfsbereit. Sonntags macht er Stationsdienst in Krankenhäusern. Seine Frau habe er verwöhnt, wo er konnte. Er sei sexuell aktiv gewesen, bis er Schmerzen bekam. Und trotz allem betrog ihn seine Frau. Schmählich hat sie ihn verraten, seine Ehre in den Schmutz gezogen, seine besten Absichten verspottet. Ihm blieb nur der Selbstmord.

Bei den Frauen dieser Gruppe ist die Selbstdarstellung insofern ganz analog, als sich auch bei ihnen die forcierte Betonung der eigenen Person findet, deren wahre Bedeutung und Größe von den Partnern angeblich stets verkannt wird. Es findet sich ein ebenso einseitiges (asexuelles), im Grunde am Mann orientiertes Weiblichkeitsideal, wie es dem protzigen, pseudopotenten Männlichkeitsideal der Männer bzw. Gruppe entspricht, sowie das Bemühen, das Versagen zu leugnen bzw. auf den Partner zu projizieren bzw. die klägliche Realität umzuinterpretieren und zu idealisieren.

Die 50jährige *Frau A E* ist seit 23 Jahren verheiratet. 23 Jahre dauert auch ihr Kampf mit ihrem Mann um die Anerkennung ihrer dezidierten Vorstellungen, wie ein Mann seine Frau zu behandeln habe: nämlich mit Zuvorkommenheit, Ritterlichkeit, Achtung. Der Mann aber, ein «schmieriger, kleiner, halbgebildeter Versager», bricht immer wieder aus. Sie rächt sich an ihm, indem sie ihn der Untreue bezichtigt oder ihm jahrelang den Verkehr verweigert. In den letzten Jahren hatte man sich einigermaßen arrangiert. Sie gesteht ungern ein, daß sie unerklärlicherweise noch an ihm hängt. Eines Sonntags lädt er sie ein, zusammen essen zu gehen. Sie willigt geschmeichelt ein. Im Restaurant trifft das Ehepaar eine Kollegin des Mannes, mit der er eine dienstliche Angelegenheit kurz bespricht. Auf argwöhnisches Nachfragen gibt der Mann zu, er habe gewußt, daß diese Frau auch dort essen werde, und habe das Restaurant auch unter dem Gesichtspunkt gewählt, mit ihr kurz sprechen zu können. Frau A E reagiert gereizt. Sie wird ausfallend und beleidigend. Da steht ihr Mann auf und fordert sie auf, mit ihm heimzufahren. Ihr bleibt nichts anderes übrig als mitzugehen, da sie sonst ohne Wagen wäre. Schweigend fährt man heim. Zu Hause zieht sich die Patientin in das Nebenzimmer zurück und öffnet ihre Pulsadern.

Die 29jährige *Frau A F* ist hübsch und wirkt sehr eigenwillig. Betont offen gibt sie Auskunft über ihre Lebenssituation. Als einziges Kind eines Akademikers und Kaufmanns sei sie in sehr guten Verhältnissen aufgewachsen. Ihr Vater, Kavalier alter Schule, wisse, wie man einer Frau begegnet. Jeden Wunsch habe er ihr von den Augen abgelesen. Sie sei gewöhnt, sich zu pflegen und gute Umgangsformen zu wahren. Sie brauche Abwechslung, geistige Anregung und Gespräche. Sie studierte, legte aber kein Examen ab; denn sie heiratete überstürzt einen Angestellten, den sie auf einer Reise kennengelernt und rasch als den für sie richtigen Mann erkannt hatte. Seit sechs Jahren ist sie nun verheiratet und hat mit ihm zwei Kinder. Ihr Mann sei ja ein guter Kerl, aber hoffnungslos unbeholfen, linkisch, ungeschickt und nicht ganz sauber. Für ihre geistigen Interessen und Bedürfnisse habe er kein Verständnis, obwohl sie ihn schon seit fünf Jahren zu erziehen versuche.

Der Suizidversuch erfolgte, als sich zum erstenmal seit Jahren ihr Mann ihren Wünschen konsequent widersetzte. Sie wollte eine Ausstellung besuchen, er verwies auf die Erkrankung beider Kinder. Frau A F drohte mit Selbstmord. Ihr Mann wies sie zurecht. Sie verließ wütend das Haus und schluckte 13 Schlaftabletten. Sie telefonierte dann mit ihrem Mann und teilte ihm mit, was sie getan hatte. Der aber blieb hart. Da war es aus. Was vorher «ein Tauziehen» zwischen ihr und ihrem Mann war, wurde nun tödlicher Ernst. «Ich war völlig verzweifelt und wollte nicht mehr leben.» Sie nahm weitere Schlaftabletten, bekam später aber Angst und begab sich ins Krankenhaus.

In diesem Fall werden Motive von Geltungsbedürfnis und Erpressung sehr deutlich. Bei Frau A F wie auch bei anderen Patienten dieser Gruppe dürfte aber klar sein, daß der Machtkampf nicht nur um Macht schlechthin, sondern um die daran geknüpfte Selbstachtung als Mann oder als Frau geht.

So bei der 47jährigen *Frau A G.* An ihren kategorischen Vorstellungen von der Art der Eheführung scheitert soeben die zweite Ehe. Sie erwartet, umsorgt, verwöhnt, ja verehrt zu werden, und ist bereit, dafür in anderen Bereichen Kompromisse zu machen. Sie muß aber immer wieder erleben, daß ihr die Männer entgleiten. Auch kann sie sexuelle Beziehungen nur mit Abscheu zulassen, bzw. sie entzieht sich den Wünschen des Mannes mit Empörung. Der Suizidversuch erfolgte, als der Mann entgegen seinem feierlichen Versprechen zu einem bestimmten Zeitpunkt nicht heimkam.

Die 20jährige *Frau A H* wuchs auf in der Vorstellung, als Mädchen gegenüber dem um drei Jahre jüngeren Bruder stets zu kurz gekommen zu sein. Überhaupt seien Frauen im Leben benachteiligt. Diesen Mangel versuchte sie durch beruflichen Ehrgeiz, Reisen, «geistige Interessen und Bildungsstreben» auszugleichen. Relativ früh hat sie einen beruflich erfolgreichen, gutaussehenden Mann geheiratet, den sie wegen seines «flotten Vorlebens» bewunderte und beneidete. Ihre Erwartungen, nun endlich als gleichwertige Partnerin ihres Mannes ein interessantes Leben mit anregenden Gesprächen, Reisen, Tanzen und Nachtleben zu führen, wurden jedoch enttäuscht. Der Mann erwies sich als viel weniger interessant, als sie gedacht hatte. Er weigerte sich, sie an allen seinen Unternehmungen teilnehmen zu lassen, und bestand darauf, wöchentlich einen Abend mit seinem Freund verbringen zu dürfen. Es entwickelte sich eine Atmosphäre von Gereiztheit. Es gab Szenen, Vorwürfe, «einen dauernden Machtkampf zwischen uns».

Eines Tages entspann sich ein Streit um die Frage, wie man Eier zu kochen habe. Frau A H belehrte ihren Mann, dieser wollte sich aber keine Vorschriften machen lassen. Ein Wort gab das andere. Wütend verließ der Mann die Wohnung. Frau A H blieb zurück in dem Gefühl, wieder einmal zurückgewiesen, ausgeschlossen, hoffnungslos benachteiligt zu sein. In einer Mischung aus Rachsucht und Verzweiflung schluckte sie 25 Schlaftabletten.

Das gleiche Problem, nämlich das Bewußtsein, als Frau ein Wesen zweiter Klasse zu sein, und die enttäuschte Erwartung, in der Ehe vom Mann als vollwertig anerkannt zu werden, führte auch bei der 22jährigen *Frau A I* zu zunehmenden Spannungen in der Ehe. Sie mußte ihrem Mann ständig beweisen, daß sie die gleichen Rechte wie er hätte und sich gleiche Freiheiten leisten könnte, was ihr Mann auch gar nicht bestritt. Da sie das geheime

Gefühl hatte, trotz allem zu ungebildet, untüchtig, lächerlich, kindisch etc. zu sein, stellte sie immer wieder extreme Anforderungen an ihren Mann. Als nach einer streitbaren Diskussion ihr Mann abends resigniert das Licht löschte und sich wortlos auf die Seite drehte, nahm sie in ohnmächtiger Wut 20 Tabletten.

Das 18jährige *Fräulein A J* war «schon immer» enttäuscht von ihrem Vater, der die Mutter im Gegensatz zu ihr «auf Händen trägt». Als die Mutter mehrere Wochen verreiste, führte sie ihm den Haushalt. Aber er bedankte sich nicht, lobte sie nicht, sprach kaum mit ihr, verbot ihr andererseits das Ausgehen. In der gleichen Zeit gab es an ihrer Lehrstelle Spannungen mit dem Chef. Sie hatte den Vater gebeten, etwas zu unternehmen. Der Vater hatte zugesagt, wurde aber nicht aktiv. Als dann wieder einmal Vorwürfe von seiten des Chefs kamen, reagierte sie mit Trotz. Er sprach darauf von Dummheit und Rausfliegen. Gekränkt ging sie heim, um den Vater aufzufordern, nun einzuschreiten. Der Vater kam aber zur erwarteten Zeit nicht heim. Da packte sie die Verzweiflung. Sie schrieb einen Abschiedsbrief und suchte sich mit 15 Schlaftabletten zu vergiften.

Auch das 18jährige *Fräulein A K* fühlte sich zu Hause bevormundet und eingeschränkt, wie ein Kind behandelt. Ein besonderes Problem war dazu ihr Empfinden, als Mädchen gegenüber Jungen benachteiligt zu sein. Um das auszugleichen, befreundete sie sich mit einem sehr flotten 19jährigen Mann. Um ihn rasch an sich zu binden und um sich dieselben Freiheiten zu gestatten wie ein Mann, nahm sie bald intime Beziehungen zu ihm auf. Ihre Erwartungen wurden aber enttäuscht. Der Freund bestand darauf, auch weitere Mädchenfreundschaften zu haben. Nun drohte sie mit Selbstmord (der Freund hatte früher einmal einen Selbstmordversuch unternommen). Der Freund nahm das aber nicht ernst. «Er traute es mir wohl nicht zu.» Sie kaufte ein Pflanzengift und zeigte es ihm. Er nahm es ihr fort und warf es weg. Sie kaufte sich neues und nahm davon. Der Freund sah ihre verfärbten Lippen und fragte besorgt, ob das Gift sei. Sie bestritt es vage. Als die Sorge des Freundes aber nachließ und er ihr gleichgültig erklärte, sie solle heimfahren, er habe noch andere Pläne, nahm sie weiteres Gift und wurde bewußtlos. Die Patientin erklärte später, sie habe das Gefühl gehabt, es könne nicht so weitergehen, daß ihr Freund es besser habe und freier sei als sie.

Bei der 43jährigen *Frau A L* zieht sich die Vorstellung wie ein roter Faden durch die Lebensgeschichte, sie sei geistig nicht genug gefördert worden und als Frau nicht vollwertig. Das letztere Problem wurde real bestätigt, als sie mit 21 Jahren an einer Ovarialtuberkulose erkrankte und man ihr mitteilte, daß sie keine Kinder bekommen könne. Nach wiederholten Rezidiven erfolgte im Alter von 42 Jahren eine Totaloperation der inneren Genitalorgane. Von ihren Ehen, deren erste, als sich herausstellte, daß der Mann trank, auf ihr Betreiben nach drei Jahren geschieden wurde, erwartet sie ein hohes Maß an Bestätigung. Die seit acht Jahren bestehende zweite Ehe wird von ihr in unglaubwürdig idealisierender Weise geschildert. Sie habe bis vor kurzem eine überaus glückliche Ehe mit einem sehr tüchtigen, gebildeten, rücksichtsvollen und zuvorkommenden Mann geführt. Ihre Gespräche bewegten sich auf hohem geistigem Niveau. Es habe zwischen ihnen eine fast magische Gemeinsamkeit gegeben. Um so schrecklicher war die Entdekkung, daß der Mann seit etwa einem Jahr eine Geliebte hatte. Seit dieser Zeit habe sie abwechselnd gekämpft, gedroht, erpreßt, gefleht oder resigniert oder an ein Arrangement zu dritt gedacht. Da der Mann weiterhin rücksichtsvoll blieb, habe sie immer wieder auf Wiederherstellung des alten Verhältnisses gehofft. Der Gedanke an Selbstmord spielte schon immer eine Rolle; schon vor Wochen hat sie sich ein Schlafmittel besorgt. Als eines Abends entgegen ihrer Erwartung der Ehemann wieder einmal nicht heimkam, trank sie die Flasche mit dem Schlafmittel aus.

Die 28jährige *Frau A M* lebt «schon immer» in dem Gefühl, irgend etwas falsch zu machen oder nicht zu können. Sie muß verbissen an ihrer schwierigen Ehe festhalten, da sie eine alleinstehende, insbesondere geschiedene Frau als «Freiwild» ansieht. Bezüglich dessen, was sie falsch macht, kann sie sich keinen Rat holen, da sie sich geniert, darüber zu sprechen. Solange ihr Mann in der früher «unwahrscheinlich guten» Ehe zu ihr hielt, konnte sie sich sicher fühlen. Da seit einem Jahr zu ihrer Überraschung ihr Mann «nichts mehr von mir wissen will», ja auf Scheidung drängt, sei sie völlig ratlos und verwirrt. Sie spürt, daß sie ihrem Mann auf die Nerven geht, kann sich aber nicht erklären, wieso. Die Verwirrung wird noch dadurch verstärkt, daß sie irgendwie spürt, ihrem Mann recht geben zu müssen, ohne aber erklären zu können, wieso. Auf Kinder habe sie jahrelang keinen Wert gelegt und eine Konzeption bewußt verhindert. Als sie dann dem Wunsch des Mannes nach Kindern entgegenkam, hatte sie nacheinander drei Fehlgeburten. Dann begann der Mann, fremdzugehen und auf Scheidung zu drängen. Seitdem gibt es ständig Streit, obwohl der Ehemann die außereheliche Beziehung bald wieder aufgab. Als nach einer Aussprache der Mann bei seinem Entschluß blieb, die Scheidung einzureichen, nahm sie 25 Tabletten eines Schlafmittels ein.

Die 46jährige *Frau A N* ist völlig ratlos über das unerwartete Scheitern ihrer Ehe. Ihr Leben lang hat sie sich bemüht, alles richtig zu machen. Früh war sie bereit, Pflichten zu übernehmen (als die Mutter erkrankte und Frau A N 14 Jahre alt war). Gern habe sie auf hübsche Kleider und Tanzstunden verzichtet; denn der Vater hat es ihr gedankt. Im Geschäft sei sie sehr beliebt. In der Ehe habe sie alles getan, um ihren Mann gut zu versorgen. «Man will sich ja nichts nachsagen lassen.» Geheiratet habe sie ihn, weil er so einsam war und sie Mitleid mit ihm hatte. Die Ehe habe sie bis vor einem Jahr als geordnet erachtet. Dann veränderte sich ihr Mann. Er kam oft betrunken heim und blieb gelegentlich über Nacht fort. Zunächst habe sie es sich so erklärt, er sei halt ein geselliger Mensch und brauche Kontakt. Tatsächlich glänzte er in Gesellschaften. Dann aber erfuhr sie, ihr Mann habe ein Verhältnis mit einer anderen Frau. Sie stellte ihn zur Rede. Darauf beklagte sich ihr Mann bitter über sie: Sie habe ihm sein Leben versauert. Bestürzt bot sie ihm an, ihm zu verzeihen und noch einmal neu anzufangen. Als sie aber wenige Tage später erfuhr, ihr Mann habe wieder mit der anderen Frau geschlafen, war es zuviel. Sie nahm 60 Schlaftabletten.

Der 49jährige *Herr A O* beschreibt sich nicht ohne Wohlwollen als einen zwar bescheidenen, aber gewissenhaften Arbeiter, der es im Leben zu Erfolg und Anerkennung gebracht habe. 24 Jahre lang habe er mit seiner Frau eine gute, ja sehr gute Ehe geführt. Um so bestürzter vermerkte er vor einem halben Jahr den Wunsch seiner Frau, wieder ganztägig (statt wie bisher halbtägig) arbeiten zu gehen. Seine heftigen Proteste, die sich vor allem darauf richteten, daß sie ihn dann nicht mehr so gut versorgen könne, bewirkten nichts, im Gegenteil: Seine Frau ließ ihrer langen Enttäuschung über die Ehe freien Lauf. Das habe ihn schon sehr bedrückt. Als er dann eines Morgens aus dem Schreiben eines Rechtsanwalts von der Scheidungsklage seiner Frau erfuhr und von ihrer Begründung, er komme seiner ehelichen Pflicht nicht mehr nach, «da war es aus». In dem Schock schluckte er 50 Tabletten.

Der 43jährige *Herr A P* stellt sich dar als ewiger Pechvogel, dessen große Pläne und gute Absichten im entscheidenden Moment immer wieder von anderen zunichte gemacht werden. 60 bis 90 Stunden pro Woche habe er gearbeitet; dann wurde er vor drei Jahren mit Gefängnis bestraft, weil eine jahrelange Steuerhinterziehung ans Licht kam. Überall hat er viele, ganz reizende Freunde, aber wenn es drauf ankommt, «ist jeder sich selbst der Nächste». Seit neun Jahren führe er eine gute Ehe. Während der Haft aber habe sich seine Frau einen Geliebten genommen. Seitdem sei die Beziehung nie mehr gut geworden.

Vor vier Wochen trennte er sich nach einem Streit von seiner Frau. Sie hatte ihm unter anderem nachlassende Potenz vorgeworfen. Unklar blieb bei seiner weitschweifigen und ausweichenden Darstellung, wo er sich in der Zwischenzeit aufgehalten hatte; jedenfalls geriet er «in schlechte Gesellschaft», wo man ihm schließlich sein letztes Geld stahl. Diese Entdeckung und die Konsequenz, daß er nicht einmal das Fahrgeld hatte, um zu seiner Frau zurückzukehren, riefen in ihm das Gefühl hervor, ein hoffnungsloser Versager zu sein. Mit 20 Schlaftabletten versuchte er, seinem Leben ein Ende zu setzen.

Der 55jährige *Herr A Q* schildert mit einer Mischung aus Vorwurf und Nachsicht, er sei sein Leben lang eine «leichte Haut» gewesen. Stets habe er Geld mit vollen Händen ausgegeben und auch mehr oder weniger große Schulden gemacht. Aber mit Charme und Geschick sei er immer wieder «auf die Beine gefallen». Aus kleinen Verhältnissen stammend, habe er sich ein erfolgreiches Leben aufgebaut. Dazu gehört auch seine vermögende Frau. Leider passiere ihm alle fünf Jahre «ein dicker Hund». Schon zum viertenmal habe er sich verleiten lassen, große Schulden zu machen. Jedesmal habe das zu Konflikten mit seiner Frau geführt, doch habe sie sich immer wieder überreden lassen, seine Schulden aus ihrem Vermögen zu decken. Nun hatte er in Abwesenheit seiner Frau während der vergangenen Woche erneut große Schulden gemacht. Seine Versuche, durch Spielen das Geld zurückzugewinnen, resultierten in noch größeren Schulden. Bis Punkt zwölf Uhr des Tages, als seine Frau heimkehrte, habe er auf ein Wunder gehofft. Dann schluckte er 25 Schlaftabletten, um seiner Frau nicht sein Versagen eingestehen zu müssen.

Zusammenfassend läßt sich sagen, daß allen Patienten der Gruppe A ein Selbstbild gemeinsam ist, das auf einer Verunsicherung bezüglich ihrer Rolle als Mann bzw. als Frau, also auf einer *Verunsicherung ihrer psychosexuellen Identität,* beruht. Diese Verunsicherung wird überspielt, indem gerade dieser Umstand verleugnet und idealisierend uminterpretiert wird. Entsprechend realitätsfern sind die Ich-Ideale, denen sie nacheifern bzw. an denen sie sich messen. Zu Suizidhandlungen kommt es immer dann, wenn Verleugnung und Idealisierung nicht mehr aufrechtzuerhalten sind.

4.1.2.2. Zwischenmenschliche Beziehungen und Interaktion

Die Art der zwischenmenschlichen Beziehungen ist z. T. in den Selbstdarstellungen schon zum Ausdruck gekommen. Das Selbstbild hebt sich ja kontrastierend von dem Bild der Beziehungspersonen ab und läßt so Schlüsse auf die zwischenmenschlichen Beziehungen zu. Es wird daher genügen, im folgenden das Charakteristische herauszuarbeiten und mit Material anzureichern.

Was bei der Kasuistik des 35jährigen *Herrn A A* nur beiläufig erwähnt wurde, sei noch einmal betont: Die Enttäuschung an seiner Frau erfolgte erst nach der Heirat und nahm erst langsam zu. Ursprünglich hatte er sowohl seine erste wie seine zweite Frau sehr hochgeschätzt. Er schildert beide als sehr hübsch, umworben, liebenswert, temperamentvoll; seine Freunde beneideten ihn um sie. Auffällig ist, daß er die angebliche moralische Fragwürdigkeit seiner ersten Frau in den acht Jahren Verlobungszeit nicht bemerkt hatte. Um so schwerer traf ihn ihre Untreue. Er war es denn auch, der sie entschlossen verstieß. Mit seiner zweiten Frau glaubte er ebenfalls, einen idealen Partner gefunden zu haben. Kaum verheiratet, begann seine Enttäuschung.

Dieses Verhaltensmuster wiederholte sich in der *Interaktion*: Ohne den Referenten zu kennen und auch ohne sich etwa durch Rückfragen zu vergewissern, sieht er in ihm jemanden, der selbstverständlich seine Ansichten teilt und sie unterstützt. Nach wenigen Augenblicken ist eine Atmosphäre von Vertrautheit, Sicherheit, Kameradschaft hergestellt, eine Art augenzwinkernder Komplizenschaft.

Es wurde beschrieben, wie Einwände, Konfrontationen, zweifelnde Fragen, Deutungen des Referenten nur soweit aufgegriffen wurden, als sie in seine Sicht der Dinge paßten. Herr A A war offenbar nicht in der Lage, die Realität der Person des Referenten als einer Person mit eigenen Überlegungen, Meinungen, Gefühlen wahrzunehmen, auch dann nicht, wenn sie ihm ausdrücklich entgegengehalten wurden. So baute er sich in der ersten Phase ein Wunschbild vom Referenten auf, das genau seinen narzißtischen Bedürfnissen entsprach, und er ging mit dem Referenten entsprechend diesem Wunschbild um, nämlich selbstverständlich vereinnahmend, rücksichtslos beanspruchend, wie es für die narzißtische Objektbeziehung typisch ist.

Diese Realitätsverkennung konnte auf Dauer nicht gutgehen; er mußte die ausbleibende Zustimmung und auch die zunehmende Ungeduld und Gereiztheit des Referenten spüren. Da es dem Referenten auch nicht gelang, die narzißtische Problematik in geeigneter Weise zu bearbeiten, entwickelte sich eine zunehmende Distanzierung und Enttäuschung. Er ließ den Referenten in dem Augenblick fallen und entwertete alle seine Bemühungen, als er einen Arzt gefunden hatte, der nunmehr seinem Wunschbild entsprach. Aus der späteren Anamnese ist bekannt, daß er sich auch von diesem Arzt nach anfänglicher begeisterter Zuwendung rasch zurückzog.

Das Nacheinander von stürmischer Zuwendung mit Verleugnung und Idealisierung genau im Bereich der narzißtischen Störung und dann folgender mehr oder weniger rascher Enttäuschung und gereizter Entwertung spiegelt sich bei allen Patienten dieser Gruppe, und zwar sowohl in der Beziehung zu den Konfliktpartnern als auch in der Interaktion mit dem Referenten. Dieser Ablauf ließ sich nur dann aufhalten bzw. therapeutisch bearbeiten, wenn es dem Referenten gelang, die narzißtische Problematik als das zentrale Problem zu sehen und zu bearbeiten.

Der 54jährige *Herr A B* war ursprünglich so fasziniert von seiner Frau, daß er sie sogar gegen die Warnung der Schwiegermutter heiratete. Später charakterisiert er sie dann als «unzuverlässig, dumm, verständnislos, vollgefressen und verludert». Der Referent war zunächst der lang erwartete Mensch, der endlich sein tragisches Schicksal zu würdigen vermochte; später verabschiedete er sich eher erleichtert von ihm.

Der 67jährige *Herr A C* heiratete nacheinander zwei außergewöhnlich junge, hübsche, begabte, liebenswerte Frauen, von denen er sich tief enttäuscht abwandte, als sie ihn betrogen bzw. als nur ein Argwohn in dieser Richtung aufkam. Den Referenten begrüßte er als willkommenen Zuhörer und verständnisvollen Freund. In diesem Fall gelang es, die Enttäuschung zu verhindern, indem der Referent mit seinem Einverständnis Frau A C in die Therapie einbezog und ihr die narzißtische Problematik vermittelte. Sie konnte mit diesem für sie neuen, aber einleuchtenden Wissen in der Folgezeit offenbar geschickter mit ihm umgehen. – Ganz ähnlich verhielt es sich mit dem 28jährigen *Herrn A D*; auf Einzelheiten kann daher verzichtet werden.

Die 50jährige *Frau A E* heiratete ihren Mann entgegen, ja trotz der Warnung des Vaters. Schon bald nach der Heirat empfand sie ihn jedoch als eitlen Pfau, Hochstapler, «schmierigen, kleinen, halbgebildeten Versager». Den Referenten erkor sie mit leidenschaftlichem Eifer und mit aller Selbstverständlichkeit rasch zu ihrem Parteigänger; in kaum zu bremsendem Redeschwall teilte sie ihm alle Probleme und Intimitäten ihres Ehelebens mit. Auf Einwendungen ging sie allenfalls flüchtig, später zunehmend gereizt ein. Als sie realisieren mußte, daß sie der vollen Zustimmung des Referenten nicht sicher sein konnte, ließ sie ihn fallen: Sie erschien zu dem Beratungstermin, den der Referent ihr eigens auf ihre Bitte hin zu einer ungewöhnlichen Zeit eingeräumt hatte, nicht und ließ nichts mehr von sich hören.

Die 28jährige *Frau A F* heiratete ihren Mann trotz seines geringen Bildungsstandes nach wenigen Wochen und gegen die Einwendungen der Eltern, weil sie überzeugt war, den Mann ihres Lebens gefunden zu haben. Sehr bald folgte die Ernüchterung und Entwertung: Sie schildert ihn als einen enttäuschend unbeholfenen, linkischen, phantasielosen Trottel, den sie vergeblich zu kultivieren versucht. – Das Gespräch mit dem Referenten wird von ihr zunächst sichtlich genossen. Sie legt Wert auf ambulante Weiterbehandlung. Sobald aber der Referent versuchte, durch Konfrontationen und Rückfragen ihre Rolle in der Ehe genauer zu ergründen, verweigerte sie die Mitarbeit, verlangte andere Themen zu besprechen und brach schließlich indigniert die Behandlung ab.

Diese Beispiele können hier genügen. Denn – wie auch aus den Selbstdarstellungen zu entnehmen – bei allen weiteren Personen dieser Gruppe (A G, A H, A I, A J, A K, A L, A M, A N, A O, A P, A Q) findet sich genau das gleiche Verhaltensmuster: Nach anfänglicher Idealisierung gerade in bezug auf Eigenschaften, die zum Ausgleich der eigenen Unsicherheit beim Ehepartner bzw. beim Referenten gesucht werden, folgt über kurz oder lang eine Enttäuschung und eine wütende Entwertung.

Die Enttäuschung wird oft längere Zeit verleugnet. Jahrelang werden fast heroische Versuche unternommen, den Partner in dem gewünschten Sinne zu erziehen. Mit Phantasie und kämpferischer Hartnäckigkeit wird an ihm herumkritisiert, erzogen, gedroht, erpreßt. Ebensohäufig wird sein Verhalten uminterpretiert im Sinne des Wunschbildes. Gerade das Umerziehen und Uminterpretieren hat aber etwas Destruktives an sich. Der bei sich selbst vermutete Mangel wird bei dem Partner wütend bekämpft. Nur wenn er sich zur Identifikation anbietet, kann der eigene Mangel als ausgeglichen gelten und Neid überflüssig sein. Sobald das in Frage gestellt wird, setzt ein Kampf ein.

Frau A M, die auf jeden Fall ihren Mann zurückgewinnen will, wirft ihm in Hinsicht auf ihre Fehlgeburten «schwachen Samen» vor. Eine Bemerkung der Ärzte, die sie über die Fehlgeburt hinwegtrösten wollten mit Hinweis auf eine zu erwartende Hirnschädigung des Kindes, verwendet sie als Waffe gegen den Mann mit dem Vorwurf, er könne «nur Deppen zeugen». Das Bedürfnis nach Bestätigung als Frau führt so zu ganz paradoxen Situationen.

Trotz der Spannungen und trotz der enttäuschenden Realität behalten die Ehepartner dieser Patienten eine enorme narzißtische Wichtigkeit. Dieser

Patienten	Anlässe zum Suizidversuch
Herr A A (4)	Die Frau gab sich mit seinen Bemühungen noch nicht zufrieden und erwartete abends im Bett noch mehr.
Herr A B (40)	Die Frau bezweifelte seine Leistung im Leben als Mann und reagierte auf die Suiziddrohung mit: „Du traust dich ja nicht!"
Herr A C (28)	Seine zweite Frau erregte den Verdacht, ihn zu betrügen.
Herr A D (45)	Seine Frau, die ihn so rücksichtslos betrogen hatte, wurde ihm endgültig genommen durch die gerichtliche Scheidung. Bis dahin hatte er gehofft, sie kehre zu ihm zurück.
Frau A E (26)	Der Ehemann blamierte sie vor einer anderen Frau.
Frau A F (29)	Der Ehemann widersetzte sich erstmals konsequent ihrem Wunsch.
Frau A G (32)	Der Ehemann blieb entgegen seinem feierlichen Versprechen, um eine bestimmte Uhrzeit zurück zu sein, bei seiner Freundin.
Frau A H (23)	Der Mann entzog sich einer Auseinandersetzung um Eierkochen kurzerhand, indem er sie allein ließ.
Frau A I (46)	Der Mann entzog sich einer Auseinandersetzung um die Gleichberechtigung, indem er das Licht löschte und sich zum Schlafen anschickte.
Frl. A J (11)	Der zur Wiederherstellung ihrer Ehre dringend erwartete Vater erschien unerwarteterweise nicht zum eigens vorbereiteten Abendbrot.
Frl. A K (43)	Der Freund nahm ihre Suiziddrohung so wenig ernst, daß sie den Eindruck hatte, er traue es ihr nicht zu.
Frau A L (37)	Der Ehemann blieb wider Erwarten abends bei seiner Geliebten.
Frau A M (38)	Der Ehemann ließ sich nicht von seinem Scheidungswunsch abbringen, drehte sich einfach um und schlief ein.
Frau A N (8)	Entgegen seinem Versprechen schlief der Ehemann wieder bei seiner Geliebten.
Herr A O (34)	Die Frau drohte mit Scheidung, u. a. wegen seiner Vernachlässigung der ehelichen Pflichten.
Herr A P (20)	Der Vorwurf nachlassender Potenz und der Verlust seines Geldes durch Diebstahl riefen in ihm den Eindruck hervor, ein „hoffnungsloser Versager" zu sein.
Herr A Q (41)	Er wagte seiner Frau nicht unter die Augen zu treten, weil er wieder einmal hohe Schulden gemacht hatte.

Tab. 6: *Anlässe zum Suizidversuch bei den Patienten der Gruppe A*

Umstand geht schon aus der Beobachtung hervor, daß es in allen Fällen unerwartete, überraschende und offenbar diesmal als endgültig empfundene Enttäuschungen durch gerade diese Beziehungspersonen waren, die den letzten Anstoß zum Suizidversuch gaben (vgl. Tabelle 6).

4.1.2.3. Biographischer Hintergrund

Befragt man die Biographien der 17 Patienten dieser Gruppe nach Gemeinsamkeiten, so fällt zum einen auf, daß mit einer Ausnahme (A E) die *Mutter* zwar vorhanden, aber kaum oder gar nicht verfügbar, weil chronisch krank oder stets berufstätig war (vgl. Tabelle 7a). (Bei Herrn A Q blieben die Angaben offen.) Zum anderen fällt auf, daß bei allen Patienten dieser Gruppe eine *Identifizierung mit dem gegengeschlechtlichen Elternteil* erfolgte. Die sieben Männer entwerten ihren Vater und haben eine zum Teil ausgesprochen kindliche Hochschätzung der Mutter beibehalten, mit deren Idealen, Eigenschaften, zum Teil sogar Beschäftigungen sie sich identifizieren. Bei den zehn Frauen dieser Gruppe liegen die Verhältnisse entsprechend umgekehrt: Die Mutter ist es, die sich zur Identifikation nicht eignete, weil sie als zu schwach und unbedeutend empfunden wurde. Der Vater dagegen wird bis weit ins Erwachsenenalter hinein enorm bewundert, bleibt aber unerreichbar. So resultiert eine lebenslange Ambivalenz und Rivalität, die vielfach auf die Ehemänner übertragen bzw. an ihnen agiert werden. Die Lebensumstände werden in Tabelle 7a kurz skizziert.

Ausnahmslos finden sich bei den 17 Patienten trotz der relativ ungenauen Erhebung (registriert wurden nur spontane Angaben und Angaben auf einfaches Befragen; weder wurde systematisch nachgefragt, noch wurden Außenanamnesen erhoben, weil das von der Fragestellung her nicht angezielt war) *Auffälligkeiten in der psychischen Entwicklung* bzw. *psychosomatische oder psychopathologische Symptome*, und zwar nicht nur einzelne. Durchgehend gemeinsame Symptome finden sich allerdings nicht. Relativ häufig werden Kopfschmerzen (siebenmal), «Nervosität und Unruhe» (sechsmal), organpathologisch ungeklärte Herzbeschwerden (fünfmal) und Schlafstörungen (viermal) genannt. Seltener ist ausdrücklich von Potenzstörungen bzw. Orgasmusstörungen die Rede, doch werden sie fast regelmäßig angedeutet. Kontaktstörungen werden nur viermal ausdrücklich genannt. Die Überprüfung der diesbezüglichen Angaben läßt aber erkennen, daß die vorhandenen Kontakte relativ oberflächlicher und flüchtiger Art waren. Die Ehen dagegen haben oft längere Zeit gehalten (vgl. Tabelle 7b).

Patienten	Lebensumstände der frühen Kindheit
Herr A A (4)	Familienverhältnisse äußerlich geordnet. Mutter stets berufstätig, Vorbild an „Schneid, Mut und Leistungsfreude". Vater öfter arbeitslos, zwar gesellig und beliebt, aber ein „Versager".
Herr A B (40)	Familienverhältnisse äußerlich geordnet. Mutter stets kränklich, aber eine „Seele von Mensch". Vater ehrgeizig, habgierig, wortkarg, unnahbar.
Herr A C (28)	Familienverhältnisse äußerlich geordnet. Mutter bis zum 5. Lebensjahr berufstätig, „eine Perle", arbeitsam, unheimlich fleißig, immer zufrieden, die Rettung der Familie. Vater emotional schwer zu erreichen, erblindete, als Patient vier war, wodurch die Familie in tiefes Elend geriet.
Herr A D (45)	Familie durch Erkrankung des Vaters im 3. Lebensjahr des Patienten mit folgender chronischer Erkrankung und Besuchsverbot für den Patienten gestört. Auch vorher Eheprobleme durch ein außereheliches Kind des Vaters. Mutter ab 3. Lebensjahr des Patienten berufstätig, das „Ideal einer Frau", bis heute sein Vorbild. An den Vater keine Erinnerung; er gilt als ein „Schwein".
Frau A E (26)	Familienverhältnisse geordnet. Mutter stets verfügbar, aber viel jünger als der Vater, ihm hoffnungslos unterlegen und menschlich unbedeutend. Vater sehr tüchtig, geachtet, angesehen, gerecht, stolz etc., aber überlegen, ironisch, nimmt sie nicht ernst.
Frau A F (29)	Familienverhältnisse geordnet. Mutter in den ersten zwei Lebensjahren der Patientin berufstätig, später häufig krank. Wird als menschlich unbedeutend und allenfalls negativ charakterisiert. Vater „Kavalier der alten Schule", streng, herrisch, bestimmt, ihr Vorbild für alle Männer.
Frau A G (32)	Familienverhältnisse äußerlich geordnet. Mutter war nur am Wochenende daheim. Betreuung erfolgte durch wechselnde Pflegepersonen. Mutter wird nur negativ charakterisiert. Vater ein arbeitsamer, stets untadeliger, vorbildlicher Mann, für sie aber streng und unnahbar.
Frau A H (23)	Familienverhältnisse äußerlich geordnet. Mutter stets berufstätig. Vom 2. bis 4. Lebensjahr Betreuung durch Pflegeeltern. Die Mutter wird als relativ irrelevant für ihr Leben geschildert, da sie meist nicht da war. Vater streng, brutal, unerreichbar, trotz Kampfes um intellektuelle Überlegenheit bewundert, weil unangreifbar.
Frau A I (46)	Familienverhältnisse äußerlich geordnet. Mutter bis zum 6. Lebensjahr der Patientin berufstätig, auch später als unzuverlässig erlebt. Vater erfolgreicher, gut aussehender, aber rücksichtsloser

Tab. 7a: *Lebensumstände der frühen Kindheit bei den Patienten der Gruppe A*

Patienten	Lebensumstände der frühen Kindheit
	und eine Sonderstellung für sich beanspruchender Mann, den sie ebenso bekämpft wie bewundert und beneidet.
Frl. A J (11)	Familienverhältnisse äußerlich geordnet. Mutter ab 3. Lebensjahr der Patientin berufstätig, als unzuverlässig empfunden. Vater bewunderter, aber unerreichbarer „Herr des Hauses".
Frl. A K (43)	Familienverhältnisse äußerlich geordnet. Mutter ständig krank, droht „schon immer" mit baldigem Herztod. Verächtlich: „Ein Wunder, daß sie noch lebt." Vater fleißig, tüchtig, früher ein Verbündeter, der sie jetzt leider im Stich läßt.
Frau A L (37)	Familienverhältnisse äußerlich geordnet. Mutter stets mit in der Landwirtschaft des Vaters tätig, eine selbstunsichere, kränkliche, überängstliche Frau. Vater Respektsperson, den die Patientin als 43jährige Frau noch ebenso fürchtet wie bewundert.
Frau A M (38)	Familienverhältnisse durch Kriegsdienst des Vaters in den ersten sechs Jahren gestört. Mutter stets berufstätig. Betreuung durch Großeltern. Mutter wie Großmutter als nicht vertrauenswürdig erlebt. Vater wie Großvater kraftvoll, tüchtig, handgreiflich strafend, dafür bewundert und bekämpft.
Frau A N (8)	Familienverhältnisse äußerlich geordnet. Mutter schon zur Zeit der Geburt am Parkinson-Syndrom erkrankt, das sich stetig verschlimmerte. Mit ihr nie gut verstanden, fühlte sich gegenüber Bruder zurückgesetzt. Ab 14 übernahm Patientin die Haushaltsführung. „Mutter war unser drittes Kind." Vater wird noch heute idealisiert und gefürchtet. Er habe stets zu ihr gehalten.
Herr A O (34)	Familienverhältnisse äußerlich geordnet. Mutter „ruhig, bescheiden, arbeitsam, eine richtige Duldernatur". (Von der älteren Schwester weiß Patient aber, daß Mutter ihn als Säugling „sehr lange abgelehnt" hat.) Bis heute wird die Mutter von allen bewundert. Trotz der fünf Kinder ging sie noch arbeiten. Vater, Bergarbeiter, ein stiller, wortkarger Mann, der in der Familie keine große Rolle spielte.
Herr A P (20)	Familienverhältnisse äußerlich geordnet bis zum 7. Lebensjahr. Da verließ der Vater die Familie (Mutter und vier Kinder). Seitdem ist er verschollen. Mutter dagegen hat ihr Leben für die Familie aufgeopfert. Sie ging zu anderen Leuten Wäsche waschen, um die Familie erhalten zu können.
Herr A Q (41)	Familienverhältnisse äußerlich geordnet. Mutter eine „arbeitsame, bescheidene, sparsame Frau", zu der er sich heute noch stark hingezogen fühlt. Vater brutal, „konnte schlagen, daß man von einer Wand zur anderen flog". Mutter mußte ausgleichen.

Patienten	Auffälligkeiten in der Entwicklung
Herr A A (4)	Bis sieben gestottert; Nägelknabbern, sich oft allein gefühlt; seit acht Jahren Schlafstörungen, Erschöpfung, Nachlassen der Potenz, häufige diffuse Kopfschmerzen, gelegentlich Ohnmachtsanfälle.
Herr A B (40)	Als Kind ausgeprägte weibliche Interessen, später Alkoholmißbrauch. Nach einer Entziehungskur seit zwei Jahren angeblich abstinent. Seitdem „nervös", organisch unerklärliche Herzbeschwerden, Schlafstörungen, motorische Unruhe.
Herr A C (28)	(Soweit aus den idealisierenden und pauschalen Aussagen zu entnehmen:) Extrem ehrgeizig; ungenaue Angaben über erheblichen Alkoholkonsum seit vielen Jahren.
Herr A D (45)	Als Kind Phobien, motorische Unruhe, pedantisch, eigensinnig, mißtrauisch; später außerordentlich eifersüchtig.
Frau A E (26)	Als Kind angeblich keine Störungen. Seit vielen Jahren oft erschöpft, frigide.
Frau A F (29)	Stottern bis 11. Lebensjahr; zur Zeit oft „Herzkrämpfe" und Kloßgefühl im Hals ohne organische Befunde.
Frau A G (32)	Kindheit angeblich unauffällig; seit vielen Jahren Kreislaufstörungen, Schlafstörungen und „Nervenzusammenbrüche" mit Herzschmerzen und Angst bei Aufregungen.
Frau A H (23)	Als Kleinkind heftige Trotzreaktionen, Kontaktstörungen, Phobien, motorische Unruhe, Nägelknabbern, zeitweilig Schwindeln, Streunen, kleine Diebstähle; seit 12. Lebensjahr häufig Kopfschmerzen, Schwindelgefühl, Schwächezustände, Schlafstörungen, innere Unruhe.
Frau A I (46)	Als Kleinkind häufig Magenschmerzen, Schwierigkeit mit dem Essen, sehr trotzig, Enuresis bis vier, Kontaktschwierigkeiten; bis 17 wollte sie leidenschaftlich gern ein Junge sein; zwei Tage nach der Hochzeit begannen für vier Monate Kopfschmerzen, Übelkeit und Bauchschmerzen ungeklärter Ätiologie.
Frl. A J (11)	„Schon immer" Neigung zu heftigem Trotz; in den letzten Jahren starke Eifersucht.
Frl. A K (43)	Als Kleinkind schlechter Esser, später betont brav, phobische Ängste; seit acht Jahren häufig Kopfschmerzen, Rückenschmerzen, Dysmenorrhöen, öfter Herzschmerzen ohne organische Befunde.
Frau A L (37)	Kindheit angeblich unauffällig; im Anschluß an russische Gefangenschaft eine Depression, später häufig Kopfschmerzen, Kreislaufstörungen, Engegefühl und Übelkeit sowie Erbrechen bei Aufregung.

Patienten	Auffälligkeiten in der Entwicklung
Frau A M (38)	Als Kind Phobien, Kontaktstörungen. Seit 15. Lebensjahr häufig Kopfschmerzen, innere Unruhe; vor zwei Jahren einige Monate lang mehrmals täglich Erbrechen ohne erkennbare Ursache.
Frau A N (8)	„Schon immer" Kontaktstörungen; nach dem zweiten Kind Adipositas.
Herr A O (34)	„Schon immer" betont friedfertig; seit dem Tod seines Sohnes durch Unfall vor 16 Jahren „kein Tag ohne Kopfschmerzen".
Herr A P (20)	Als Kind „Erziehungsschwierigkeiten", mindestens einmal Gefängnis, Magenulcera.
Herr A Q (41)	Schon als Kind „leichte Haut" in bezug auf Geldausgeben, Schuldenmachen, periodisches Hochstapeln; seit einem Jahr gelegentlich „Herzstechen".

Tab. 7b: *Auffälligkeiten in der Entwicklung der Patienten der Gruppe A, soweit sie spontan oder auf Fragen angegeben werden (keine Außenanamnese)*

4.1.2.4. *Deutung*

Die Übersicht über die ganze Gruppe A dürfte deutlich gemacht haben, daß alle Patienten eine gemeinsame narzißtische Problematik verbindet, nämlich die *Verunsicherung in ihrer psychosexuellen Identität.* Diese läßt sich in der Regel bis in die frühe Kindheit zurückverfolgen. Soweit das aus der geringen Zahl der Fälle, die allerdings bezüglich der Lebensumstände in der frühen Kindheit eine hohe Übereinstimmung aufweisen, zu schließen ist, scheint von maßgeblicher Bedeutung zu sein, daß erstens die Mutter in den frühen Kinderjahren zwar vorhanden, aber kaum verfügbar war und daß zweitens die für die normale Geschlechtsentwicklung notwendige Identifizierung mit dem gleichgeschlechtlichen Elternteil nicht möglich war. Wie das eine mit dem anderen zusammenhängt, bleibt offen. Es liegt nahe, eine narzißtische Verunsicherung schon für die präödipale Zeit anzunehmen, die die Fehllösung des Ödipuskonflikts vorbereitete und mitbedingte.

Kompensiert wurde der narzißtische Defekt durch eine Partnerwahl, die geeignet schien, den Defekt substituieren zu können. Die Partner werden ja stets als Menschen beschrieben, die nicht als eigenständige Persönlichkeiten hochgeschätzt werden, sondern zur Aufrechterhaltung der eigenen narzißtischen Sicherheit dienen bzw. dienten. Zunächst wurden die Partner idealisiert, später entwertet, obwohl sich der Kampf um die Idealisierung oft lange Zeit fortsetzte. Auch als entwertete Partner haben sie narzißtische Funktion, etwa nach der Formel: Wenn sie nicht so sind, wie ich sein möchte, sind sie zumindest nichts Besseres als ich. Jedenfalls bedeutet die Entwertung noch nicht realistische Einschätzung; vielmehr scheinen Idealisierung und Entwertung analog den positiven und negativen Größenphantasien der Patienten zu verlaufen.

Zu einem Zusammenbruch des narzißtischen Gleichgewichts und zu den Suizidversuchen kam es regelmäßig dann, wenn der latente narzißtische Konflikt durch brüske Konfrontation mit der Realität des Partners nicht mehr kompensiert werden konnte.

4.2. Gruppe B

4.2.1. Frau B A

4.2.1.1. *Selbstbild und Ich-Ideal*

Die 36jährige Frau B A ist eine etwas füllige Erscheinung. Ihr Gesicht wirkt wenig differenziert, Frisur und Kleidung haben etwas Braves, Biederes. Bei den ersten Gesprächen kann sie vor Heulen kaum sprechen. Später bleibt sie passiv, abwartend, wenig kooperativ, so daß viele Angaben blaß und ungenau, viele Fragen auch nach sieben Gesprächen offenbleiben. In einer Mischung aus Protest und Resignation beschreibt sie sich als jemanden, der seit zwanzig Jahren gegängelt und beaufsichtigt wird: «Nie durfte ich tun, was ich wollte. Seit zwanzig Jahren hat man mich nicht einen Tag alleine gelassen.» Ihr Mann verfolge sie mit ständiger Eifersucht, ihre Mutter mische sich in alles hinein. Nun habe sie sich endlich einmal frei gemacht. Sie sei fortgegangen von zu Hause und werde auch nicht zurückkehren.

Sorge mache ihr allerdings der Zustand ihres Mannes. Sie habe ihm verboten, sie zu besuchen. Sie fürchtet, Mitleid mit ihm zu bekommen, wenn sie ihn sieht. Die Mutter hat berichtet, daß er nichts ißt, sehr schlecht aussieht und seinerseits von Selbstmord gesprochen hat.

Es sei schon furchtbar mit ihrem Mann. Er wollte sie gar nicht heiraten; sie hat ihn aber zur Ehe gezwungen, als sie, 16jährig, von ihm, damals 24 Jahre alt, schwanger war. Er könne auch sehr liebenswert sein und hänge sehr an ihr; ohne sie sei er sogar ganz hilflos. Er ist magenkrank, und wenn sie sieht, «wie er so daliegt, und so schlecht, wie er aussieht», kann sie es nicht übers Herz bringen, ihn zu verlassen. «Er verhungert ohne mich.» Leider aber trinkt er oft und viel. Dann gibt es rabiate Szenen. Treten, Schlagen, Würgen, Hinauswerfen und Aufforderungen, endgültig zu verschwinden, sind seit zwanzig Jahren üblich. Die sexuellen Beziehungen sind für beide Teile angeblich sehr unbefriedigend. Er erwartet von ihr die aktive Rolle oder Praktiken wie Analverkehr, die sie ablehnt. Sie fühlt sich erniedrigt und mißbraucht. Er erkläre ihr immer wieder, daß sie im Bett nichts tauge. Erschwerend kommt hinzu, daß ihre Mutter mit im gleichen Haus wohnt und sich ständig in die Ehe einmischt. «Sie hält mal zu mir, mal zu ihm.» Sie mahnt, drängt, droht und verlangt vor allem, daß sie unter allen Umständen bei ihrem Mann bleibe.

Zwei Wochen vor dem Suizidversuch gab es in einer Gaststätte wieder einmal eine Auseinandersetzung mit ihrem Mann. Dieser folgte ihr auf die Toilette und trat sie so, daß sie linksseitig voller blauer Flecke war. Darauf verließ sie das Lokal mit dem Plan, sich zu ertränken. Ein Freund der Familie, der – wie oft – den Abend mit ihr verbracht hatte, bemerkte das und folgte ihr. Es war ihr schon früher aufgefallen, daß sich dieser Mann für sie interessierte; er hatte immer wieder Annäherungsversuche gemacht. Sie habe intime Beziehungen zu ihm aber bislang abgelehnt. Als dieser Mann nun so fürsorglich auf sie einging, ließ sie sich überreden und verbrachte drei Tage mit ihm in einem Hotel. Dann trennte sie sich von ihm und nahm eine Stelle als Verkäuferin an. Sie wohnte weiter im Hotel und weigerte sich, nach Hause zurückzukehren.

Es dauerte nicht lange, da hatte die Mutter ihren Aufenthalt entdeckt. Sie kam nun täglich und drängte sie, zu ihrem Mann zurückzukehren. Ihr Mann selber erschien jedoch nicht. Er ließ sie nur wissen, daß er ihre Rückkehr erwarte. Schließlich ließ er ihr mitteilen, er gebe ihr noch einen Tag Bedenkzeit, dann werde er sie von der Polizei holen lassen. Auf dieses Ultimatum hin kaufte sie sich 30 Schlaftabletten und nahm sie in ihrem Hotelzimmer ein. «Ich wollte meine Ruhe, endlich schlafen, nichts als schlafen. Es war eigentlich ein schönes Gefühl, als ich die Tabletten eingenommen hatte (lächelt zum erstenmal). So als wenn ich mich zusammenkuschele und in einer Höhle läge.» An ihre Angehörigen habe sie dabei gar nicht gedacht.

Unerwartet tauchte ihre 19jährige Tochter auf. Sie entdeckte den Zustand der Patientin und veranlaßte die Einweisung ins Krankenhaus.

4.2.1.2. Zwischenmenschliche Beziehungen und Interaktion

Es dürfte bezeichnend für die Patientin sein, daß ihr Bild von sich selbst und von ihren Idealen nicht ohne ihre Beziehung zu nahestehenden Personen geschildert werden konnte. Zu ihren zwischenmenschlichen Beziehungen sei daher ergänzt, daß Frau B A ihren *Vater* im Krieg verloren hatte, als sie elf Jahre alt war. Nach ihren Erinnerungen war er ein stiller Mann, der (sie lacht höhnisch) zu Hause nicht viel zu sagen hatte. Spontan erwähnt sie ihn nie. Die *Mutter* dagegen spielte eine um so größere Rolle. Mindestens seit dem Tod des Vaters, also seit 25 Jahren, «stirbt sie». Das heißt, sie ist «ewig krank» und spricht immer wieder davon, daß sie nur noch eine Woche zu leben habe. Schuld an ihrer Krankheit und eine ständige Lebensgefahr seien die Aufregungen, die die Patientin verursache. Die Patientin ist aufgewachsen in der ständigen Angst um das Leben der Mutter. Heute wisse sie natürlich, daß die Mutter «die gesündeste von allen» ist. Da die Mutter im selben Hause wohnt, auch der Mann seine Werkstatt dort hat und die Patientin nie berufstätig war, lebt die Familie sehr eng miteinander. Von ihren beiden Kindern (19 und 17) spricht die Patientin kaum. Im letzten Gespräch erwähnt sie, daß sowohl die Tochter als auch deren Freund einen Suizidversuch hinter sich haben und daß ihre Mutter und ihr Ehemann häufig mit Suizid drohen.

Wie schon angedeutet, erwies sich die *Interaktion* mit der Patientin als sehr schwierig. Einerseits akzeptierte sie gefügig alle Anordnungen des Stationsarztes bezüglich Unterbringung in einem geschlossenen Raum, Fortdauer des stationären Aufenthaltes etc. wie auch die Wünsche des Referenten nach Information, Testuntersuchung und weiteren Gesprächen. Andererseits setzte sie allen Bemühungen teils latenten, teils offenen Widerstand entgegen.

Das erste Gespräch mußte der Referent abbrechen, da Frau B A vor Weinen nicht sprechen konnte. Das zweite Gespräch beendete sie mit dem Hinweis auf unerträgliche Kopfschmerzen. Der Referent hatte das Gefühl, hinauskomplimentiert zu werden. Beim psychodiagnostischen Test wurde die Zwiespältigkeit besonders deutlich: Frau B A ist sofort bereit, sich dem Test zu unterziehen. Bei der ersten Tafel sprudelt sie ihre Einfälle heraus; dann aber wird sie zurückhaltend und lächelt wissend-aggressiv. Es scheint ihr Vergnügen zu machen, zunehmend magerere Geschichten anzubieten und in die Geschichten Anzüglichkeiten einzubauen, die offensichtlich dem Referenten gelten. Sie spricht so rasch, daß der Referent sie bitten muß, langsamer zu reden, da er anderenfalls nicht mitschreiben könne. Sie wirft patzig Einfälle hin, die sie dann relativiert oder zurücknimmt. Der Referent hat große Mühe, seine Gereiztheit und Ungeduld zu beherrschen.

Soweit die Geschichten überhaupt auswertbar sind, sind sie gekennzeichnet durch ausschließlich aggressive Interaktion. Die Aggressivität ist aber nur selten ernsthaft bedrohend; vielmehr geht es um Streitigkeiten, Nörgeleien, Beschämtsein, Belauschtwerden, Angeklagt-, Ausgestoßen-, Ausgeschlossenwerden oder um Antipathie. Entgegen der Vereinbarung verläßt sie am Entlassungstag die Klinik, ehe der Referent noch einmal mit ihr sprechen konnte. Am Tage darauf ruft sie aber an und erklärt, sie sei an der Fortsetzung der Therapie interessiert und jederzeit bereit zu kommen. Sie erscheint dann mit einer Verspätung von 20 Minuten. Zur vereinbarten nächsten Stunde kommt sie gar nicht und läßt auch weiter nichts von sich hören.

Entsprechend diesem Schwanken zwischen klagendem Appell und trotziger Provokation schwankt auch der Referent zwischen Mitleid und Gereiztheit, Interesse und Ungeduld, Anteilnahme und wütender Ablehnung. Am Ende fühlte er sich eher erleichtert, diese unberechenbare Frau nicht weiter betreuen zu müssen. Wie zu erwarten, war sie doch heimgekehrt. Der Mann hatte versprochen, es werde alles anders. Aber schon nach dem ersten Tag war sie enttäuscht von ihm. Immerhin hatte sie sich entschlossen, ihre Berufstätigkeit beizubehalten, um sich einen gewissen Freiheitsraum zu bewahren.

4.2.1.3. *Biographischer Hintergrund*

Die Angaben zur Lebensgeschichte blieben vergleichsweise mager. Bei der mangelhaften Kooperation erfuhr der Referent fast nur Daten, die er direkt erfragte, und auch diese wenig detailliert. Die Lückenhaftigkeit ihrer Angaben zeigt sich z. B. an der Tatsache, daß die verschiedenen Suizidversuche in der Familie (s. u.) erst im letzten der sieben Gespräche überhaupt erwähnt wurden.

Immerhin ist erwähnenswert, daß die Patientin einziges Kind eines Arbeiters ist und schon als Säugling und Kleinkind «Schwierigkeiten mit dem Essen» gemacht hat. Als Kleinkind litt sie an unerklärlichen Ängsten. Bis zum 6. Lebensjahr lutschte sie am Daumen. Ernstliche Krankheiten hat sie nie gehabt; seit vielen Jahren kennt sie aber «Kreislaufstörungen», die ärztlicherseits nie erklärt werden konnten. Sie besuchte die Schule bis zur mittleren Reife. Unmittelbar darauf heiratete sie im Alter von 16 Jahren. Ihre Ehe wurde schon geschildert.

Den *Ehemann* lernte der Referent nach der Entlassung der Patientin aus der Klinik persönlich kennen. Er war ein 44jähriger schlanker, pseudoelegant wirkender Mann. Seinem äußeren Eindruck entsprach sein Auftreten. Seine offensichtliche Unsicherheit überspielte er mit gewollter Überlegenheit. Mit lässiger Höflichkeit wies er erstaunt alle Angaben seiner Frau über Spannungen in der Ehe zurück, betonte wiederholt, daß er niemals seine Frau geschlagen habe und seine Frau und er sich sehr gut verstünden. Er hatte keine Erklärung für den Suizidversuch oder für die Weigerung seiner Frau, wieder heimzukommen. Er sei gekommen, um sein Befremden zu äußern über die fahrlässige Art der Ärzte, seine Frau in Lebensgefahr zu bringen. Auf das Erstaunen des Referenten erklärt er den Freund der Familie für einen unberechenbaren Mann, der in der Lage sei, seine Frau umzubringen, und diesem habe man erlaubt, sie zu besuchen. Er erwäge Anzeige gegen diesen Freund.

Es gelingt nicht, zu einem sachlichen Gespräch zu kommen. Die Unterredung endet formell höflich, aber völlig unergiebig.

4.2.1.4. Deutung

Hört man die Patientin, so ist sie das Spielzeug ihres Mannes, der völlig willkürlich, ja grob erniedrigend mit ihr umgeht; sie scheint ihm seit zwanzig Jahren hilflos ausgeliefert zu sein. Er behandelt sie wie seinen Besitz, ohne die geringste Rücksicht auf ihre persönlichen Bedürfnisse zu nehmen. Er setzt das fort, was Frau B A von ihrer Mutter kennt, nämlich eine Versklavung mittels rigorosem moralischem und physischem Druck. So gesehen wären die Flucht aus der Ehe und der Selbstmordversuch die Befreiungstat eines armen, gequälten Opfers, wie es Frau B A auch darstellt.

Erlebt man die Patientin, so entsteht ein ganz anderer Eindruck. Das arme Opfer ist nämlich sehr wehrhaft. Vor allem in der Interaktion mit dem Referenten entpuppt sich Frau B A als überraschend eigenwillig. Sei es durch verstecktes Hinhalten, sei es durch offene Herausforderung, bringt sie den Referenten immer wieder in Situationen, in denen er das «Spielzeug» ist. Sie verfügt willkürlich über seine Zeit, spricht, wann sie will, und teilt mit, was ihr paßt. Ein Gespräch mit der Mutter verhindert sie. Ihren Mann hat sie offenbar so informiert, daß er, wie beschrieben, voller Entrüstung gegenüber den Ärzten und strikt ablehnend gegenüber dem Referenten blieb.

So erfährt man nicht, wie die anderen Personen ihrer Umgebung, insbesondere Ehemann und Mutter, sie erleben. Immerhin gibt es einige Daten, die nicht in das Bild vom armen Opfer passen: Sie zwingt ihren Mann, sie zu heiraten. Sie flirtet mit dem Freund der Familie und macht ihren Mann immer wieder rasend eifersüchtig. Sie hat das Leben ihres kranken Mannes in der Hand. Er scheint extrem an sie gebunden zu sein, er droht selber mit Selbstmord. Auch die Mutter, die einerseits so dominierend geschildert wird, scheint von ihr abhängig zu sein. Sie ist kränklich, und lange Zeit hat die Patientin geglaubt, das Leben der Mutter hänge wirklich von ihrem Verhalten ab. Wie ihr Verhalten war, läßt sich nur mutmaßen. Sicher war die Beziehung des einzigen Kindes zur Mutter nach dem Tod des Vaters durch die Todesdrohungen der Mutter sehr belastet; andererseits hat die Patientin viele Jahre lang in dem Bewußtsein gelebt, eine lebensbedrohende Macht über die Mutter zu haben.

Am Ende fragt man sich, wer eigentlich die Katze und wer die Maus ist. Da es keinen Grund gibt, die Angaben von Frau B A über ihren Mann zu bezweifeln (der Ehemann leugnet ja offenkundig), legt sich die Vermutung nahe, daß zwischen ihr und ihm (und auf anderer Ebene auch zwischen ihr und der Mutter) eine *sadomasochistische Beziehung* besteht, bei der die *Rollenverteilung kaum auseinanderzuhalten* ist.

Das «Liebesleben» von Frau B A spielt sich auf zwei Ebenen ab. Da ist einmal eine offenbar recht tragfähige Beziehung, die in gegenseitiger Fürsorglichkeit besteht und die beiden Partnern ein hohes Maß an Zusammengehörigkeit, ja infantiler Abhängigkeit bietet, eine Art Mutter- (bzw. Vater-)Kind-Beziehung, eine «orale» Gemeinschaft. Frau B A schildert ihren Mann als magenkrank, hilflos, pflegebedürftig, Mitleid erregend. Ist sie nicht da, ißt er nicht, sieht schlecht aus, droht zu verzweifeln, ja «er verhungert ohne mich». Umgekehrt läßt sich Frau B A seit zwanzig Jahren und vermutlich länger wie ein hilfloses Wesen behandeln, das ständiger Anleitung, Kontrolle, Beaufsichtigung, Ermahnung bedarf. Von seiner Hilflosigkeit wird sie so angerührt, daß sie ihn letztlich nicht verlassen kann. Auch in der Interaktion mit der Mutter gibt es eine solche Ebene. In der Interaktion mit dem Referenten wechselt Frau B A zwischen Appell um Hilfe und kokett provozierendem Verhalten. Trifft sie sich mit ihrem Partner auf dieser Ebene, scheint sie sehr glücklich sein zu können. Hier können die Konflikte jedenfalls immer wieder aufgefangen werden.

Sobald es aber um die Partnerbeziehung, speziell um die Beziehung zwischen Mann und Frau geht, tauchen Konflikte auf, die in der beschriebenen sadomasochistischen Weise agiert werden. Auch dieses Agieren führt noch nicht zu einer ernsthaften Gefährdung der Beziehung, eher im Gegenteil: Jeder quält den anderen, aber schon seit zwanzig Jahren. Jeder hängt am anderen und kann ihn nicht lassen. Jeder hält den anderen nicht nur für ein Stück Dreck, sondern auch für einmalig und unverzichtbar. Jeder weiß von sich, daß er sich schäbig verhält, er weiß aber auch, daß er für den anderen von vitaler Wichtigkeit ist. Bei aller Brüskierung bleibt ja bestehen, daß Frau B A von ihrem Mann unbedingt begehrt wird und daß sie trotz aller wiederkehrender Fluchtpläne seit 20 Jahren an ihm festhält.

So liegt in dem Verhältnis nicht nur eine Verklammerung von Triebbedürfnissen (die hier entsprechend der Fragestellung nicht näher diskutiert werden sollen), sondern auch eine partielle Vermischung von Selbst- und Objektrepräsentanzen und ein Oszillieren zwischen Größen- und Kleinheitsphantasien, zwischen Macht- und Ohnmachterlebnissen, zwischen Überlegenheits- und Unterlegenheitsgefühlen, wie sie für *narzißtische Objektbeziehungen* typisch sind. Auch in der masochistischen Erniedrigung oder im sadistischen Machtrausch bleibt eine intensive, partiell identifizierende Gemeinsamkeit beider Partner erhalten, die bekanntlich vom Masochisten als Auszeichnung bzw. Auserwählung empfunden wird. Der Sadist lebt in einer «mystischen Union» mit seinem Opfer und umgekehrt (FENICHEL 1945). Der Sadist, der so sehr seine Unabhängigkeit betont, verleugnet seine tiefe Abhängigkeit von seinem Opfer. Der Sadist muß sich

Macht, Größe, Kraft, Potenz, Wert beweisen, weil er diese Eigenschaften selbst bezweifelt, der Masochist partizipiert an diesem Erleben des sadistischen Partners (a. a. O., S. 356). Er braucht das, weil er sich in gleicher Weise verunsichert fühlt und diese Verunsicherung durch die partiell identifizierende Beziehung mit dem Partner ausgleichen kann.

Wie sind solche Beziehungen nun zu gefährden? Konkret: Was hat bei dieser an Rücksichtslosigkeit gewöhnten Frau zum Suizidversuch geführt? War die Suizidhandlung nur ein Akt der Rache, eine Waffe im Ehekrieg ohne ernsthaften Selbsttötungsimpuls? Was Frau B A an Fakten und Affekten bietet, spricht dagegen. Bewußt war ihr das Motiv, sich der ewigen Quälerei endlich zu entziehen. Aber was war das Moment, das nach 20 Jahren erstmals ihre Toleranzgrenze überstieg? Sie selber schildert es so: Seit 20 Jahren sei sie wie ein Kind gegängelt und beaufsichtigt worden, und nun habe sie sich endlich frei gemacht. Nach allem, was über sie bekannt ist, stimmt das zwar; aber es stimmt ebenso, daß sie die infantilisierende Behandlung auch genossen hat. Wie eng die Bindung an den geschmähten Mann ist, geht auch daraus hervor, daß sie mehrere Nächte mit einem als sehr liebenswürdig und rücksichtsvoll geschilderten Geliebten verbracht, dieses Erlebnis aber kaum Eindruck auf sie gemacht hat. Ihre Gedanken drehen sich nur um ihren Mann.

Die Tritte auf der Toilette, besonders aber das Ultimatum des Mannes und die Drohung, sie mit der Polizei holen zu lassen, scheinen eine ernsthafte Selbsttötungsabsicht hervorgerufen zu haben. Während sie im Hotel wohnte, erschien ihr Mann auch nicht. Er verhandelte mit ihr lediglich über die Mutter. Zwar hatte sie ihm verbal untersagt, sie zu besuchen; aber ihre Erläuterungen dazu (sie habe Angst, Mitleid mit ihm zu bekommen etc.) und die Art, wie sie das schildert, sprechen für ihre Erwartung, daß er doch käme. Als das nicht eintrat, scheint ein entscheidender Faktor der Beziehung verlorengegangen zu sein. Fenichel (1945) beschreibt, daß zu einer sadomasochistischen Beziehung der Charakter des Spielerischen, des nicht ganz Ernsten ghört. Der Sadist – soweit es sich um eine dauerhafte Beziehung handelt – darf den Partner nicht ernstlich verletzen oder gar töten, weil sonst die «mystische Union» mit dem masochistischen Partner zerstört würde. Umgekehrt hört für den masochistischen Partner die Identifizierungsmöglichkeit mit dem sadistischen Partner dann auf, wenn er physisch oder moralisch zu sehr verletzt wird.

So ist anzunehmen, daß das Verhalten des Ehemannes bei Frau B A das Gefühl, gebraucht und begehrt zu werden, das Gefühl, wichtig zu sein für diesen Mann, die Gewißheit, unbedingt zu ihm zu gehören und an seiner Überlegenheit identifizierend teilnehmen zu können, erschütterte und damit die narzißtische Qualität der Beziehung zerstörte. Nun erlebt sie sich als weggeworfen, zum unmündigen Kind gestempelt, das nicht Partnerin, sondern klein, rechtlos, unbedeutend ist. Das dürfte der maßgebliche Faktor sein, der den Anstoß zum Suizidversuch gab.

Die zum Selbstmordversuch führende Problematik von Frau B A läßt sich *zusammenfassend* nicht ausreichend erklären mit der Darstellung, die Frau B A selber gibt und die in ihrem bewußten Erleben vorgeherrscht haben mag. Sie schildert sich als das arme Opfer eines rücksichtslosen Wüterichs, dem nichts anderes übrigblieb als die Flucht in den Suizid. In ihrem Verhalten und in den Daten zur Lebensgeschichte zeigt sich vielmehr, daß die Verhältnisse komplizierter lagen. Sowohl zwischen ihr und ihrem Mann wie auch früher und zum Teil heute noch zwischen ihr und ihrer Mutter besteht eine sadomasochistische Beziehung, in der sie in ihrem bewußten Erleben zwar das Opfer ist, in der tatsächlich aber eine innige Verflechtung von Sadismus und Masochismus auf beiden Seiten und eine intensive Abhängigkeit beider Partner im Selbsterleben besteht. Beide Partner quälen sich, beide können nicht voneinander lassen. Beide Partner erniedrigen sich, beide idealisieren sich aber auch gegenseitig zu lebensbedingender Bedeutung.

Die enge Bindung erklärt sich nicht nur durch den Gewinn an Triebbefriedigung und durch die Gemeinsamkeit im Sorgen und Versorgtwerden. Vielmehr liegt eine narzißtische Identifikation derart vor, daß das Selbstgefühl des einen abhängig ist von dem Gefühl der bedingungslosen Anhänglichkeit des anderen. Solange ihr Mann trotz allem zu ihr hält, sie eifersüchtig bewacht und bedingungslos von ihr verlangt, daß sie zu ihm gehört («Er redet oft nicht mit mir; er will nur, daß ich da bin»), kann sie sich hochgeschätzt fühlen und sich mit ihm identifizieren. Die *Verunsicherung in ihrer Identität als vollwertiger Partner* wird dadurch aufgehoben. In dem Moment, als ihr Mann ihr gegenüber Gleichgültigkeit an den Tag legt, bricht diese Selbstsicherheit zusammen.

4.2.2. Übersicht über die ganze Gruppe B

Eine ähnliche Problematik und ähnliche psychische Konstellationen wie bei Frau B A finden sich bei sieben weiteren Suizidpatienten. Es handelt sich also außer um

die 36jährige Frau B A (3)

um

die 30jährige Frau B B (7),
die 29jährige Frau B C (15),
die 30jährige Frau B D (22),
das 20jährige Fräulein B E (49),
das 19jährige Fräulein B F (47),
das 26jährige Fräulein B G (17),
den 29jährigen Herrn B H (16).

4.2.2.1. Selbstbild und Ich-Ideal
Die 30jährige *Frau B B* schildert sich als das wehrlose Opfer eines rücksichtslosen Mannes, dessen aggressiver und sexueller Zudringlichkeit sie machtlos gegenüberstehe. Dennoch hält sie seit acht Jahren zu ihm, was sie selber kaum versteht. Ihre Darstellung wirkt resigniert; doch scheint die Resignation mitunter unecht. Sie ist zu pathetisch und öfter von einem eher triumphierenden Lächeln begleitet. Ein echtes Gefühl der Ratlosigkeit ist allerdings dann zu spüren, wenn die Patientin von ihrer Frigidität spricht. Wiederholt nimmt sie dieses Thema auf. Sie wisse nicht recht, wovon andere Frauen eigentlich reden. Sie fürchtet, keine richtige Frau zu sein.

Seit einiger Zeit hat sie Scheidungspläne. Dennoch hat sie eine Woche vor dem Suizidversuch ihren Mann betrogen und eine Nacht mit einem Kollegen verbracht, mit dem sie schon längere Zeit geflirtet hatte, an dem ihr aber nichts lag und liegt. Es war ihr auch klar, daß sie ihrem Mann damit ein gewichtiges Argument lieferte. Sie hielt die Affäre nicht einmal geheim. Der Forderung ihres Mannes, sofort ihre Arbeitsstelle zu wechseln, um mit diesem Mann nicht mehr zusammenzutreffen, hat sie sich willig gefügt. Gekränkt habe sie lediglich, daß der Mann seine Wut ausschließlich gegen den Rivalen richtete, ihre eigene Rolle dagegen übersah. («Er sieht gar nicht, daß ich doch auch schuld bin.») Auf die Kränkung hin ging sie tatsächlich zum Scheidungsanwalt und teilte das ihrem Mann abends mit. Der wurde furchtbar wütend und erklärte, eine Scheidung komme überhaupt nicht in Frage, und einen Scheidungsprozeß werde er jahrelang zu verzögern wissen. Da habe sie sich so ohnmächtig gefühlt, daß sie wahllos ca. 30 Tabletten einnahm. Später, als ihr furchtbar übel wurde, schickte sie ein Kind zur Nachbarin, damit diese Hilfe hole.

Die 28jährige *Frau B C* fühlt sich ihrem brutalen Mann seit ihrer Eheschließung vor sieben Jahren hoffnungslos ausgeliefert. Sie ist ratlos in ihrer Situation und hat schon öfter mit Selbstmord gedroht. Einmal hat sie auch zehn Schlaftabletten genommen, die Vergiftung aber ausgeschlafen. Ein zentrales Problem ist für sie, daß ihr Mann täglich bis zu mehrmals Geschlechtsverkehr fordert und erzwingt, bei dem sie nur Schmerzen empfindet. Sie habe auch oft an Scheidung gedacht, aber lange Zeit nicht Ernst gemacht. Nachdem sie vor einigen Monaten die Scheidung beantragt hatte, hat sie sich doch von ihrem Mann verführen lassen. Sie schildert das als erzwungenen Verkehr, was ihr Mann bestreitet; er sieht in ihm triumphierend eine Versöhnung. Das kränkte sie so, daß sie 40 Schlaftabletten einnahm; kurze Zeit später wurde sie von dem heimkehrenden Mann gefunden.

Die 30jährige *Frau B D* fühlt sich überall zurückgestoßen. Sie sucht Verständnis und Zärtlichkeit, findet aber, wohin sie kommt, nur Rücksichtslosigkeit und Brutalität. Seit acht Jahren ist sie mit einem Mann verheiratet, mit dem sie sich zeitweilig recht gut versteht, der sie aber durch Jähzornsanfälle, Schlagen, Beleidigungen und nächtelange eifersüchtige Inquisitionen quält. Zudem sei er pervers. Er zwinge sie zum Geschlechtsverkehr mit anderen Männern, gucke zu oder lasse sich hinterher alles erzählen. Widerwillig habe sie zugestimmt. Auf diese Weise lernte sie einen Mann kennen, der sehr zärtlich und rücksichtsvoll zu ihr sei und ihr angeboten habe, ihn zu heiraten. Auf Nachfragen kennt Frau B D nicht einmal den Hausnamen und irgendwelche persönliche Daten dieses Mannes. Sie verleugnet das Verhältnis gegenüber ihrem Mann auch nicht. Als dieser drohte, rächte sie sich damit, daß sie Vorgesetzten ihres Mannes von den Perversionen berichtete, was empfindliche Nachteile für ihn hatte.

Eines Tages entdeckte der Mann, daß sie wieder einmal bei dem Freund gewesen war. Er reagierte mit einem furchtbaren Jähzornsanfall, wollte aber unmittelbar danach mit ihr Verkehr haben. Das fand sie so beleidigend, daß sie 16 Schlaftabletten einnahm.

Das 20jährige *Fräulein B E* hat seit zwei Jahren ein Verhältnis mit ihrem verheirateten Chef. Dieser hat aber auch sexuelle Beziehungen zu weiteren Frauen, sogar wenn er sie im Nebenzimmer weiß. Er schlägt und beleidigt sie; dennoch kann sie sich nicht von ihm trennen. Ihr ganzes Sinnen und Trachten geht vielmehr dahin, Mittel und Wege zu finden, den Geliebten fester an sich zu binden. Ein zentrales Problem ist, daß sie sich in erotischer Beziehung anderen Frauen gegenüber unerfahren und unterlegen fühlt. Daß sich ihr Chef dennoch immer wieder ihr zuwendet, empfindet sie trotz allem als Auszeichnung.

Den Selbstmordversuch unternahm sie, als der Chef sie telefonisch zu sich bat, der Vater ihr aber untersagte, das Haus zu verlassen. Er schloß sie einfach ein. Da fühlte sie sich so sehr als Kind behandelt, daß sie sich im Bad ihre Pulsadern öffnete.

Das 19jährige *Fräulein B F* schwankt zwischen der Sorge, kein richtiges Mädchen zu sein, und der Sorge, Männern sklavisch verfallen zu können. Sie fühlt sich deswegen seit Jahren minderwertig, ja krank. Sie ist froh, einen Freund zu haben, der anhänglich und hilfsbereit, aber auch rücksichtslos fordernd und moralisch rigoros ist. Andererseits fühlt sie sich von ihm stark frustriert. Trotz intimer Zärtlichkeiten lehnt er voreheliche sexuelle Beziehungen mit Entrüstung ab. In einer solchen Verfassung ließ sie sich eines Tages von einem fremden Mann, einer Zufallsbekanntschaft, verführen. Am Abend machte sie ihrem Freund zunächst Andeutungen und erzählte ihm schließlich das Vorgefallene haarklein. Der Freund zeigte sich nicht nur schóckiert, er rief auch ihren Vater an und machte ihm Mitteilung. Als der Vater dann noch äußerte, ihm wäre lieber, seine Tochter hätte einen Mord begangen als so etwas, zog sich die Patientin zurück und schluckte 16 Tabletten. Die Mutter bemerkte, was geschehen war, als sie eine Tablette auf dem Fußboden fand.

Das 26jährige *Fräulein B G* fühlt sich trotz ihres Alters und ihrer akademischen Ausbildung nicht in der Lage und berechtigt, ihr Leben selber in die Hand zu nehmen. Sie fühlt sich als Kind ihrer Eltern verpflichtet, deren

Erwartungen und strengen moralischen und persönlichen Forderungen nachzukommen; denn sie sei an sich «wahrscheinlich anlagemäßig dumm, faul, schlecht und minderwertig». Es verlockt sie zwar, die «Welt» kennenzulernen; doch fürchtet sie, daß diese ein Sumpf ist, der sie verschlingt. Vor einem Jahr lernte sie einen um 20 Jahre älteren Mann «mit Vorleben» kennen, der sie «nach allen Regeln der Kunst eingefangen» habe. Von ihm ließ sie sich deflorieren, obwohl sie bald bemerkte, wie unseriös er war und daß er «nur ein Spielchen mit ihr trieb». Sie hielt an ihm fest, nahm alle seine Rücksichtslosigkeiten hin. «Ich gab es mir einfach nicht zu.» Als dann der Mann eines Tages verschwand, «kam ich mir wie eine Vierzehnjährige vor». Im Hause ihrer Eltern nahm sie 60 Tabletten.

Der einzige Mann dieser Gruppe, der 29jährige *Herr B H*, ist seit seinem 15. Lebensjahr manifest homosexuell. Mit dieser Tatsache hat er sich resignierend abgefunden, empfindet sich aber ohnehin als einen unglücklichen, ratlosen, getriebenen Menschen, den man noch dazu nicht in Ruhe läßt. Er kann das, was er positiv leistet, nicht schätzen. Er empfindet sich als großes Kind, das sich von seiner Mutter und dem ihn bevormundenden Freund nicht lösen kann. Zynisch meint er, die Mutter habe ihn ja auch als Mädchen gewünscht und erzogen.

Seit drei Jahren hat er eine Freundschaft mit einem etwas älteren, ebenfalls homosexuellen Mann. Ursprünglich hat er sich mit ihm sehr gut verstanden. Seit langem könne er ihn aber nicht mehr ertragen; der Freund aber läßt ihn nicht los. Er hat sich mit der Mutter von Herrn B H verbündet und hält sich für berechtigt, ihn zu reglementieren, zu beaufsichtigen, eifersüchtig zu beobachten und zu quälen. Durch keine Brüskierung sei der Freund abzuschütteln.

Eines Abends hatte er einen neuen homosexuellen Bekannten mit auf sein Zimmer genommen. Der Freund, der im Nebenzimmer wohnte und das hörte, erschien und drohte, «den Kleinen totzuschlagen». Dieser bekam Angst und ging. Als auch der Freund gegangen war, überfiel Herrn B H eine solche Enttäuschung und Wut über diese Bevormundung, daß er 16 Tabletten einnahm. Später habe er noch die Toilette aufgesucht und sei dabei getaumelt. Der Freund hörte den Lärm und entdeckte seine Vergiftung.

Zusammenfassend läßt sich sagen, daß das Selbstbild der Patienten der Gruppe B geprägt ist von dem Gefühl bzw. der Vorstellung, *als Partner nicht vollwertig*, nicht reif, noch ein Kind, unerfahren, schwach, machtlos, ausgeliefert, abhängig zu sein. Soweit sexuelle Probleme eingehen, werden diese als Zeichen der Unterlegenheit gewertet. Diese Unsicherheit wird längere Zeit und auch später immer wieder ausgeglichen durch eine intensive Bindung an einen Partner, der ursprünglich als faszinierend empfunden wird, der später aber diese Menschen quält durch Rücksichtslosigkeit, Brutalität, herrisches Auftreten, fordernde Ansprüchlichkeit u. ä. Der Außenstehende spürt hinter der vordergründigen Ratlosigkeit, Hilflosigkeit und Empörung sehr deutlich etwas Provozierendes, Trotziges und ebenfalls rücksichtslos

Forderndes. Die Suizidversuche erfolgten in Situationen, als der Partner sich entweder ernsthaft zurückzuziehen schien oder in denen er durch sein rücksichtsloses Verhalten eine Toleranzgrenze überschritt, so daß die geschilderte Unsicherheit in unerträglich kränkender Weise Oberhand gewann.

Obwohl in keinem der Fälle Zweifel aufkamen an der Ernsthaftigkeit von Selbsttötungsimpulsen, waren begleitende Motive von Rache und Erpressung zum Teil bewußt und die Art der Durchführung so relativ ungefährlich, daß die objektive Lebensgefahr in den meisten Fällen nicht sehr hoch einzuschätzen ist.

4.2.2.2. Zwischenmenschliche Beziehungen und Interaktion

Viel deutlicher als bei der Schilderung des Selbstbildes wird die Problematik der Patienten dieser Gruppe, wenn man ihre zwischenmenschlichen Beziehungen befragt.

Ähnlich wie Frau B A schildert die 30jährige *Frau B B*, wie sie ursprünglich Mitleid mit ihrem Mann gehabt habe. Er war soeben geschieden, als sie ihn kennenlernte. Heulend habe er ihr von der Vernachlässigung durch seine frühere Frau erzählt. Sie habe sich stark zu ihm hingezogen gefühlt und ihn bald geheiratet, auch weil sie schwanger von ihm war. Auch jetzt noch kann er nett sein, ja er klammert sich geradezu an sie. Doch kann seine Stimmung ganz plötzlich umschlagen. Dann ist er grob und streitsüchtig und in betrunkenem Zustand ganz unberechenbar brutal. Er erzwingt sexuelle Beziehungen, auch wenn sie sich weinend sträubt, ja dann besonders gern. Wegen ihrer Frigidität verdächtigt er sie immer wieder außerehelicher Beziehungen. Dennoch gibt es kaum andere Beziehungspersonen. Freunde oder Freundinnen hat sie nicht, hat überhaupt nie mehr als oberflächliche Bekanntschaften gehabt. Der Kollege, mit dem sie ihren Mann einmal betrog, bedeutet ihr nichts. Zu ihren drei Geschwistern, die in der gleichen Stadt wohnen, hat sie kaum Kontakt. Von ihren zwei Kinder spricht sie spontan überhaupt nicht.

Bei der ersten Begegnung mit Frau B B war der Mann anwesend. Er machte den Eindruck eines geprügelten Hundes. Er flehte seine Frau weinend an, klammerte sich beschwörend an sie, während sie hoheitsvoll und scheinbar ungerührt die Situation offenbar genoß. Dem Referenten gegenüber bestritt der Mann auch nicht die ehelichen Probleme, doch klagte er über Vernachlässigung durch seine Frau. Er sei es, der für die Kinder sorge, ihnen Frühstück mache und sich um sie kümmere, während sie morgens lange schlafe oder einfach fortgehe. Die Vorstellung jedoch, seine Frau könne sich von ihm trennen oder den Selbstmordversuch wiederholen, versetzte ihn in Panik.

In der Interaktion mit dem Referenten verhielt sich auch Frau B B sehr irritierend. Die Schilderung ihrer Ehesituation schwankt zwischen Ratlosigkeit und Empörung einerseits und Pathos und Triumph andererseits. Der

Referent schwankt zwischen Anteilnahme und Befremdung, zwischen «armer Teufel» und «kleiner Satan». Nach vier Sitzungen erscheint sie ohne Angabe von Gründen nicht mehr.

Die 28jährige *Frau B C* hat ihren Mann ebenfalls aus Mitleid geheiratet. Er trank, hatte schon im Gefängnis gesessen, hatte eine «schlechte Jugend» gehabt und «nicht genug Liebe bekommen». Er kann sehr nett sein; ist er jedoch betrunken, wird er brutal. Würgen, Schlagen, Beleidigungen und erzwungener Geschlechtsverkehr, der ihr Schmerzen bereitet, kommen häufig vor. (In den Angaben fallen Widersprüche auf.) Dennoch gibt es außer ihrem Mann keine Beziehungsperson von einiger Bedeutung. Auch die Kinder werden nur am Rande erwähnt.

In der Interaktion bietet Frau B C das schillernde Bild der abwechselnd hilflosen und appellierenden und dann wieder eigenwilligen, ja provozierenden Frau. Dem Referenten leuchtet ein, daß ihr Mann sie oft als «Hexe» bezeichnet.

Die 30jährige *Frau B D* hat ihren Mann geheiratet, weil er wie sie eine schwere Kindheit hatte, weil er ihr leid tat und weil er derselben Sekte angehörte wie sie. Er ist Hilfsarbeiter und ihr geistig unterlegen, was ihn immer wieder rasend macht. Wenn es keinen Streit gibt, versteht sie sich gut mit ihm, aber Kleinigkeiten bringen ihn zur Weißglut. Die Perversion wurde erwähnt. Der neue Freund ist ein Mann, von dem sie praktisch keinerlei nähere Daten kennt. Sie schläft mit ihm, weil er nett ist und rücksichtsvoll, aber auch, um ihren Mann zu erpressen. Andere Kontakte hat sie praktisch nicht. In ihrer vielstündigen Schilderung spielen ihre vier Kinder keine Rolle.

Deutlicher als bei den anderen Frauen dieser Gruppe schimmert bei Frau B D der eigene sadistische Anteil durch. Sie läßt ihren Mann ihre geistige Überlegenheit spüren, so daß sich ihr Mann wie ihr «August» vorkommt. Der Mann droht selber mit Suizid. Wie erwähnt, hat sie Vorgesetzten des Mannes einen detaillierten Bericht über die Perversion geliefert und ihm dadurch erhebliche Nachteile verursacht. Frau B D räumt ein, daß sie nicht nur sich umbringen, sondern auch ihrem Mann «einen richtigen Schreck einjagen» wollte.

In der Interaktion mit dem Referenten wiederholt sich eine Art Katz-und-Maus-Spiel. Frau B D gibt halbe Angaben, deutet nur an, weicht aus, so daß der Referent immer wieder nachfragen muß. Fragt er, ziert sie sich; drängt er, antwortet sie genüßlich gequält. Der Referent wird zunehmend ungeduldig und gereizt. Er läßt sich gelegentlich zu ultimativen Fragen hinreißen, auf die die Patientin kokett eingeht. Im psychodiagnostischen Test bietet sie fast ausschließlich Geschichten sadomasochistischen Inhalts.

Das 20jährige *Fräulein B E* verbindet eine tiefe Gemeinsamkeit mit ihrem Chef durch geistige Interessen und durch gegenseitiges Verständnis persönlicher Schwierigkeiten. Obwohl sie furchtbar eifersüchtig ist auf seine verschiedenen Freundinnen, kann er sie durch Mitteilung persönlicher Probleme immer wieder einfangen und ihr das Gefühl geben, von ihm gebraucht zu werden. Während er ihr durch seine kaum verhüllten Frauenaffären «auf dem Kopf rumtanzt», rächt sie sich, indem sie zankt, provoziert, stichelt und seine Freundinnen durch kindische Streiche verärgert.

Dem Referenten gegenüber wirkt sie zunächst verständig und kooperativ. Man kann sehr gut über psychologische Probleme mit ihr sprechen. Es geht etwas geheimnisvoll Lockendes von ihr aus, so daß der Referent zunächst fasziniert und interessiert war. Im selben Maße, wie der Referent versucht, ihre Problematik zu bearbeiten, zieht sie sich aber von ihm zurück und versucht, ihn für ihre Interessen einzuspannen. Je mehr sie bemerkt, daß der Referent nicht mitagiert, desto desinteressierter, ablehnender und beleidigender wird sie. Sie erscheint nicht zu den vereinbarten Stunden, entschuldigt sich erst später oder gar nicht. Schließlich verzichtet sie lakonisch auf die Fortsetzung der Psychotherapie.

Das 19jährige *Fräulein B F* hängt seit einem Jahr an einem um ein Jahr älteren Freund, der sie vor kaum lösbare Probleme stellt. Auf der einen Seite ist sie beglückt, einen Menschen gefunden zu haben, der sie braucht und hartnäckig an ihr festhält, weil er – wie sie – sehr einsam und unsicher ist und als einziger Sohn in einer sehr problematischen Beziehung mit seiner Mutter lebt. Sie fühlt sich ihm tief verbunden und verpflichtet. Fräulein B F ist fasziniert von seiner Klugheit und seinen hohen moralischen und ästhetischen Ansprüchen, die ihr innere Sicherheit geben. Gerade mit diesen Ansprüchen bringt er sie aber in quälende Situationen. Durch intimes Beisammensein erregt er sie stark, verweigert sich dann aber mit der Erklärung, daß er sinnliche Mädchen verachte und nur Wert auf «geistige Freundschaft» lege. Wie über die Sexualität hat er über alle Dinge des Lebens präzise Vorstellungen, die er der Patientin geradezu erpresserisch aufzwingt. Sie erklärt: «Mit ihm bin ich unglücklich, aber sicher; ohne ihn wäre ich erleichtert, aber unsicher.» Neben ihm verblassen alle anderen Beziehungspersonen mit Ausnahme des Vaters (s. u.)

Hört man länger zu – was während einer über 50 Stunden gehenden Psychotherapie möglich war –, dann erfährt man, daß auch sie ihn gelegentlich «gemein ärgert» und nichts anderes erwartet, als gequält zu werden. Sie macht ihn eifersüchtig, indem sie flirtet, sie geht gelegentlich allein tanzen. Nachdem sie sich hat verführen und deflorieren lassen (s. o.), gibt sie ihm eine detaillierte Schilderung des Vorgefallenen. Später, als seine sexuellen Schwierigkeiten deutlicher werden, läßt sie ihn ihre Überlegenheit spüren. Hinter ihren Minderwertigkeitsgefühlen erscheinen gegenteilige Phantasien. (Der Referent hat auch den Freund kennengelernt. Er ist ein großer, kräftiger Mann, der mit ängstlicher Starrheit an seiner Beurteilung der Situation festhält, mit Prügeln droht etc. Eine sachliche Argumentation mit ihm ist kaum möglich, da er sich dauernd in Verteidigungsstellung fühlt.)

Ähnlich war die Interaktion während der Psychotherapie. Die Patientin schwankt zwischen Hilflosigkeit und trotzig provokativer Selbstbehauptung, so daß der Referent abwechselnd erschrocken, stark engagiert und dann wieder gereizt und machtlos reagiert. In der Übertragungsbeziehung konnten ebenso Vergewaltigungs- wie Mordwünsche bearbeitet werden. Das basale Problem blieb aber immer die Selbstunsicherheit.

Das 26jährige *Fräulein B G* macht nur wenige sehr verschämte Angaben über ihre Beziehung zu ihrem Freund, dem älteren Mann «mit Vorleben», dessen Unseriosität und Rücksichtslosigkeit sie ein Jahr ertrug und dessen plötzliches Verschwinden sie mit einem Selbstmordversuch quittierte. Trotz der geschilderten negativen Eigenschaften wird der Freund als ein Mann mit Welterfahrung geschildert, als großer Frauenheld, der die Macht gehabt hätte, sie aus den infantilen Bindungen an ihre Eltern zu reißen.

Die tiefe Verbundenheit durch beiderseitige Unsicherheit und ihren eigenen sadistischen Anteil kann man aber aus der Art ihrer übrigen Objektbeziehungen ablesen, besonders aus der Beziehung zu ihrem Vater und aus der Interaktion mit dem Referenten. Hier bietet sie dasselbe Muster wie alle Patienten dieser Gruppe, nämlich das Oszillieren zwischen Appell um Hilfe und trotziger Selbstbehauptung.

Der 29jährige *Herr B H* hat in dem Freund einen homosexuellen Schicksalsgenossen gefunden, der ebenso ausgestoßen und sozial benachteiligt sei wie er. Die Beziehung schildert er exakt analog seiner Beziehung zur Mutter, die einerseits ebenfalls eine bedauernswerte, von ihrem früheren Mann getretene und geprügelte Frau ist, andererseits ihn zum Mädchen erzogen, gegenüber dem Bruder zurückgesetzt und sein Leben lang, wie er an grotesken Beispielen erläutern kann, willkürlich über ihn verfügt hat. Dennoch kommt er von ihr nicht los. («Wenn ich bei ihr bin, hackt sie auf mir herum; gehe ich weg, versucht sie jeden Trick, um mich zurückzuholen.») Er lebt in derselben Stadt wie sie, arbeitet im selben Beruf wie sie (Verkäufer), läßt seine Wäsche noch immer bei ihr waschen. Zugleich ärgert er sie, wo er kann. Er besucht sie möglichst selten, macht ihr ständig Sorge durch seinen «Lebenswandel», so daß die Mutter täglich anrufen muß. Er könnte «ältere Frauen in der Luft zerfetzen», allerdings nur in der Phantasie. An sich sei er die Friedfertigkeit in Person.

In der Interaktion mit dem Referenten kann er sich und seine Situation zunächst als dringend hilfebedürftig darstellen. Gern willigt er in den Vorschlag einer Psychotherapie ein. Die Therapie besteht aber vorwiegend darin, daß er zunächst sthenisch, dann zunehmend insistierend und trotzig den Referenten zu bewegen sucht, ihm direkte Ratschläge, ja Vorschriften zu geben. In dem Maße, als der Referent das therapeutisch zu bearbeiten sucht, zieht er sich desinteressiert zurück und erscheint nach einigen Stunden ohne Begründung nicht mehr.

Zusammenfassend lassen sich die zwischenmenschlichen Beziehungen aller acht Patienten dieser Gruppe wie folgt beschreiben: Die Patienten hängen zum Teil seit vielen Jahren, in jedem Fall aber länger, als ihre intellektuelle Einsicht ihnen erlaubt, an einem Partner, der zwei verschiedene Eigenschaften hat: In der ersten Zeit und in guten Phasen ist er ein bemitleidenswerter, vernachlässigter, versorgungsbedürftiger, unselbständiger, halb verhungerter, sozial benachteiligter, problembeladener, unglücklicher, kränklicher Mensch, dem sie rasch starkes Mitgefühl entgegenbringen und dem sie sich wohl auf Grund ihrer ähnlichen Problematik bald tief verbunden fühlen. Kaum hat man sich aber zusammengefunden, entwickelt sich aus der tiefen Harmonie ein von beiden Seiten mit großer Intensität geführter Machtkampf, der von den Patienten vorwiegend offen masochistisch und latent sadistisch, von ihren Partnern vorwiegend offen sadistisch und latent masochistisch betrieben wird.

Es handelt sich nicht um einfache aggressive Auseinandersetzungen. Das gegenseitige Sichquälen und Erniedrigen, so grotesk es für Außenstehende oft erscheint, zielt nicht ernsthaft auf Schädigung oder Trennung, sondern im Gegenteil auf Macht und Besitz. In dem bedingungslosen Gefordertsein bzw. in der Möglichkeit, den anderen zu beherrschen, liegt entgegen dem oft lärmenden Protest offenbar ein hohes Maß an Triebbefriedigung und ein hohes Maß an narzißtischer Zufuhr, was zu einer starken Solidarisierung führt. Der sadistische Partner kann sich als Herr über das Schicksal des anderen, der masochistische als vital wichtig für den anderen Teil fühlen. Hinter der bewußten Erniedrigung verbergen sich dementsprechend hohe und realitätsferne Idealisierungen. Der sadistische Partner läßt den masochistischen nicht los, für den masochistischen existiert praktisch kein anderer Mensch als der sadistische Partner. Wenn die Beziehung in Gefahr gerät, drohen oft beide mit Selbstmord. Die häufigen Akte von Untreue haben stets etwas Unernstes, Spielerisches und werden öfter bewußt als Erpressungen verstanden.

Das Bedürfnis, Macht auszuüben und/oder Macht zu provozieren, wiederholt sich regelmäßig in der Interaktion mit dem Referenten. Wenn dieser sich gelegentlich hinreißen ließ, seine Ungeduld oder Gereiztheit zu agieren, hatte das den beschriebenen solidarisierenden Effekt. Die Patienten waren keineswegs gekränkt, vielmehr geschmeichelt, zugleich war aber deutlich ein geheimer Triumph zu spüren, den Referenten «geschafft» zu haben. Ein solches Mitagieren hatte stets nur vorübergehenden Effekt: Sobald es zum Problem erhoben und reflektiert wurde, verstanden es die Patienten als Desinteresse oder Rückzug des Therapeuten. Nur Fräulein B F und Fräulein B G konnten für eine länger dauernde Psychotherapie gewonnen werden, in der diese Problematik bearbeitet wurde.

Gerade in seiner Machtausübung und in seinem unbedingten Besitzanspruch vermittelt der sadistische Teil dem anderen das Gefühl von Wert und Wichtigkeit. Er deckt damit die narzißtische Unsicherheit ab, unter der der masochistische Teil leidet. Die Selbstmordversuche traten stets in Situationen auf, in denen die *basale Solidarität* entweder durch Rückzug des Partners oder durch eine grobe Brüskierung, die offenbar die Toleranzgrenze überschritt, *ernsthaft gefährdet* schien (vgl. Tabelle 8).

Patienten	Anlässe zum Suizidversuch
Frau B A (3)	Der Mann erschien selber nicht, stellte ein Ultimatum, drohte mit der Polizei.
Frau B B (7)	Der Mann ignorierte ihren Anteil am Fremdgehen und wischte ihre Scheidungsdrohung als irrelevant vom Tisch.
Frau B C (15)	Der Mann nahm ihr die Möglichkeit zur Scheidung, indem er einen angeblich erzwungenen Geschlechtsverkehr triumphierend als Akt der Versöhnung hinstellte.
Frau B D (22)	Der Mann bekam einen Jähzornsanfall, drohte selber mit Suizid, schloß sie einfach ein und wollte sie kurz darauf „au‑s Bett legen".
Frl. B E (49)	Der Vater schloß sie ins Bad ein und verhinderte so, daß sie ihren Geliebten aufsuchen konnte. Sie kam sich wie ein Kind vor.
Frl. B F (47)	Freund und Vater erklärten ihr sexuelles Erlebnis für sch immer als Mord. Sie forderten sie auf, sich entweder umzubringen oder ihr Leben als Nonne in ewiger Sühne zu verbringen.
Frl. B G (17)	Der erste Geliebte in ihrem Leben ließ sie einfach sitzen. Sie kam sich wie eine Vierzehnjährige vor.
Herr B H (16)	Er fühlte sich von Freund und Mutter hoffnungslos bevormundet.

Tab. 8: *Anlässe zum Suizidversuch bei den Patienten der Gruppe B*

Die Problematik, speziell die spezifische Interaktion dieser Gruppe, hat bereits TABACHNICK (1961 a) beschrieben. Unter Hinweis auf GARMA (1944) und BERGLER (1946) beschreibt TABACHNICK einen «häufigen Typ» von Suizidpatienten, in deren Persönlichkeit das Bedürfnis nach infantiler Abhängigkeit und ein gewisser Masochismus hervorstechen. Auffällig sei, daß diese Patienten ganz ähnlich strukturierte Partner haben, die aber ihre Abhängigkeitswünsche altruistisch abtreten. Diese Tatsache erkläre, daß auch auf seiten des Partners Suizidversuche oder doch Suizidgedanken häufig anzutreffen sind. «Oft hatten wir den Eindruck, es finde ein Wettkampf statt, um festzustellen, wer die Waffe des Suizids als Erster gebrauchen würde» (a. a. O., S. 18). TABACHNICK spricht von einer «abhängig-masochistischen Symbiose», die therapeutisch schwer zu beeinflussen sei, da sie auf beiden Seiten starke Bedürfnisse befriedigt.

Mitscherlich-Nielsen (1971) geht auf den narzißtischen Aspekt der sadomasochistischen Beziehung ein: Wenn der Mann ein Teil des eigenen Selbsts der Frau werde, stelle sich automatisch ein Hörigkeitsverhältnis zu ihm her. Die sexuellen Beziehungen solcher Frauen hätten oft ekstatische Qualität, da sie in ihnen das Gefühl absoluter Einheit mit einem bewunderten, idealisierten Objekt erlebten, welches das eigene Ich-Ideal darstelle (a. a. O., S. 922ff). Auf die Bedeutung masochistischer Phantasien für den Schutz des Narzißmus hat Lampl de Groot (1937) schon hingewiesen. Sie schützen vor der Überzeugung, «schon immer defekt» zu sein, nach der Formel «Ich bin es gar nicht, der minderwertig ist, vielmehr machen äußere Mächte mich dazu». A. Reich (1953) sieht in der Hörigkeit der Frau ebenfalls ein Beispiel pathologischer narzißtischer Objektbeziehungen. Sie macht darauf aufmerksam, daß hinter den oft im Vordergrund stehenden Problemen der Penislosigkeit regelmäßig eine prägenitale Enttäuschung an der Mutter vorliege (vgl. auch Grunberger, 1964; Staewen-Haas, 1970).

4.2.2.3. Biographischer Hintergrund

Im Vergleich mit den Gruppen A und C fällt bei Betrachtung des biographischen Hintergrundes auf, daß – jedenfalls in der frühen Kindheit – die Familienverhältnisse wie bei der Gruppe A und anders als bei der Gruppe C in der Regel äußerlich geordnet waren (vgl. Tabelle 9).

Nur bei Frau B C war der Vater bis zu ihrem 7. Lebensjahr im Krieg; bei Frau B D starb der Vater, als sie vier Jahre alt war. Als Herr B H drei Jahre alt war, wurde der Vater eingezogen; vier Jahre später kam er zurück. Ein Jahr darauf wurde die Ehe der Eltern geschieden. Im Gegensatz zu denen der Gruppe A und C sind alle Patienten der Gruppe B auch von der Mutter aufgezogen worden, die kontinuierlich zur Verfügung stand.

Auffällig hingegen ist die *innere Familiensituation* bei der Gruppe B. Die Ehen der Eltern werden regelmäßig als spannungsgeladen geschildert. Streit, Eifersucht, Rechthaberei waren regelmäßig, Jähzornsanfälle und Handgreiflichkeiten mehrfach zu verzeichnen. Ausnahmslos wird die Mutter als emotional distanziert und in ihrem Verhalten zwiespältig erlebt: einerseits kränklich, unselbständig, ohne Zärtlichkeit, wenig verständnisvoll, gelegentlich offen ablehnend, andererseits fordernd, kontrollierend, beherrschend, aufdringlich, manipulierend. Sie kann die Kinder nicht loslassen, droht mit ihrer Krankheit, erweckt Schuldgefühle bei ihnen und interpretiert ihr Verhalten als Ausdruck von Liebe. Die Väter sind entweder schwach, an den Patienten als Kindern desinteressiert, jahrelang nicht da oder tyrannisieren die Familie moralisch oder physisch und usurpieren für sich eine Sonderstellung. Immerhin werden mit ihnen positive, zum Teil idealisierende Vorstellungen verbunden, etwa in dem Sinne: Zwar ist der Vater so gewesen, aber irgendwie habe ich mich mit ihm besser verstanden als mit der Mutter.

Das gilt auch für zwei weitere Patientinnen, die vom Referenten nach

Patienten	Lebensumstände der frühen Kindheit
Frau B A (3)	Familienverhältnisse äußerlich unauffällig. Mutter wenig verständnisvoll, aufdringlich, dominierend, seit dem Tod des Vaters „ständig am Sterben". Vater gutmütig, hatte nichts zu sagen. Fiel, als die Patientin elf Jahre alt war.
Frau B B (7)	Familienverhältnisse äußerlich unauffällig. Vom 6. bis 12. Lebensjahr Vater im Krieg, kam krank zurück. Mutter nie zärtlich, mit ihr nie gut verstanden, hält sich für besser als andere, zur Zeit kaum noch Kontakt. Eine Schwester ebenfalls Suizidversuch. Vater trank früher und schlug Frau und Kinder, nach dem Krieg Versager.
Frau B C (15)	Familienverhältnisse äußerlich unauffällig, Vater allerdings bis zum 7. Lebensjahr der Patientin im Krieg. Mutter stets kränklich, von aufdringlicher und übertriebener Fürsorge. Vater gutmütig, aber unbedeutend.
Frau B D (22)	Familienverhältnisse äußerlich unauffällig. Vater starb aber, als die Patientin vier Jahre alt war. Mit Mutter nie gut verstanden, als unfähige Frau geschildert, der, als die Patientin zehn Jahre alt war, wegen nicht zu bewältigender Erziehungsprobleme die Kinder fortgenommen wurden. – An Vater nur dunkle Erinnerung, Bruder (+12) erzog die Patientin mit Prügel.
Frl. B E (49)	Familienverhältnisse äußerlich unauffällig. Mutter unentschlossen, unsicher, ihrem Mann unterwürfig, an den Kindern wenig interessiert. Vater verschlossen, rücksichtslos fordernd, sehr eifersüchtig, der Patientin gegenüber abwertend und autoritativ. Oft Streit zwischen den Eltern.
Frl. B F (47)	Familienverhältnisse äußerlich unauffällig. Mutter nervös, kränklich, unterwirft sich dem Vater, unselbständig, keine eigene Meinung. Vater unerbittlicher Moralist, schwankt zwischen Bevorzugung der Patientin als Lieblingstochter und cholerischer Abweisung.
Frl. B G (17)	Familienverhältnisse äußerlich unauffällig. Patientin ist einziges Kind in der ganzen Verwandtschaft. Mutter wenig verständnisvoll, fügt sich dem Vater, behandelt die Patientin bis heute als Kind, nie gute Beziehung. Vater strenger Moralist, schwankt zwischen Bevorzugung und moralischer Entwertung.
Herr B H (16)	In den ersten drei Jahren Familienverhältnisse äußerlich unauffällig, Ehe aber unter Spannungen. Dann vier Jahre Vater zum Wehrdienst eingezogen, nach Rückkehr Scheidung. Mutter wollte den Patienten nicht, hat ihn „zum Trotz" zum Mädchen erzogen, hat immer wieder grob in sein Leben eingegriffen, bevormundet ihn bis heute. Vater wird nur dunkel erinnert im Zusammenhang mit Streit und Schlägereien.

Tab. 9: *Lebensumstände der frühen Kindheit bei den Patienten der Gruppe B*

Abschluß der Untersuchungsreihe betreut wurden und von ihrer Problematik her in die Gruppe B einzuordnen wären. Beide hatten ebenfalls eine emotional karge Mutter, die ihre mangelnde Liebesfähigkeit dadurch zu überspielen versuchte, daß sie in den Kindern Schuldgefühle provozierte, um auf diese Weise von ihnen «Liebesbeweise» zu erhalten. In dem einen Fall war der Vater gestorben, als die Patientin sechs Jahre alt war, in dem anderen wird der Vater als desinteressiert an der Erziehung seiner Kinder beschrieben; er unternahm aber, als die Patientin in den Entwicklungsjahren stand, wiederholt sexuelle Verführungsversuche.

4.2.2.4. *Deutung*

Diese Familienkonstellation läßt sich in ihrer Auswirkung auf die Entwicklung des narzißtischen Regulationssystems versuchsweise so deuten: Sie ist geeignet, den Kindern das Gefühl zu geben, in ihrer Existenz zwar akzeptiert zu sein; in ihrem Wert und in ihrer Bedeutung wurden sie aber so verunsichert, daß sie sich *nicht als vollwertige Wesen, jedenfalls nie als gleichwertige Partner* fühlen konnten.

Die Wahl eines sadistischen Partners und seine narzißtische Bedeutung wird dann verständlich. Er ist jemand, der eine ähnliche Problematik hat, der aber besser in der Lage ist, mit ihr fertig zu werden. Er wird dann als starker Mann, als Retter in der Not erlebt, an dessen Macht und Größe man partizipieren kann. Das entspricht der Formel für den weiblichen Masochismus, die H. Deutsch (1959) angibt: Der Vater hat versagt in der Erwartung, mich von der schrecklichen Mutter zu befreien. Nun nehme ich mir einen anderen starken Mann (a. a. O., S. 244). Fräulein B G schildert ihre Beziehung zu dem «älteren Mann mit Vorleben» genau in diesem Sinne. Alle anderen erkennen mehr oder weniger ausgeprägt dem Partner Macht und Überlegenheit zu.

Die Implikationen einer solchen narzißtischen Objektbeziehung wurden im Kapitel über die zwischenmenschlichen Beziehungen schon diskutiert. – Über die Auffälligkeiten in der Entwicklung bei Patienten der Gruppe B informiert die folgende Tabelle. Gemeinsamkeiten lassen sich zwanglos nicht erkennen. Immerhin werden Kontaktstörungen und Phobien je viermal, Eßstörungen in der frühen Kindheit dreimal genannt.

4.3. Gruppe C

4.3.1. Herr C A

4.3.1.1. *Selbstbild und Ich-Ideal*

Herr C A ist ein großer, schlanker 19jähriger Jugendlicher, der jünger wirkt, als er ist. Das zeigt sich z. B. darin, daß er auf der Station wie selbstverständlich geduzt und mit Vornamen angesprochen wird. Sein gleichmäßiges

Patienten	Auffälligkeiten in der Entwicklung
Frau B A (3)	Als Säugling und Kleinkind Schwierigkeiten mit dem Essen, als Kleinkind phobische Ängste, Daumenlutschen bis zum 6. Lebensjahr, seit Jahren medizinisch unerklärliche Kreislaufstörungen.
Frau B B (7)	Als Kleinkind phobische Ängste, später Schuleschwänzen kleine Diebstähle, gelegentlich Fortlaufen für Stunden. Seit drei bis vier Jahren ein- bis zweimal wöchentlich heftige Kopfschmerzen, Kreislaufstörungen, Schwindelanfälle ohne somatischen Befund.
Frau B C (15)	Als Kleinkind besonders brav, schon immer Kontaktschwierigkeiten.
Frau B D (22)	Als Kleinkind schlechter Esser, sehr trotzig, Kontaktschwierigkeiten, phobische Ängste, Enuresis mit sieben und acht Jahren, motorische Unruhe, kleine Diebstähle, ab 15 depressive Verstimmungen mit Suizidgedanken, Herzschmerzen bei Aufregung, Kopfschmerzen, Schlafstörungen.
Frl. B E (49)	Zur frühen Kindheit keine Angaben, seit Jahren Kontaktschwierigkeiten, gelegentlich Schlafstörungen, seit einigen Monaten vermehrter Alkoholkonsum.
Frl. B F (47)	Seit einem Verführungserlebnis (Cunnilingus durch einen Mann) im 6. Lebensjahr Vorstellung, am Unterleib verletzt zu sein. Seit zwei Jahren oft deprimiert, „nervös", selbstunsicher, Schwindelanfälle.
Frl. B G (17)	Seit je ängstlich, schüchtern, kontaktgestört, Prüfungsphobien.
Herr B H (16)	Als Kleinkind Eßstörungen, sehr trotzig, Enuresis bis sieben, motorische Unruhe, später häufiger Berufswechsel, ab 15 manifest homosexuell.

Tab. 10: *Auffälligkeiten in der Entwicklung der Patienten der Gruppe B, soweit sie spontan oder auf Fragen angegeben werden (keine (Außenanamnese)*

Gesicht mit großen braunen, wie verloren blickenden Augen und weichen, aufgeworfenen Lippen hat etwas Kindliches und Trauriges. Er schlendert nachlässig, leicht vornübergeneigt ins Zimmer. Sein schulterlanges Haar ist wenig gepflegt, sein Morgenrock zu klein und abgeschabt. Betont salopp liegt er mehr im Sessel, als er sitzt. Wäre er nicht so teilnahmslos, würde man sein Verhalten als bewußte Provokation deuten. So aber entsteht ein Eindruck von Abwesenheit und Gleichgültigkeit.

Nach anfänglichen Schwierigkeiten, auf die noch einzugehen sein wird, ist er schließlich in der Lage, seine Situation zu schildern: Er wisse nicht wieso, aber überall bekomme er Schwierigkeiten. Dabei wolle er das gar nicht. «Schon immer» habe er Minderwertigkeitsgefühle in dem Sinne, daß er den Eindruck habe, man möge ihn nicht. Er sei schrecklich sensibel gegen Ungerechtigkeiten gegen sich wie gegen andere. Deshalb habe man ihn in der Schule auch zum Klassensprecher gewählt. Als solcher lege er sich ständig an mit den Lehrern und dem Direktor. In den letzten Wochen habe es hartnäckige Auseinandersetzungen mit ihnen gegeben (es folgen Einzelheiten). Er sei sicher, im Recht zu sein, und verstehe gar nicht, daß er dauernd auf Ablehnung stoße.

Er habe «Angst, in der grauen Masse zu verschwinden». Deshalb trage er trotz wiederholten Einspruchs seines Lehrherrn lange und auffallend unordentliche Haare. Er wolle die Leute schockieren, um Aufmerksamkeit zu erregen. Wenn ihn die Menschen dann näher kennenlernten, könnten sie ja erkennen, daß er *doch* Qualitäten habe.

Mit der Mutter, mit der er sich im Grunde sehr gut verstehe (s. u.), gebe es leider oft Streit. Das bedauere er, aber er müsse sich seine Eigenständigkeit bewahren. «Schließlich kann ich nicht ihr Leben leben.» Er bleibt daher länger aus, als sie es erlaubt, hat sich einer Clique angeschlossen, die ihr nicht genehm ist, nimmt Rauschmittel, hat häufig wechselnde Mädchenfreundschaften. Vor allem die langen Haare aber seien ein ständiger Gegenstand des Streites zwischen ihm und der Mutter; er könne aber unmöglich auf die Haare verzichten.

In den letzten vier Wochen war die Mutter zu einer Kur verreist. In dieser Zeit lernte Herr C A ein Mädchen kennen, das aus einem Heim entflohen und ohne Bleibe war. Herr C A bot dem Mädchen an, bei ihm zu wohnen. Sie nahm sein Angebot an. Er verliebte sich rasch und nahm intime Beziehungen auf. Ihretwegen trennte er sich von einer früheren Freundin, obwohl diese sehr an ihm hing und obwohl seine Freunde sich wegen seines Verhaltens von ihm distanzierten. Zwei Tage bevor die Mutter heimkehrte, war das Mädchen, das er beherbergte, plötzlich verschwunden. Kein Wort, keine Nachricht hatte sie hinterlassen. Der Patient war wie vor den Kopf geschlagen. Er hatte geglaubt, das Mädchen liebe ihn, und nun mußte er annehmen, sie habe alles nur getan, weil er sie bei sich aufgenommen hatte. Melancholisch und wie im Traum habe er die nächsten beiden Tage verbracht.

Am Tage des Selbstmordversuchs kam die Mutter statt, wie angekündigt, am Nachmittag schon am Mittag zurück. Der Patient hatte die Wohnung noch nicht aufgeräumt. Die Mutter empfing ihn mit Vorwürfen. Seine Erklärungen hörte sie sich nicht an. Dann fiel ihr auf, daß seine Haare noch länger geworden waren. Das machte sie noch wütender. Der Streit gipfelte in den Worten: «Du brauchst nicht eher heimzukommen, als bis deine Haare geschnitten sind.»

Der Patient verließ das Haus. Nun fühlte er sich völlig isoliert. Er ging in eine Apotheke, kaufte sich Schlaftabletten, kam wieder heim, erklärte der Mutter trocken, er gehe zu Bett, und nahm im Schlafzimmer 30 Tabletten. Am nächsten Morgen wurde sein Zustand von der Mutter entdeckt.

Befragt nach seinen Gedanken über den erwarteten Tod, meinte er, an den Tod habe er eigentlich nicht gedacht. Er habe überhaupt an nichts Besonderes gedacht. Nachdem er die Tabletten einmal genommen hatte, habe er sich eher angenehm melancholisch gefühlt und neugierig abgewartet, ob sich unter dem Schlafmittel auch so ein Hochgefühl einstellen werde wie unter den ihm bekannten Rauschmitteln. Ganz zufrieden habe er das Einschlafen abgewartet. Nur an seine Mutter zu denken habe er sich verboten; sonst hätte er alles wieder ausgebrochen.

4.3.1.2. Zwischenmenschliche Beziehungen und Interaktion

In den Schilderungen von Herrn C A gibt es nur eine Person, die große Bedeutung für ihn hat: die Mutter. Alle anderen Personen verblassen ihr gegenüber. Der Vater starb, als der Junge vier Jahre alt war. An ihn hat er keine Erinnerungen. Ein Bruder (+11) und eine Schwester (+10) lebten bis vor einigen Jahren mit in der Familie. Sie werden nur beiläufig erwähnt. Auch die Großmutter, bei der Herr C A immerhin vom 5. bis zum 11. Lebensjahr lebte, wird nur in Beziehung zur Mutter erwähnt. Sie hätte den Jungen gern bei sich behalten und hat jahrelang darum gekämpft; die Mutter bestand aber auf seiner Rückkehr, und ihm, dem Patienten, war es auch lieber so (Näheres s. u.).

Mit seiner Mutter habe er eine gute Beziehung, sicher eine bessere Beziehung als alle seine Bekannten zu ihren Müttern. Wenn er wolle, könne er alles von ihr haben. Daran ändere im Grunde auch nichts die Tatsache, daß er in den letzten zwei bis drei Jahren voller Opposition ihr gegenüber gewesen sei. Vor zwei bis drei Jahren heiratete der Bruder, und die Mutter zog mit Herrn C A in die Stadt. Sie war nun allein und legte auf seine Gesellschaft großen Wert; überhaupt empfand er sie seitdem als fordernder, bedrängender. «Ich kann doch nicht ihr Leben leben», erklärt er und demonstriert seine Unabhängigkeit, indem er betont sein eigenes Leben lebt. Auseinandersetzungen sind an der Tagesordnung. Seine langen Haare werden zum zentralen Streitobjekt. Die Mutter verlangt, er solle sie sich schneiden lassen; Herr C A täte alles, nur das nicht. Er hängt also an der Mutter und rechnet mit ihrem zuverlässigen Interesse; dennoch muß er sie dauernd provozieren.

So ist auch sein Umgang mit anderen Menschen. Lehrer, Direktor, Kunden, Freundin, Kameraden werden von ihm provoziert, brüskiert, schokkiert. Den aggressiven Charakter seines Verhaltens rationalisiert er, jedenfalls scheint er ihn zu unterschätzen. Er versteht glaubhaft nicht, warum er dauernd Schwierigkeiten bekommt, wo er es im Grunde doch so gut meine. Es trifft ihn daher überraschend hart, wenn er verlassen wird. Als die neue Freundin ihn wort- und grußlos verläßt, ist er zwei Tage wie im Traum. Und als die Mutter die zweifellos nicht so ernst gemeinte Äußerung abgibt, nimmt er 30 Schlaftabletten.

Ähnlich schwankend zwischen Provokation und Anklammern erwies sich sein Verhalten in der *Interaktion* mit dem Referenten. Bei seinem ersten Besuch war Herr C A ausgesprochen desinteressiert, apathisch, bedrückt, verhangen, verträumt. Er sprach nur das Nötigste, blickte meistens im Zimmer umher, ging auf Interventionen des Referenten nur wortkarg oder nach längerer Pause ein. Das Gespräch war mühsam, unergiebig, aber eigentlich nicht ärgerlich für den Referenten. Der Referent beendete es nach etwa 30 Minuten mit der Bemerkung, Herr C A sei wohl nicht in der Lage, über sich zu sprechen; man könne es am nächsten Tag ja noch einmal versuchen. Herr C A nickte wie selbstverständlich und verließ das Zimmer.

In der nächsten Sitzung war er wie umgewandelt. Er entschuldigte sich für sein Verhalten; es sei ihm erst hinterher klargeworden, wohl unhöflich gewesen zu sein. Nun und zu den folgenden Sitzungen kommt er betont gern. Er ist offen, kooperativ, zutraulich, fast anklammernd. Die Initiative geht überwiegend von ihm aus. Mit fast ängstlichem Interesse nimmt er auf, was der Referent sagt. Er macht sich viele Gedanken und bringt eigene Beobachtungen dazu. Er distanziert sich betont und glaubhaft von Suizidabsichten. Es war aus Worten und Verhalten deutlich zu entnehmen, daß er Wert auf den Kontakt mit dem Referenten legte, daß der Referent wichtig für ihn geworden war. Umgekehrt entstand im Referenten das Gefühl von freundschaftlichem Wohlwollen und bemühtem Interesse.

Der Referent verstand die Situation so, daß er für diesen Patienten zu einem Partner geworden war, auf den Herr C A seine Erwartungen von Verständnis, Wohlwollen, Toleranz und unbedingtem Interesse übertrug, die vorher der Mutter gegolten hatten. Mit diesem Konzept und mit Einverständnis des Patienten führte er ein *Gespräch mit der Mutter,* um zu versuchen, den Konflikt zu entschärfen und der Mutter die Situation verständlich zu machen. Die Mutter war ratlos, aber in Kampfstimmung. «Ich könnte sie alle verhauen, diese Jugendlichen von heute.» Der Referent war überrascht, daß die Mutter zunächst nur von ihrer eigenen Problematik sprach. Das änderte sich, als der Referent in mehreren Deutungen ihr sein Verständnis für ihre Vereinsamungsproblematik zeigte. Es müsse ihr schwerfallen zu sehen, wie ihr letztes Kind sich von ihr distanziere. Sie weinte dann. Jetzt konnte mit ihr besprochen werden, welche Bedeutung die langen Haare und das Hinausgeworfenwerden für ihren Sohn hatten. Sie nahm diese Erklärung mit Interesse und Erleichterung zur Kenntnis.

Der Vermittlungsversuch hatte offenbar Erfolg. Eine Woche nach der Entlassung stellte sich Herr C A noch einmal vor. Er wirkte lebhaft und ausgeglichen. Es gehe ihm wirklich gut. Er sei wieder der alte und brauche keine Hilfe mehr. Mit der Mutter habe er ein langes Gespräch geführt; beide hätten eingesehen, daß sie unrecht gehabt hatten. Seine Haare dürfe er nun wachsen lassen. Er sei jetzt öfter zu Hause und fühle sich wohl dabei. Mit seiner Freundin habe er sich ausgesöhnt. Der Referent forderte ihn auf, sich seine Adresse und Telefonnummer aufzuschreiben und sie ständig in der Brieftasche bei sich zu tragen. Im Fall einer erneuten kritischen Situation solle er sich wieder melden. Das hat er bisher nicht getan.

4.3.1.3. *Biographischer Hintergrund*

Herr C A wurde als Nachkömmling als drittes von drei Kindern eines Angestellten geboren. Ein Bruder und eine Schwester sind zehn bzw. elf Jahre älter als er. Als er drei Jahre alt war, erkrankte er an einem Leiden, das einen Krankenhausaufenthalt von über einem Jahr notwendig machte. Die Mutter kann berichten, wie der Junge sich damals verändert hat: Tagelang habe er nach der Mutter geschrien, dann wurde er zunehmend verstörter. Bei der Entlassung war er «ein ganz anderes Kind».

In dieser Zeit starb der Vater. Da die Mutter berufstätig sein mußte, wurde der Junge nach der Entlassung aus dem Krankenhaus zur Großmutter gegeben, bei der er vom 5. bis zum 11. Lebensjahr lebte. Sie hätte ihn gern behalten und hat sich auch darum bemüht. Herr C A schildert aber, es sei sein Wunsch gewesen, zur Mutter heimzukehren, da er sich bei der Großmutter nicht wohl gefühlt hatte. Er besuchte Volksschule und Oberschule bis zur mittleren Reife. Ein Jahr vor dem Suizidversuch begann er eine Lehre, die ihm auch einigermaßen zusagt. Er gehört zu einer Clique von Gleichaltrigen. Sein besonderes Interesse gilt der psychologischen Literatur und Musik.

4.3.1.4. *Deutung*

Was an Herrn C A vor allem irritiert, ist die Widersprüchlichkeit seines Verhaltens. Es ist sein dringender Wunsch, Anerkennung, Bestätigung, Wohlwollen, Gerechtigkeit, Zuwendung, Liebe erhalten. Er kämpft um sie, kann auf sie letztlich nicht verzichten, wie sein Selbstmordversuch beweist; und doch verhält er sich ungewöhnlich aggressiv und ablehnend. Er opponiert, kämpft, provoziert, schockiert, brüskiert, allerdings für das bewußte Erleben nicht, um zu verärgern, sondern um sein Recht zu erkämpfen, Aufmerksamkeit zu erregen, aufzufallen durch seine latenten Qualitäten, nicht «in der grauen Masse zu verschwinden». Er ist also aggressiv, um Anerkennung, Interesse, Zuwendung zu provozieren. Das geht daraus hervor, daß er mit Erstaunen wahrnimmt, wie er überall Schwierigkeiten bekommt. Man mag ihn nicht, man erkennt ihn nicht an, man verurteilt und verläßt ihn, sogar seine Mutter verstößt ihn. Er möchte eine gute harmonische Beziehung, vor allem zur Mutter, und könnte sie auch haben. Statt dessen muß er die Mutter dauernd provozieren.

Es scheint so, daß er glückliche, harmonische Zustände nur in der Phantasie erleben kann. Auf der Tafel 2 des psychodiagnostischen Tests (Object Relation Technique) sieht er eine Mutter und eine Tochter «. . . im Gespräch vertieft; ein Bild von Glück. Das wäre eine Szene, die ich mit meiner Mutter mal erleben möchte. Ganz zufrieden. Ich stelle mir vor, das bleibt dann immer so.» Er kann auch glücklich sein bei träumerischer Musik, unter Rauschmitteln und sogar beim Selbstmordversuch. Nach der Einnahme der Tabletten erwartete er ein «Hochgefühl». Glück, Hochgefühl, Zufriedenheit u. ä. kann er also dann erleben, wenn *er* es ist, der die Bedingungen setzt, wenn er die Beziehung aktiv steuert.

Dabei geht sein eigentlicher Wunsch offenbar dahin, *passiv akzeptiert zu sein*, einfach liebgehabt, gemocht zu werden, fraglos sein Recht zu bekommen, sich sorglos anvertrauen zu können, der Anerkennung seiner Qualitäten sicher sein zu dürfen, von der bunten Masse getragen zu werden. Aber das scheint er immer wieder in Zweifel ziehen zu müssen. Durch Provokation muß er sich vergewissern, daß die Beziehungspersonen noch zuverlässig zu ihm halten. Die Gründe hierfür dürften sich im Test spiegeln. Außer auf zwei Tafeln, bei denen von «reinem, immerwährendem Glück» die Rede ist, sind die zwischenmenschlichen Beziehungen in den erfundenen Geschichten stets sehr bedroht. Die emotionale Atmosphäre ist kühl, sachlich, nüchtern, kahl, deprimierend, unpersönlich und voller lauernder oder offener Gefahren. Die Beziehung der Personen in den Geschichten endet überwiegend mit Abschied, Ausschluß, Zerstörung, Auseinandersetzung, Gewalt oder Tod. Das widersprüchliche Verhalten von Herrn C A dürfte eine Erklärung finden, wenn man annimmt, daß es von einer starken *Verunsicherung bezüglich des zuverlässigen Akzeptiertseins* bestimmt ist. Dazu liefert die Biographie einiges Material.

Es kann wohl angenommen werden, daß der Krankenhausaufenthalt, der Tod des Vaters und der praktische Verlust der Mutter durch die Übersiedlung zur Großmutter den Patienten in dem Gefühl, geliebt, anerkannt und zuverlässig akzeptiert zu sein, schwer beeinträchtigt haben. Die Angst, in der grauen Masse zu verschwinden, könnte mit der Erinnerung an diese Ereignisse zu tun haben. In seinem bewußten Erleben spielt das alles aber überhaupt keine Rolle mehr. Seine Beziehung zur Mutter schildert er zunächst als eitel Sonnenschein, ungewöhnlich harmonisch, besser als bei allen seinen Kameraden, wenn auch – leider – gelegentlich diese lästigen Streitigkeiten entstehen. Die Tatsache, daß seine Mutter ihn für sein Erleben doch sieben Jahre im Stich gelassen hat, taucht zunächst gar nicht auf; sie wird erst durch genaueres Nachfragen bekannt. Wie sehr aber die betonte Harmonie ein Wunschbild ist, läßt sich daraus ersehen, daß er die Beziehung ständig auf die Probe stellen muß, was vor allem aus dem Faktum deutlich wird, daß eine ärgerliche

Drohung der Mutter für ihn die Situation des Verlassenseins so übermächtig wiederaufleben läßt, daß er einen Suizidversuch unternimmt.

Nimmt man diese Deutung an, wird verständlich, wieso sich ein 19jähriger Jugendlicher noch so relativ kindlich an seine Mutter klammert und Wünsche nach «reinem, immerwährendem Glück» mit ihr hat und äußert. Es wird klar, was er im Rausch und in der Musik sucht und findet und was mitschwingt, wenn er als Klassensprecher für die Rechte der Schüler eintritt.

Es wird auch verständlich, daß die latente Verunsicherung durch Phantasien von Größe, Sicherheit, Können, Qualität abgesichert werden muß. Denn Herr C A, der von jeher unter Minderwertigkeitsgefühlen litt, konnte sich immer wieder in prominente Positionen bringen und dort sehr selbstsicher, allerdings mit zweifelhaftem Erfolg, agieren. Die zu den Minderwertigkeitsgefühlen kontrastierenden Größenphantasien dürften auch für die Verkennung der Realität maßgeblich sein, von der sein provokatives Verhalten bestimmt ist. Sein Erstaunen über dessen Auswirkungen setzt ja eine Fehleinschätzung voraus.

Die Personen seiner Umgebung – Mutter, Freundin, neue Freundin, Referent etc. – werden mit Erwartungen besetzt, die diese offenbar nur zum Teil oder nicht erfüllen können. Es sind genau die Erwartungen, die zu seiner Verunsicherung passen: Er möchte geliebt, zuverlässig akzeptiert, trotz seiner Provokation nicht verlassen, trotz seiner Untreue geachtet werden.

Das provozierende Verhalten könnte außer der Funktion, die Zuverlässigkeit der Objekte immer wieder auf die Probe zu stellen, noch einen zweiten Sinn haben. Es könnte der Abwehr der Gefahr dienen, anderen Menschen passiv ausgeliefert zu sein. Eine Beziehung, die er nicht mehr aktiv steuern kann, bedeutet für ihn das Ausgeliefertsein an die Gefahr des Verlassenwerdens, das Versinken in der grauen Masse. Dieser Gefahr muß er zuvorkommen, indem er die Beziehung selber gefährdet. Erweist sie sich dann als enttäuschend, ist *er* es, der verläßt, und er *wird* nicht verlassen. Als er nach einigen ähnlichen Vorerlebnissen, die seine Sensibilität gesteigert haben mochten, dann doch unerwartet verlassen wird, muß er sich schützen, indem er, der Gefahr aktiv zuvorkommend und in der Phantasie sein Selbstgefühl bewahrend, ja zu einem Hochgefühl steigernd, den Tod im Sinne eines Aufgehens in einen unzerstörbaren Zustand wählte.

Was in diesem Rahmen nicht diskutiert wurde, ist der Anteil des *ödipalen Konflikts* an dem Geschehen. Die Bedeutung der Eigenständigkeit und die Abgrenzung vom Leben der Mutter haben sicherlich etwas zu tun mit der Abwehr von Inzestwünschen. Mit der Heirat des älteren Bruders und dem Umzug ist Herr C A der einzige Lebensgefährte der früh verwitweten Mutter geworden. Von der Mutter gehen auch deutlich weiblich verführerische Tendenzen aus, wenn sie schildert, um wieviel charmanter ihr älterer Sohn sei. Es geht in diesen Deutungsversuchen aber darum, die für die Suizidhandlung maßgebliche Problematik zu erfassen, und diese liegt bei dem Problem des Verlassenwerdens bzw. des Akzeptiertseins als Person.

4.3.2. Übersicht über die ganze Gruppe C

Eine ähnliche Problematik und ähnliche psychische Konstellationen wie bei Herrn C A finden sich bei weiteren 19 Suizidpatienten. Es handelt sich also außer um

den 19jährigen Herrn C A (35)

um

den 18jährigen Herrn C B (42),
den 20jährigen Herrn C C (19),
den 22jährigen Herrn C D (2),
das 17jährige Fräulein C E (5),
das 17jährige Fräulein C F (1),
das 16jährige Fräulein C G (18),
das 18jährige Fräulein C H (24),
das 16jährige Fräulein C I (31),
die 29jährige Frau C J (48),
das 15jährige Fräulein C K (10),
die 25jährige Frau C L (27),
die 19jährige Frau C M (36),
das 14jährige Fräulein C N (25),
das 17jährige Fräulein C O (39),
das 22jährige Fräulein C P (50),
das 16jährige Fräulein C Q (14),
den 28jährigen Herrn C R (44),
den 41jährigen Herrn C S (12),
den 52jährigen Herrn C T (21).

4.3.2.1. *Selbstbild und Ich-Ideal*

Der 18jährige *Herr C B* zeigt enge Parallelen zu Herrn C A. Er schildert sich als hoffnungslosen Außenseiter, obwohl er alles tut, um sich anderen nützlich zu machen. Und doch findet er weder bei seinen Eltern noch bei den Klassenkameraden Verständnis. In einer Art Sendungsbewußtsein kämpft er für Gerechtigkeit, gegen repressive Strukturen, ist Pazifist und fordert Menschlichkeit von autoritären Lehrern. Irgendwie aber mißlingt ihm alles. Seine Versetzung in die nächste Klasse ist gefährdet. Im Rahmen einer häuslichen Auseinandersetzung wegen der schlechten Zensuren greift die Mutter das alte Streitobjekt, seine langen Haare, wieder auf und stellt ihm das Ultimatum: Entweder lasse er sich bis zum Abend die Haare schneiden, oder sie werfe ihn aus dem Haus. Darauf nimmt er zwölf Schlaftabletten.

Der 20jährige *Herr C C* hat sich «schon immer» zurückgesetzt gefühlt. Zeitweilig hat er resigniert auf nähere Kontakte ganz verzichtet, um seinen Weg ganz allein zu machen. Wegen wiederholter Diebstähle ist er vorbestraft, muß sich zur Zeit in einem Bewährungsheim aufhalten, was ihn aber wenig berührt. Er hält die Strafe für gerecht, hat freiwillig Straftaten eingestanden, deren er gar nicht verdächtigt worden war. Er führt sich gut und erhält regelmäßig Wochenendurlaube. An einem dieser Wochenenden hat er ein Mädchen kennengelernt, die Mutter eines unehelichen Kindes, die schon einen Selbstmordversuch hinter sich hatte. Ihr hat er sich in stürmischer Zuneigung angeschlossen. Nun erwartete er, innerhalb von Stunden aus dem Heim entlassen zu werden. Reale Hindernisse schienen für ihn nicht zu gelten. Er machte einen Selbstmordversuch, als er gezwungen war, sich nach einem Wochenende von der Freundin zu trennen, um in das Bewährungsheim zurückzukehren.

Der 22jährige *Herr C D* kann seine Situation nur schwer schildern. Soweit zu erfahren war, hat er sich stets isoliert gefühlt. Nur der Vater kümmert sich um ihn. Obwohl offenbar wenig begabt, hat er sich in einen vom Vater gewünschten Beruf drängen lassen. Auf dessen Wunsch besuchte er auch eine Fortbildungsschule und teilte die unrealistisch hohen Erwartungen des Vaters. Als sich herausstellte, daß er in der Schule versagte, lief er einen Nachmittag verstört in der Stadt umher. Der unerträgliche Gedanke betraf nicht so sehr sein Versagen als die Befürchtung, nun das Interesse des Vaters verscherzt zu haben. Unter diesem Eindruck nahm er ein Pflanzengift.

Das 17jährige *Fräulein C E* schildert sich als einen einsamen, getriebenen, unglücklichen Menschen, der in seinem Beruf unzufrieden ist, der überall abgeschoben wird und dessen einzige positive Beziehung eine intensive, seit Jahren bestehende Verliebtheit in eine Lehrerin ist, die von der Umgebung aber als homosexuell mißdeutet werde. Sie lebt nun in einer Art Traumwelt von Liebe, wo es nur sie und die Lehrerin gibt. Erstmals fühlte sie sich ganz glücklich, ja einmalig und großartig. Wegen des Verdachts homosexueller Beziehungen – die von der Patientin bestritten werden – wurde sie aus dem Heim verwiesen. Das Jugendamt kontrolliert alle ihre Reisen, um zu verhindern, daß sie die Lehrerin wieder aufsucht. Um in ihrer Verlassenheit wenigstens irgendeinen Menschen zu haben und ihre unglücklichen Liebesgefühle wenigstens «halbieren» zu können, ließ sie sich kürzlich von einem ihr völlig unbekannten Mann schwängern. Den Mann hat sie auch nie wiedergesehen. Sie nahm eine in E 605 getauchte Apfelsine zu sich, als sie ihre Schwangerschaft plötzlich bedroht sah.

Das 17jährige *Fräulein C F* war bis zur mittleren Reife ein gefügiges Kind ihrer Eltern, in der Schule aber «der Außenseiter, der nichts mitmacht». Sie fühlte sich ratlos, allein gelassen, das Leben schien ohne Sinn. Im letzten Jahr aber hatte sie bemerkt, daß es Menschen gibt, die Interesse an ihr zeigen und ihr zuhören, selber Probleme haben und sie ernst nehmen. Von nun an sah sie als Sinn ihres Lebens an, jemanden zu finden, der sie versteht und der sie braucht. – Unter einer Gruppe von Jugendlichen fand sie tatsächlich einen ausländischen Studenten, von dem sie sich so verstanden fühlte, daß sie meinte, mit ihm in einer Traumwelt leben zu können. Sie schildert eine häufige Wunschphantasie: mitten in einem ganz schwarz ausgeschlagenen

Zimmer zu liegen, Haschisch zu rauchen und in der Phantasie ihre Freunde kommen zu lassen. – Die Beziehung geriet in Gefahr, als die Realität hereinbrach in Gestalt von sexuellen Beziehungen, die der Freund mehr oder weniger erzwang, und drängenden Heiratsplänen unter Zuhilfenahme von Selbstmorddrohungen seinerseits. Daraufhin unternahm die Patientin den Selbstmordversuch.

Das 16jährige *Fräulein C G* bezeichnet sich als außerordentlich selbstunsicher und «schrecklich abhängig vom Urteil anderer». Dabei falle es ihr sehr schwer, Kontakte aufzunehmen, und trotz mehrerer Freundschaften in den letzten Jahren fühle sie sich «in der Wurzel allein». Seit zwei Jahren ist sie mit einem Mann befreundet, der zweimal eine wichtige Prüfung nicht bestanden und ein Jahr im Gefängnis gesessen hatte. Ihm glaubte sie eine entscheidende Stütze sein zu können und zu müssen. Sie tolerierte vieles an ihm, auch daß er andere Freundinnen hatte. Eines Abends hörte sie, es gehe ihm schlecht. Sie ging zu ihm, um mit ihm zu sprechen und einfach bei ihm zu sein. Er aber verführte sie bloß. Das habe sie wahnsinnig enttäuscht und in ihr erstmals Suizidimpulse ausgelöst. Um ihre Eltern nicht zu enttäuschen, fühlt sie sich verpflichtet, die sorglos unbeschwerte Tochter vorleben zu müssen. Den Suizidversuch unternahm sie, als ihre Eltern zu einem Elternabend in die Schule gingen, wo sie hören würden, daß ihre Versetzung in Frage gestellt sei.

Das 17jährige *Fräulein C H* sieht sich als jemanden, der sein eigenes Leben leben möchte, aber ständig auf Unverständnis und Ablehnung stößt. Sie kann sich bis in die Kindergartenzeit zurückerinnern und kennt niemanden, «der mich wirklich gern hatte, so wie ich bin». Sie zweifelt, ob es etwas anderes als Heuchelei, Eifersucht und Egoismus unter Menschen geben könne. Zu Hause sei sie «die Böse». Ursprünglich habe sie sich verzweifelt bemüht, den Eltern das Gegenteil zu beweisen. Das bemerkte oder glaubte ihr niemand, «und jetzt will ich auch nicht mehr». – Besonders schlimm ist es in der letzten Zeit, daß ihr Verhalten von den Männern mißdeutet wird. Sie findet Männer, besonders ältere, erfahrene Männer, interessant. Sie möchte Kameradschaft, Gespräche, wünscht etwas zu lernen. Mit großer Regelmäßigkeit wollen die Männer aber «was Sexuelles» von ihr. An sich ist Sexualität ihr gleichgültig. «Wenn die Männer so was brauchen, bitte!» Sie möchte aber etwas anderes, wichtigeres, nämlich Reden und Verstandenwerden. «Aber das gibt es wohl nicht.» Eines Tages mißdeutete ihre Mutter ihr spätes Heimkommen als sexuelle Entgleisung. Sie verzichtete auf eine Erklärung, forderte die Mutter vielmehr auf: «Schlag doch zu!» In der Nacht beschloß sie, sich am Morgen das Leben zu nehmen. Zynisch registrierte sie am nächsten Tag, daß die Mutter nicht einmal bemerkte, daß sie keine Bücher mitnahm wie sonst, wenn sie in die Schule ging. In der Nähe eines Flusses nahm sie 40 Tabletten.

Das 16jährige *Fräulein C I* macht einen madonnenhaften Eindruck. Sie ist zwar freundlich, aber sehr distanziert, spricht wie aus einer anderen Welt.

Sie weiß eigentlich nicht, warum sie lebt. Seit zwei Jahren versucht sie fast täglich, von ihrer Mutter zu erfahren, was denn am Leben dran sei. Die Mutter erkläre aber nur: «Ach, Unsinn!» Zwar gehe sie arbeiten, auch tanzen, aber im Grunde sei ihr alles gleichgültig gewesen, bis sie vor zwei Monaten ihren Freund kennenlernte. Das sei ein Mensch «ohne Hintergedanken». Er gebe sich viel Mühe um sie, und mit ihm könne sie wirklich über vieles reden. – Als dieser Freund sich zu einem Rendezvous verspätete, ging sie nach 15 Minuten fort und schluckte 24 Schlaftabletten.

Die 29jährige *Frau C J* kommt sich vor wie der «Fänger im Roggen» von Salinger, der bei den Menschen Verständnis sucht, es aber nicht findet. Sie weiß nicht, ob sie nicht «das schlimmste Wesen überhaupt» ist, für das sie sich bis zu ihrem 16. Lebensjahr gehalten hat, oder ob sie nicht eigentlich «ganz gut» ist. Sie hat den Wunsch, jemanden zu finden, der sie «wirklich versteht». Sie verhält sich aber enorm mißtrauisch und ruppig abweisend. Mit dieser provozierenden Ruppigkeit hat sie aber einen unerwünschten Erfolg. Viele Männer halten sie für ordinär und leicht zu haben. Das kränkt sie enorm; denn was sie will, ist nicht Sex, sondern Verstehen. Obwohl sie einräumt, daß sich ihr Mann große Mühe gibt, genügt er nicht ihren Ansprüchen. Den Suizidversuch unternahm sie, als ein Vorgesetzter, der längere Zeit auf ihre speziellen Interessen bewundernd und fördernd eingegangen war und zu dem sie Vertrauen gefaßt hatte, plötzlich zudringlich wurde.

Das 15jährige *Fräulein C K* steht isoliert und verängstigt dem häuslichen Kleinkrieg gegenüber. Die erste Ehe der Mutter zerbrach an den dauernden Streitigkeiten; die seit drei Jahren bestehende neue Beziehung zu einem Verlobten, der bereits im Haus wohnt, steht unter ähnlichen Spannungen. Fräulein C K versucht zu schlichten, wo sie kann. Sie fürchtet, die Mutter könne sie und die ältere Schwester fortschicken, um die neue Beziehung zu retten. «Dabei brauchen wir sie doch noch!» Nach einer Auseinandersetzung mit der Schwester ließ sich die Patientin hinreißen, diese zu schlagen. Nun wurde die Angst, verlassen zu werden, so groß, daß sie Brennspiritus trank.

Die 25jährige *Frau C L* erlebt sich als nie geliebtes, ewig getadeltes und verstoßenes Kind, und doch erwartet sie stets das große Glück, das doch irgendwann kommen muß. Nach einer gescheiterten Ehe und einer abgebrochenen Verlobung lernte sie einen Soldaten kennen, der sich für sie interessierte und sich in einem für sie ganz unbekannten Maße fürsorglich um sie kümmerte. Erstmals fühlte sie sich angenommen, geliebt, hochgeschätzt, verstanden. Als ein Brief ein Zögern bezüglich des Heiratstermins erkennen ließ, nahm sie 26 Tabletten.

Die 19jährige *Frau C M* versucht sich trotzig gegen die Vernachlässigung, vor allem durch die Mutter, zu wehren. Sehr früh, nämlich mit 16 Jahren, heiratete sie einen Mann, der ihr nie erlebte Fürsorglichkeit entgegenbrachte. Nach kurzer Zeit empfand sie seine Fürsorglichkeit aber als neue Einschränkung und Zurücksetzung, gegen die sie sich auflehnte; nur von ihrem sieben Monate alten Sohn fühlte sie sich noch akzeptiert. Der Suizidversuch erfolgte, als in einem der häufigen Streite der Ehemann drohte, er werde dem Sohn später erzählen, was für eine schlechte Frau sie sei.

Das 14jährige *Fräulein C N* fühlt sich schrecklich einsam. Sie sei wohl selber schuld daran, daß man sie nicht mag, überlegt sie. Sie schildert, wie sie immer wieder durch brüskierende Arroganz alle sich anbahnenden Kontakte zerstört. Dennoch hofft sie mit jeder neuen Schülerin, die in ihr Internat eintritt, auf Erlösung aus ihrer Isolation. «Ich brauche eine Freundin ganz für mich alleine, aber das gibt's ja nicht.» Den Suizidversuch unternahm sie, als sie zu Unrecht eines Diebstahls verdächtigt wurde und sich die ganze Klasse von ihr zurückzog.

Das 17jährige *Fräulein C O* fühlt sich einfach unverstanden, als das einsame Opfer sinnloser Erziehungsversuche, stets bedroht, wieder in ein Heim abgeschoben zu werden. Alle ihre Erklärungsversuche und einlenkenden Bemühungen nützen nichts. Sie fühlt sich einigermaßen wohl nur in einer Clique von Gleichaltrigen, die ihren Eltern aber nicht genehm ist. Wenn sie allein ist, muß sie laute Musik hören, «sonst platze ich». Sie hat die Vorstellung, ihr könne geholfen werden, wenn sie zu einer alleinstehenden Frau ziehen dürfe. Als die Eltern sich wegen der Erziehungsschwierigkeiten an das Jugendamt wenden und erneut Heimeinweisung droht, unternimmt sie einen Selbstmordversuch.

Das 22jährige *Fräulein C P* kann die Kluft zwischen Anspruch und Realität besonders gut darstellen. Sie spürt enorme Fähigkeiten in sich, eine Vitalität, neben der der Tod nicht Verlust, sondern Erfüllung ist. Sie ist sicher, ihr Leben für ihren Verlobten wie eine Kerze verzehren lassen zu können, so daß dieser zu etwas ganz Großem befähigt wird. Zugleich spürt sie, wie eine gefährliche Macht von ihr ausgeht: Sie könne Menschen an sich ziehen und dann in den Tod treiben. Aber wo sind diese Menschen? Die Beziehungen, die sie anknüpft, brechen rasch ab. Zwar ist da (noch) ihr Verlobter, aber eine Geste, ein ungeduldiges Wort von ihm kann sie tief treffen. Sie kann dann stundenlang heulen und «möchte zu Mama». Sie sucht jemanden, der wirklich zuverlässig zu ihr hält, kann aber zugleich nicht glauben, daß es so etwas wirklich geben kann. Den Selbstmordversuch unternimmt sie, als ihr zugetragen wird, ihr Verlobter habe eine abfällige Bemerkung über sie gemacht.

Das 16jährige *Fräulein C Q* klagt, daß sie als ältestes von vier Kindern kranker Eltern (Vater schizophren, Mutter mehrfach depressiv) nie sie selber sein durfte. Immer hatte sie mitzuhelfen. Sie sei «Mutters Stellvertreterin» und hatte selbstverständlich in allem ihrer Meinung zu sein. Vor drei Wochen lernte sie einen Freund kennen und mit ihm etwas, das ihr vorher «undenkbar» erschienen war. Sie konnte mit ihm «über alles» reden und fühlte sich von ihm verstanden. Als die Mutter eines Tages beobachtete, wie sie sich von ihm «um die Hüfte fassen» ließ, konnte sie ihren Abscheu nicht genug ausdrücken. Sie unterstellte ihr rein sexuelle Absichten, erlegte ihr Hausverbot auf und drohte mit dem Jugendamt. Zunächst dachte die Patientin daran, einfach fortzulaufen. Als die Mutter am nächsten Tag die Anzüglichkeiten fortsetzte, putzte sie die Küche, «um es der Mutter so gut wie möglich zu machen», und trank dann eine Flasche mit Schlafmittel aus.

Der 28jährige *Herr C R* lebt «schon immer» in dem Gefühl, überflüssig, anderen lästig, wertlos, fünftes Rad am Wagen zu sein. Obwohl er eine Frau hat, von der er sagen muß, daß sie trotz allem zu ihm halte und eigentlich «sehr nett» sei, zweifelt er immer wieder an ihrer Zuneigung. Seine Zweifel erstickt er, indem er sich periodisch sinnlos betrinkt. Anschließend aber sind seine Selbstwertzweifel nur um so quälender. Als seine Frau eines Tages begeistert von einer Familienfeier berichtete, zu der sie ohne ihn gehen mußte, weil er sich geweigert hatte, überfiel ihn wieder das Gefühl, ausgestoßen und dazu noch eine Belastung für Frau und Kinder zu sein. Mit 40 Schlaftabletten wollte er dem Zustand ein Ende bereiten.

Der 41jährige *Herr C S* kann sich nur wohl fühlen, wenn seine (übrigens fünf Jahre ältere) Frau sehr freundlich zu ihm ist, ihn tröstet, bestätigt, versorgt und ihn ihrer Liebe versichert. Seit eineinhalb Jahren geht dies aber nicht mehr so, wie das früher möglich war. Er fühlt sich vernachlässigt, zurückgesetzt, ungeliebt. «Ich kann es nicht ertragen, wenn sie nicht mit mir spricht», weint er. Es gibt keine schwerwiegenden Gründe für die mangelnde Kommunikation, nur daß die Frau seit eineinhalb Jahren wieder berufstätig und abends müde ist. Ein Wortwechsel um eine Erziehungsfrage erschütterte eines Tages Herrn C S so, daß er einen Strick nahm und sich im Keller zu erhängen versuchte. Dabei wurde er von seiner Tochter beobachtet, die die Mutter zu Hilfe rief.

Der 52jährige *Herr C T* schließlich schildert sich als einen einsamen und von Heimweh (nach seiner in der DDR zurückgebliebenen Frau) gequälten Menschen. Er sehnt sich nach Wärme und Geborgenheit, fühlt sich aber ausgestoßen, heimatlos, «wie ein Bettler». Der unerwartete Besuch einer Bekannten aus der DDR und die Vorweihnachtszeit stellten ihm seine hoffnungslose Situation so drastisch vor Augen, daß er in der Nähe des Bahnhofs 20 Schlaftabletten einnahm.

Zusammenfassend läßt sich sagen, daß das Selbstbild der Patienten dieser Gruppe geprägt ist von dem Gefühl, einsam, abgelehnt, unverstanden, ungeliebt, nicht akzeptiert zu sein, und dem dringenden Wunsch nach dem Gegenteil, nach einer dauerhaften, zuverlässigen, befriedigenden Beziehung. Das Einsamkeitsgefühl hat aber bei genauerer Betrachtung regelmäßig etwas Einmaliges, Tragisches, Außergewöhnliches, wie auch der Wunsch nach einer guten Beziehung etwas ganz Großes, Einmaliges, Traumhaftes meint. Die Nähe zu Rauschzuständen drängt sich oft geradezu auf. Soweit sexuelle Beziehungen eine Rolle spielen, werden sie günstigenfalls toleriert, oft als unwesentlich oder ungünstigenfalls als Ausdruck von Mißachtung abgelehnt. Was ersehnt wird, ist unmittelbares Verstandenwerden, fragloses Akzeptiertsein.

Der Außenstehende spürt den elementaren, fast süchtig zu nennenden Charakter der Kontaktwünsche ebenso wie deren enorme Zerbrechlichkeit. Einerseits wegen des unrealistischen Anspruches und wegen der hinter den vordergründigen Klagen stehenden hohen Selbsteinschätzung, andererseits aber wegen der Besonderheiten der Interaktion (s. u.) werden diese Wünsche fast notwendig mißverstanden und enttäuscht. Der Suizidversuch erfolgt in Situationen, wenn unerwartet eine Hoffnung zerbricht, wenn – wie eine Patientin es formuliert – «ich wieder in ein Loch falle».

4.3.2.2. Zwischenmenschliche Beziehungen und Interaktion

Die zwischenmenschlichen Beziehungen von *Herrn C A* waren charakterisiert durch den Zwiespalt, daß eine gute Beziehung dringend erwünscht, ja von fundamentaler Bedeutung für ihn war: diese wurde aber durch ein ihm nur zum Teil bewußtes abweisendes und provozierendes Verhalten ständig wieder in Frage gestellt. Dabei konnte er nicht sehen, wie wenig Rücksicht er auf die Individualität seiner Partner nahm. Von Mutter, Freunden, Freundin, Arzt etc. erwartete er wie selbstverständlich ein Eingehen auf seine Bedürfnisse und geriet in Panik, wenn sie sich von ihm zurückzogen.

Der 19jährige *Herr C B* hat keinen Freund. Er fühlt sich in der Klasse fehl am Platz. Beziehungen zu Mädchen sieht er «auf das Sexuelle reduziert, es ist bei allen dasselbe». Nur die Mutter ist wichtig in seinem Leben, aber auch nicht eindeutig. Einerseits besteht mit ihr eine tiefe Vertrautheit. Er schildert, wie sie sich zeitweilig fast wortlos verstehen. Dann aber fühlt er sich bevormundet, eingeengt, mißachtet, so daß er auf sein Recht pochen muß. Der beliebteste Gegenstand von Auseinandersetzungen sind seine langen Haare. Bei der Interaktion mit dem Referenten blieb Herr C B im ersten Gespräch sehr distanziert. Er verhielt sich zwar höflich, jedoch passiv abwartend, emotional unbeteiligt, frustrierend. In den weiteren Gesprächen dagegen war er wie ein kleiner Junge, der ungläubig dankbar bemerkte, daß sich jemand um ihn kümmerte.

Der 20jährige *Herr C C* hat keine Freunde. «Ich lege auch keinen Wert darauf.» Bruder und Stiefvater mögen ihn nicht. Seine Mutter ist der einzige Mensch, der zu ihm hält, aber immer wieder einmal Anlaß zu explosiven Streitigkeiten. Die neue Freundin ist jemand wie er: verstoßen, unglücklich, von Selbstmord bedroht. An sie knüpft er enorme Erwartungen von Verständnis und Geborgenheit. Eine kurze Trennung von ihr übersteigt seine Toleranz. – In der Interaktion bleibt Herr C C für den Referenten unerreichbar. Wortkarg, teilnahmslos, wie abwesend wirft er nur knappe Antworten hin. Der Referent hat das Gefühl, ihm lästig zu sein. Nur ganz flüchtig tauchen wütend-verzweifelte Passagen auf, aus denen er rasch wieder in seine düstere Verschlossenheit zurücksinkt. Im psychologischen Test geht es, soweit er überhaupt bereit ist, Geschichten zu erfinden, ausschließlich um aggressive Beziehungen zwischen den Personen.

Ähnlich liegen die Verhältnisse bei dem 22jährigen *Herrn C D*. Es gibt nur eine Person, die er mit schüchternem Lächeln erwähnt und bei der er spontan und anteilnehmend wirkt: die um zehn Jahre ältere Schwester, die ihn praktisch aufgezogen hat. Als sie ihr erstes Kind bekam, war er es, der sich um es kümmerte. Er schilderte relativ gelöst, wie er das Baby gefüttert, gewaschen und gewickelt hat. In der Interaktion bleibt er unbeteiligt düster, wie in einer anderen Welt. Beim Test verhält er sich extrem unselbständig, anleitungs- und ermunterungsbedürftig. In den Geschichten geht es nur um Mord, Unglück, Überfall, Streit, Herzschlag, Tottrampeln, Raub, Einbruch.

Das 17jährige *Fräulein C E* hat nur einen Menschen in ihrem Leben kennengelernt, von dem sie sich akzeptiert glaubte, eine Lehrerin. Von ihr hat man sie gewaltsam getrennt, weil die Beziehung als lesbisch gedeutet wurde. Um überhaupt einen Menschen zu haben, hat sie sich von einem wildfremden Mann ein Kind «machen lassen». Als sie fürchten muß, das Kind nicht austragen zu können, unternimmt sie den Selbstmordversuch. Die Interaktion ist ungewöhnlich karg und bleibt fast ohne emotionales Engagement dem Referenten gegenüber. Lediglich averbal schien sie anzudeuten, um was es ging. Auf eine Frage, wie es denn weitergehen solle, verkroch sie sich plötzlich halb unter der Bettdecke, verhüllte ihr Gesicht und klagte über ihre schmerzliche Verliebtheit in die unerreichbare Lehrerin. Dabei warf sie sich wie ein Kleinkind im Bett umher, kuschelte sich in die Kissen, atmete heftig, wie erregt, krümmte sich dann wieder ganz zusammen, schien sich an jemanden anzuschmiegen, ihm etwas zuzuflüstern. Den Referenten hatte sie offenbar zeitweilig vergessen. Ihr Verhalten machte den Eindruck, daß sie sich nach der Nähe eines Menschen sehnte, dem sie sich wie ein Kind anvertrauen kann. Als der Referent das in diesem Sinne deutet, wird sie ruhig, spricht nicht, blickt aber verträumt ins Weite.

Das 17jährige *Fräulein C F* spricht nur von einer Person mit einiger Wärme, der Großmutter, die sie in den ersten sechs Lebensjahren aufzog. Andere Personen scheinen ihr nichts zu bedeuten. Die Eltern beklagen sich über eine unverständliche Ablehnung durch sie. Wenige Personen haben in der letzten Zeit ihr starkes Interesse erregt. Wie eine Offenbarung schien es ihr, als sie unter einer Gruppe von Jugendlichen einen Mann fand, der ihr eine ganze Nacht lang zuhörte, ohne den Versuch zu machen, sie zu verführen. Dann aber gewann der Eindruck Oberhand, daß er sie doch nicht richtig verstünde. Abrupt zog sie sich von ihm zurück. Etwas Ähnliches ging mit dem Studenten vor sich, dasselbe in der Interaktion: Nach anfänglichem Schwanken zwischen zynischer Zurückweisung und dankbarem Annehmen entwickelte sich rasch eine fast süchtige Anhänglichkeit. Fräulein C F kam täglich, auch als sie hohes Fieber hatte. Sie ist bedingungslos offen und von kindlicher Zutraulichkeit. Immer wieder aber wird sie stutzig. Sie argwöhnt Falschheit auf seiten des Referenten, vermutet Tricks, nur wissenschaftliches Interesse, Pflichtübung oder sexuelle Wünsche. Der Referent deutet ihr den Argwohn als eine verständliche Übertragung ihrer Lebenserfahrungen auf seine Person, was ihr Mißtrauen entschärft. Auf diese Weise gelang es, ihre Suizidabsichten, ihre überstürzten Heirats- und Fluchtpläne ins Ausland rückgängig zu machen und ihre eigentliche Motivation zu erkennen: die Suche nach einem Menschen, der sie annimmt, oder, falls das nicht möglich ist, die Suche nach einem Menschen, der sie ebenso braucht wie sie ihn. Die Bitte um Beschaffung eines Überweisungsscheins zur Fortsetzung der Psychotherapie decouvrierte in den Augen von Fräulein C F die egoistische Motivation des Referenten. Brieflich sagte sie weitere Beratungen ab.

Ganz ähnlich suchen das 16jährige *Fräulein C G* und das 18jährige *Fräulein C H* nach jemandem, der sie versteht, der sie «wirklich gern hat, so wie ich bin». Sie wenden sich mit Riesenerwartungen Freunden zu, die entweder als «sonny boys» sie mitreißen oder als «arme Schweine» sie dringend brauchen. Enttäuscht lassen sie sie fallen, wenn sie egoistische Motive auch nur vermuten. In der Interaktion wiederholt sich derselbe Vorgang: rasche, naive Zutraulichkeit, dankbare Mitarbeit, die zunächst eine gute Konfliktbearbeitung erlaubt, dann unvermittelter Abbruch der Beratung aus einer Enttäuschung heraus. Die Beziehungen der Personen in den Geschichten der Object Relation Technique sind bei beiden unzuverlässig, rücksichtslos, bestimmt von Neid, Egoismus, Lüge, Mißverstehen. Als Lösung gibt es eine romantisch verklärte Einsamkeit. Beide beschreiben ihre Vorstellungen vom Tod durch Selbstmord als ein Hinabsinken in Geborgenheit.

Das 16jährige *Fräulein C I* versteht sich mit niemandem so gut wie mit der Mutter, und dennoch mißverstehe die Mutter sie dauernd, glaube ihr nicht, mißdeute ihre Motive. Sie sucht jemanden, der keinen Hintergedanken hat, jemanden, der ihr zuhört und sie versteht. Sie hat nun einen solchen Menschen gefunden in ihrem neuen Freund. Eine Verspätung von 15 Minuten kann sie aber nicht ertragen: Sie erlebt sie – wie sich hinterher herausstellt, völlig zu Unrecht – als Verlassenwerden und vergiftet sich. In der Interaktion ist sie zunächst distanziert, abwesend, wie verträumt. In den weiteren Sitzungen wird sie zutraulicher, kooperativ, freundschaftlich, so daß der Referent relativ bald wie ein alter Bekannter begrüßt wird. Irgend etwas Störendes, das der Referent nicht begriffen hat, muß dann dazu geführt haben, daß Fräulein C I nicht mehr erschien und nichts mehr von sich hören ließ.

Das 15jährige *Fräulein C K* hängt verzweifelt an der Mutter, die sich ihr zu entziehen droht und «die wir doch noch so brauchen». Ihr Jähzornsausbruch gegenüber der Schwester führte die Gefahr des «Rausschmisses» durch die Mutter herauf, dem sie durch den Selbstmordversuch zuvorkommen wollte. In der Interaktion entwickelte sich nach anfänglichem Zögern eine zutrauliche, dankbare Zusammenarbeit, die bald den Charakter einer Komplizenschaft annahm. Es zeigte sich in den Gesprächen, daß die Patientin in einer Nachbarin eine Art Muttterersatz erlebte. Bei ihr fühlte sie sich wohl, verstanden und freundschaftlich beruhigt. Die Mutter hatte aber diese Besuche unterbunden. In einem Gespräch mit der Mutter konnten die

Befürchtungen der Patientin und auch die Rolle der Nachbarin besprochen werden, und die Mutter war bereit, die Besuche bei der Nachbarin wieder zu erlauben. Das nahm die Patientin mit großer Erleichterung auf.

Die 25jährige *Frau C L* hat für ihr Gefühl niemanden, der wirklich zu ihr hält, nicht einmal die Mutter, obwohl die eigentlich wissen müßte, daß sie den anderen Geschwistern charakterlich überlegen sei. Ihr Verlobter, der Soldat, bietet ihr das, was sie schon nicht mehr für möglich gehalten hat: Freundschaft, Fürsorge, Geschenke, Geduld, tägliche Briefe. Ein leiser Zweifel an seiner Zuverlässigkeit reicht aber aus, um sie verzweifeln zu lassen. In der Interaktion ist die Patientin rasch von einer anklammernden Bereitwilligkeit. Der Referent hat den Eindruck, es mit einem völlig hilflosen Kind zu tun zu haben. Frau C L läßt sich fast willenlos leiten. Eine Rückfrage bei dem Verlobten stellt die Befürchtung, die zum Suizidversuch geführt hatte, als Mißverständnis heraus, womit der aktuelle Konflikt beseitigt war.

Die 19jährige *Frau C M* schildert die Mutter als extrem karg, abweisend, ohne Zeit und Interesse für sie. Dennoch hängt sie an ihr und bewundert sie. Von Vater und Bruder spricht sie nur in Relation zu ihr. Ihr Ehemann erwies sich zunächst als der Mensch, nach dem sie sich gesehnt hatte. Er war lieb, gut, fürsorglich, rücksichtsvoll. Bald aber empfand sie ihn als einschränkend, verständnislos und egoistisch. Nun ist nur noch der kleine Sohn «der einzige, der mich anlächelt». Die Drohung ihres Mannes, später dem Sohn zu erzählen, wie schlecht sie sei, gefährdete ihre einzig verbliebene positive Beziehung und führte zum Suizidversuch. Der Referent vermochte über eine sachliche Besprechung der Probleme mit ihr und später auch mit ihrem Mann die Patientin emotional nicht zu erreichen; sie blieb weiteren Gesprächen einfach fern.

Das 14jährige *Fräulein C N* steckt voll bitteren Protestes gegen die Mutter, die ewig an ihr herumnörgelt, die keine Kinder mag, die vertrauliche Dinge ausplaudert. Sie wurde früh in ein Internat gesteckt. Ihr vergebliches, weil durch ihr eigenes provozierendes Verhalten immer wieder torpediertes Bemühen geht dahin, «eine Freundin ganz für mich alleine» zu haben. In der ersten Sitzung bleibt Fräulein C N teilnahmslos, mürrisch, gleichgültig. Sie verkriecht sich in die Kissen, wirft sich hin und her, spricht versonnen vor sich hin, zum Teil so leise, daß der Referent nichts versteht. Dieser hat nicht das Gefühl von Provokation, vielmehr das von Resignation. Vom dritten Gespräch an ist sie wie verwandelt. «Ich muß sagen, Sie haben mir wieder Hoffnung gemacht, das haben Sie geschafft.» Es folgen dann sehr anhängliche und bemühte Gespräche, in die später der Vater mit einbezogen werden kann und die zu einer Entschärfung der Situation führen.

Das 17jährige *Fräulein C O* wurde von der Großmutter aufgezogen. Diese sei zwar jemand, der sich um alles sorge und um den sich alles dreht; in der letzten Zeit empfinde sie die Oma aber als einschränkend, ewig warnend, nörgelnd, tadelnd. Nur in ihrer Clique kann sie sich wohl fühlen. Da versteht man sie, da fühlt sie sich angenommen. Wegen abendlichen Ausbleibens und wegen Fortbleibens von der Arbeit hat der Stiefvater ihr die Clique verboten. Als Heimunterbringung drohte, nahm sie Tabletten. Mit dem Referenten kommt ein Arbeitsbündnis nicht zustande. Zwar bietet Fräulein C O ihre Probleme an, nimmt sie dann aber rasch und bagatellisierend zurück. Flüchtige Einsicht und Beschuldigung anderer, traurige Ernsthaftigkeit und albernes Kichern, kurze Mitarbeit und lange Ausflüchte wechseln sich in einem frustrierenden Hin und Her ab. Als das Jugendamt ein Arrangement gefunden hatte, war die Patientin wider Erwarten mit dieser Regelung einverstanden.

Auch für das 22jährige *Fräulein C P* ist die Mutter die zentrale Person ihres Lebens. An ihr hängt sie so, daß sie, wenn sie unglücklich ist, stundenlang weinen und nach der Mama rufen kann. Jede tatsächliche Begegnung mit ihr zeigt ihr aber den «Abgrund», der zwischen der Mutter und ihr besteht. In dem Gefühl «Niemand mag mich, niemand mag mich» ist sie auf der Suche nach zuverlässigen Partnern, die ihr vermitteln können, nicht nur sexuell attraktiv zu sein, sondern als Mensch geschätzt zu werden. Es gelingt ihr auch immer wieder, Beziehungen aufzubauen. An diese trägt sie aber einerseits so unrealistisch hohe Erwartungen, andererseits dauernd nagende Zweifel heran, daß sie die Beziehungen ständig gefährdet. Kleinigkeiten genügen schon, um ihr das Gefühl zu geben, daß «alles aus» sei. Genau nach diesem Muster verläuft die Beziehung zum Referenten. Nach anfänglicher mißtrauischer, ja bösartiger Ablehnung entsteht rasch ein starkes Zutrauen, das in der Folgezeit außerordentlich frustrationsanfällig bleibt und von der Patientin ständig auf die Probe gestellt wird. Immerhin konnte durch Fokussieren dieser Verhaltensweisen und durch ihre Deutung eine fruchtbare Psychotherapie über viele Monate in Gang kommen, in der mehrfach auftauchende suizidale Krisen verstanden und entschärft werden konnten und in der ein deutlicher Prozeß zu einer realitätsgerechteren Einstellung zu sich und der Umwelt zu beobachten ist.

Für das 16jährige *Fräulein C Q* war bis vor drei Wochen die Mutter die einzige wichtige Beziehungsperson (vom Vater wird nur wie von einem Fremdkörper gesprochen). Als ältestes Kind war sie die «Mitarbeiterin», ja «Stellvertreterin» ihrer Mutter, was sie lange als Auszeichnung zu würdigen wußte. Mit zunehmendem Alter jedoch wuchs die Distanz zur Mutter, die jetzt als nörglerisch, übertrieben streng, diskussionlos vereinnahmend und bevormundend erlebt wurde. Die Freundschaft mit einem 19jährigen war demgegenüber für sie etwas Großartiges, völlig Neues, vorher «Undenkbares». Der Freund wird als ungemein begabter, grenzenlos verständnisvoller Partner geschildert, mit dem sie alles besprechen kann, an den sich alle ihre Hoffnungen klammern. Die Gefährdung dieser Freundschaft, aber sicher auch die Drohung der Mutter, sie fortzuschicken, und ihre moralische Verurteilung bringen sie zur Verzweiflung.

In der *Interaktion* wechselt die Patientin zwischen gutmütiger Mitarbeit und treuherziger Freundlichkeit einerseits und verträumtem Rückzug und versonnener Unnahbarkeit andererseits. Die Betreuung zog sich über viele Monate hin und verlief nach demselben Muster. Einmal erschien sie in hoher Not und bat um unmittelbare Hilfe, ging dankbar wieder fort und ließ entgegen der Vereinbarung dann wochen- oder monatelang nichts von sich hören.

Der 28jährige *Herr C R* war acht Jahre lang das einzige Kind seiner Mutter. An seinen Vater, der im Krieg fiel, hat er keine Erinnerungen. Mit seinem Stiefvater, den die Mutter heiratete, als er vier Jahre alt war, verstand er sich nie. Schildert er seine Mutter, so gibt es lauter Superlative; den Stiefvater treffen Ablehnung und Hohn. Obwohl seine Mutter und er so aneinander hingen, war sein Gefühl, überflüssig und lästig zu sein (s. Selbstdarstellung), nicht zu beschwichtigen. Als Jugendlicher machte er monatelang einsame Fahrradtouren, «um mir zu beweisen, daß ich auch allein fertig werde». Als die Mutter starb, heiratete er eine Frau, die er mit fast identischen Eigenschaften wie denen seiner Mutter schildert. Seitdem aber trinkt er und quält sich mit seinen Selbstwertzweifeln und der Angst, verlassen zu werden. Oft sage er zu seiner Frau: «Sag doch, daß du mich nicht magst, dann erschieße ich mich.» Seine Frau wird zunehmend ratlos.

Dem Referenten gegenüber ist er von einer kindlichen Vertrauensseligkeit, aber fast völlig aspontan. Wie willenlos tut er alles, was man von ihm will, aber er gibt nichts Eigenes dazu. Trotz seines anfänglichen Engagements entsteht im Referenten zunehmend das Gefühl, den Patienten gar nicht zu erreichen, so daß er die Ehefrau mit in die Beratung einbezieht.

Der 41jährige *Herr C S* berichtet in geradezu kindlicher Weise von der idealen Beziehung, die er früher einmal mit seiner Mutter gehabt habe. Später hat er eine um fünf Jahre ältere Frau geheiratet, von der er ständig mütterlichen Zuspruch, Anerkennung, Trost, Versorgung erwartet. Eine Krise trat ein, als seine Frau wieder berufstätig wurde und abends müde heimkam. Ihre dadurch begründete größere Kargheit verunsicherte Herrn C S so, daß bereits ein kleiner Streit ihn kopflos machte.

Gegenüber dem Referenten ist er hin- und hergerissen zwischen kindlichem Zutrauen und ängstlicher Scheu. Der Umgang mit dem infantilen Mann erweckte im Referenten abwechselnd Erstaunen und Peinlichkeit.

Der 52jährige *Herr C T* ist ebenfalls ein merkwürdig infantiler Mann. Nach seiner Schilderung verband ihn eine besonders innige Beziehung zu seiner Mutter, einer Frau, die zweimal wöchentlich wegen Migräne das Bett hüten mußte, sonst aber als sehr tüchtig geschildert wird. Da der Vater sich wenig um sie und die elf Kinder kümmerte, mußte sie auch an Wochenenden Geld verdienen durch Waschen und Putzen. Seine einzige weitere Beziehungsperson ist seine um ein Jahr ältere Frau, die er als sehr kränklich, ängstlich und unselbständig schildert. Als er vor 18 Jahren die DDR verließ, war abgemacht, daß seine Frau nachkommen werde. Diese entschloß sich aber, bei ihren Eltern zu bleiben. Da er aus politischen Gründen nicht zurückgehen kann, wartet er nun, bis seine Frau in weiteren acht Jahren das Rentenalter erreicht hat und dann – vielleicht – zu ihm zieht.

Im Gespräch mit dem Referenten bricht er bald in Tränen der Dankbarkeit aus. Gefügig beantwortet er jede Frage, lähmt aber die weitere Beratung zunehmend durch seine völlige Passivität.

Zusammenfassend lassen sich die zwischenmenschlichen Beziehungen aller 20 Patienten der Gruppe C wie folgt beschreiben:

Die Patienten fühlen sich ausnahmslos einsam, ausgeschlossen, verbannt, ungeliebt, auch wenn sie oberflächliche Kontakte haben. Oft gibt es eine Person, und zwar stets die Mutter oder eine mütterliche Person, an der sie einerseits in idealisierender, fast süchtiger Weise hängen, von der sie sich andererseits aber ständig frustriert fühlen. Das liegt daran, daß sie überhöhte, die Realität dieser «Mütter» wenig berücksichtigende und ganz auf ihre eigenen Bedürfnisse abgestellte Erwartungen an sie haben und die Beziehung durch provozierendes Verhalten ständig auf die Probe stellen bzw. die gefürchtete Enttäuschung aktiv vorwegnehmen müssen.

So sind sie auf der Suche nach Ersatzmüttern. Denn was sie von den Partnern, die sie finden, erwarten, ist – egal ob Mann oder Frau – das, was die Mutter ihnen vorenthalten hat: dauerhafte, zuverlässige und befriedigende Zuwendung, die ihnen das sichere Gefühl verleiht, als Person voll akzeptiert zu sein. Von daher versteht sich auch die untergeordnete Bedeutung der erotischen und sexuellen Beziehungen. Die unrealistisch hohen Erwartungen an den Partner werden aber notwendig über kurz oder lang enttäuscht. Oft genügen Kleinigkeiten, um die ganze Beziehung in Frage zu stellen. Es kommt hinzu, daß die Selbstunsicherheit dazu führt, die Beziehungen durch nagende Zweifel und den Wunsch nach Bestätigung zusätzlich zu belasten. Dieses sehr charakteristische Verhaltensmuster überträgt sich bei Behandlungen bald auf den Psychotherapeuten und kann dort reflektiert, verstanden und bearbeitet werden (s. u.).

Versagt der Partner aber unerwartet in seiner für die Patienten so elementaren narzißtischen Funktion, fühlt sich der Patient total verlassen, hilflos, «ist alles aus». In solchen Situationen erfolgen häufig Selbstmordhandlungen.

Tabelle 11 zeigt, daß die Anlässe zum Suizidversuch ausnahmslos Trennungserlebnisse oder Trennungsbefürchtungen waren. Die Patienten werden tatsächlich verlassen oder erwarten, verlassen zu werden. Oder sie fühlen sich moralisch verlassen, weil sie verkannt, verachtet werden oder das erwarten. In jedem Fall wird die Trennung als etwas Katastrophales, Endgültiges, Irreversibles empfunden, obwohl es sich objektiv gesehen vielfach um Bagatellen handelt.

Patienten	Anlässe zum Suizidversuch
Herr C A (35)	„Rausschmiß" durch die Mutter.
Herr C B (42)	„Rausschmiß" durch die Mutter.
Herr C C (19)	wird gezwungen, sich vorübergehend von der Freundin zu trennen.
Herr C D (2)	ist überzeugt, das Interesse des Vaters endgültig verscherzt zu haben.
Frl. C E (5)	Die Schwangerschaft ist bedroht; sie fürchtet, das Kind zu verlieren.
Frl. C F (1)	Der Freund droht sie zu verlassen.
Frl. C G (18)	ist überzeugt, die Eltern enttäuscht zu haben.
Frl. C H (24)	fühlt sich von der Mutter mißverstanden und verachtet.
Frl. C I (31)	glaubt, ihr Freund habe sie verlassen.
Frau C J (48)	fühlt sich als Hure verkannt und verachtet.
Frl. C K (10)	fürchtet, die Mutter werde sie aus dem Haus geben.
Frau C L (27)	glaubt, ihr Verlobter ziehe sich zurück.
Frau C M (36)	glaubt, ihr Sohn werde sie verachten.
Frl. C N (25)	Die Klasse verdächtigt sie des Diebstahls und distanziert sich von ihr.
Frl. C O (39)	fürchtet, die Eltern würden sie in ein Heim geben.
Frl. C P (50)	fühlt sich vom Verlobten verachtet.
Frl. C Q (14)	fürchtet Trennung von Freund (und Mutter).
Herr C R (44)	fürchtet Verlassenwerden durch die (mütterliche) Ehefrau.
Herr C S (12)	fürchtet emotionalen Rückzug von Frau und Kindern.
Herr C T (21)	Anläßlich eines Besuches wird ihm seine erzwungene Trennung von seiner Frau bewußt.

Tab. 11: *Anlässe zum Suizidversuch bei den Patienten der Gruppe C*

4.3.2.3. *Biographischer Hintergrund*

Eine Übersicht über die Lebensumstände der frühen Kindheit zeigt, daß in allen 20 Fällen grobe Belastungen vorgelegen haben.

Nur in sechs Familien (C G, C H, C K, C L, C R, C T) waren die *Lebensumstände* äußerlich geordnet, d. h. das Kind wurde von der Mutter aufgezogen, die tagsüber auch da war; aber in diesen Fällen wird die Ehe der Eltern als sehr gespannt, ja turbulent geschildert. In allen weiteren Familien lagen schon äußerliche Belastungen vor, wie uneheliche Geburt, frühe, häufige oder lang dauernde Trennungen von der Mutter, Aufwachsen bei der Großmutter, Tante, bei wechselnden Beziehungspersonen, im Heim o. ä. Vielfach kommen noch familieninterne Probleme hinzu.

Ausnahmslos finden sich auch bei diesen Patienten erhebliche Auffälligkeiten in der *psychischen Entwicklung,* und zwar in allen Fällen nicht nur einzelne Symptome, sondern mehrere.

(Wie Tabelle 7 b und Tabelle 10 ist auch Tabelle 13 sicher unvollständig. Es wurden nur solche Symptome registriert, die von den Patienten entweder spontan oder auf einfaches Befragen genannt wurden. Auf Außenanamnesen und systematisches Nachfragen wurde verzichtet.)

Wie zu erwarten, finden sich am häufigsten *Kontaktstörungen.* Achtzehn von zwanzig Patienten der Gruppe schildern spontan ihre Schwierigkeiten. Die zwei, die sich nicht so sehen, lassen aber erkennen, daß ihre Kontakte nur oberflächlicher Art sind bzw. sich allenfalls auf eine Person beziehen. Bemerkenswert häufig finden sich solche Entwicklungsauffälligkeiten, die die Neigung zu alloplastischer Konfliktlösung, zum *Agieren* anzeigen, wie z. B. Fortlaufen, Streunen, Schwänzen, Stehlen u. ä., nämlich bei zwölf von neunzehn Patienten. (Eine Patientin verweigerte die Auskunft.)

4.3.2.4. *Deutung*

Selbstbild und Ich-Ideal sowie die Art der zwischenmenschlichen Beziehungen machen überdeutlich, daß die Patienten der Gruppe C an dem narzißtischen Problem tragen, ob sie *als Menschen schlechthin akzeptiert werden,* ob es überhaupt jemanden gibt, der dauerhaft zu ihnen hält, der für sie da ist, der sie annimmt.

Die auffallend groben Belastungen in der frühen Kindheit lassen praktisch durchgehend starke, langdauernde emotionale Vernachlässigungen erkennen, aus denen sich das genannte Problem fast zwingend zu ergeben scheint. Das Selbstbild, in dem das Verlassensein verleugnet wird zugunsten von Wunschvorstellungen von Harmonie, Rausch, Glück, fraglosem Verstehen etc., wird ebenso verständlich wie die dauernden nagenden Zweifel und der Zwang, die Beziehungen immer wieder auf die Probe zu stellen bzw. den erwarteten Enttäuschungen aktiv zuvorkommen. Auf derselben Ebene liegen die zwischenmenschlichen Beziehungen, die in ihrer Infantilität und in ihrem suchtartigen Charakter fast bestürzend sind. Gelingt es nicht, die mit ihnen verbundenen Erwartungen und Befürchtungen in dem Übertragungsverhältnis zum Psychotherapeuten anzusprechen und zu bearbeiten, haben diese Patienten kaum eine Chance, aus dem Teufelskreis auszubrechen (vgl. Kap. 5).

4.4. Gruppe X

Fünf Patienten bilden die Gruppe X. Sie wurden von Herrn Dr. Becker und dem Referenten in ihrer Psychodynamik in wesentlichen Punkten unterschiedlich oder unsicher beurteilt; die Diskussion erbrachte keine zwanglose Einigung.

Um einen Vergleich mit den übrigen Patienten zu ermöglichen, seien diese Patienten, nämlich

die 47jährige Frau X A (6),
die 48jährige Frau X B (9),
die 30jährige Frau X C (13),
der 56jährige Herr X D (30),
der 19jährige Herr X E (33)

ebenfalls vorgestellt, und zwar nach den gleichen Kriterien, die an die übrigen 45 Patienten angelegt wurden (Selbstbild, zwischenmenschliche Beziehungen, Interaktion mit dem Referenten und biographischer Hintergrund).

4.4.1. Frau X A

Die 47jährige Frau X A wehrt sich energisch gegen das Eingeständnis, sehr unglücklich zu sein. Obwohl sie einräumt, sie sei «schon immer schwernehmend und oft bedrückt» gewesen, bagatellisiert und rationalisiert sie alle Schwierigkeiten (s. u.); sie interpretiert ihren bisher vierten Selbstmordversuch als unverständliche «Blitzaktion», die ihr halt mal wieder unterlaufen sei. Nur widerwillig und ungenau gibt sie an, was dem Selbstmordversuch eigentlich voranging. Sie deutet Abzahlungsschwierigkeiten an. Näheres, insbesondere der Stellenwert dieser Schwierigkeiten im subjektiven Erleben, war nicht zu erfahren.

Frau X A lebt seit 17 Jahren mit einem um ein Jahr älteren Mann in der Wohnung ihrer Adoptiveltern. Zwischen ihr und ihrem Mann scheint es kaum noch Kommunikation zu geben. Sobald er von der Arbeit kommt, legt er sich ins Bett; auch die Wochenenden verbringt er vorwiegend dort. Er lehnt es ab, sich um die häuslichen Schwierigkeiten zu kümmern. Diese gehen von den Adoptiveltern aus. Der Adoptivvater (69) ist ein stiller Mann; sehr schwierig ist die Adoptivmutter (81). Trotz ihres Alters ist «Oma» die dominierende Person. Was sie sagt, wird getan. («Nur um sechs Ecken kann ich mal einen eigenen Wunsch durchsetzen.») Diese und andere

Patienten	Lebensumstände der frühen Kindheit
Herr C A (35)	Im 3. Lebensjahr ein Jahr stationäre Behandlung; in dieser Zeit Tod des Vaters; vom 4. bis 11. Lebensjahr bei ungeliebter Großmutter.
Herr C B (42)	Nachkömmling; ab 6. Lebensmonat rezidivierende schwere Bronchitiden, ab 4. Lebensjahr häufig Kurverschickungen; Mutter teils zu Hause, teils mit im Geschäft tätig.
Herr C C (19)	Unehelich geboren; irgendwann in den ersten Lebensjahren ging die Mutter fort; von da ab bei Großeltern aufgezogen, bis Großmutter, als Patient acht war, starb; vom Großvater abgelehnt; dann zur Mutter zurück, die inzwischen verheiratet war und zwei Kinder hatte.
Herr C D (2)	Nachkömmling; Mutter stets berufstätig, „nie Zeit"; von Großmutter betreut, welche starb, als er ein Jahr alt war; dann von Schwester (+10) aufgezogen.
Frl. C E (5)	Unehelich geboren; bis zum 5. Lebensjahr im Heim, dann bei einer Tante, später bei einer Großmutter, die aber berufstätig war; ab 9. Lebensjahr wieder im Heim; im 11. Lebensjahr zur Mutter, die inzwischen verheiratet war; im 13. Lebensjahr vom Stiefvater vergewaltigt; nachdem sie ihn angezeigt hatte, wieder ins Heim.
Frl. C F (1)	Mutter berufstätig; in den ersten sechs Lebensjahren bei der Großmutter aufgewachsen, dann wegen der von den Eltern vermuteten Gefahr der Verwöhnung zurück nach Hause; da die Eltern beide berufstätig waren, hielt sie sich tagsüber in der Schule oder im Kinderhort auf.
Frl. C G (18)	Familienverhältnisse äußerlich geordnet; die Mutter aber „nervlich krank", bedurfte steter Schonung, da sie bei Aufregungen Schreikrämpfe bekam; der Vater war an der Patientin desinteressiert.
Frl. C H (24)	Familienverhältnisse äußerlich geordnet, die Eltern hatten aber ständig Streitigkeiten; die Patientin fühlt sich von der Mutter abgelehnt.
Frl. C I (31)	Eltern beide stets berufstätig; bis zum 7. Lebensjahr bei der Großmutter aufgewachsen, dann zu den Eltern zurück. Der Vater prügelte sadistisch Frau und Kinder; er hat mehrere außereheliche Kinder.
Frau C J (48)	Die Mutter litt an Lungentuberkulose, war oft in Sanatorien, starb, als die Patientin sechs Jahre alt war; dann von einer verwitweten kinderlosen Tante aufgezogen; der Vater kümmerte sich nur zu Weihnachten um sie.
Frl. C K (10)	In den ersten Lebensjahren Familienverhältnisse äußerlich geordnet, aber starke Spannungen in der Ehe; der Vater trank, es kam häufig zu nächtlichen Prügelszenen; als die Patientin sechs Jahre alt war, ließen sich die Eltern scheiden; von da an war die Mutter berufstätig.

Patienten	Lebensumstände der frühen Kindheit
Frau C L (27)	Familienverhältnisse äußerlich geordnet; die Ehe der Eltern stand aber unter starken Spannungen; es kam zu heftigsten Streitigkeiten auch vor den Kindern; der Ehemann hat jahrelang bezweifelt, der Vater der Patientin zu sein.
Frau C M (36)	Im Alter von sechs Monaten stationäre Behandlung in verschiedenen Krankenhäusern über eineinhalb Jahre wegen einer Hauterkrankung; in dieser Zeit verließen die Eltern die Stadt; eine Tante kümmerte sich um sie; später war die Mutter stets berufstätig.
Frl. C N (25)	Adoptivkind auf Wunsch des Adoptivvaters gegen das Sträuben der Adoptivmutter; die Erziehung erfolgte durch Großmutter und wechselnde Kindermädchen; ab zehn Jahre Unterbringung in einem Internat wegen „Psychopathie".
Frl. C O (39)	Der Vater war „nervenkrank" und Alkoholiker. Im 6. Lebensjahr zur Großmutter; Scheidung der Eltern, als Patientin drei Jahre alt war; ab 9. Lebensjahr bei Mutter und Großmutter.
Frl. C P (50)	Von wechselnden Kindermädchen aufgezogen, da Mutter kaum Zeit hatte; der Vater war oft fort, neigte zu Jähzornsausbrüchen, strafte mit tagelangem Schweigen; keine Erinnerung an Zärtlichkeiten von seiten der Mutter.
Frl. C Q (14)	Mutter mehrfach stationär wegen depressiver Verstimmungen. Vater schizophren, erster Schub, als Patientin fünf Jahre alt war; schwelender Eifersuchtswahn bis heute.
Herr C R (44)	Vater fiel, als der Patient zwei Jahre alt war. Mutter heiratete erneut, als er vier Jahre alt war. Stiefvater ungeliebt, Ehe von Mutter und Stiefvater gespannt.
Herr C S (12)	Mutter und Vater stets auswärts berufstätig. Als Kleinkind abwechselnd von Mutter und Großmutter betreut.
Herr C T (21)	Siebtes von elf Kindern. Vater fast täglich betrunken, prügelte Mutter und Kinder. Mutter zweimal wöchentlich bettlägerig wegen Migräne. Sie mußte an Wochenenden zusätzlich Geld verdienen, weil Vater trank.

Tab. 12: *Lebensumstände der frühen Kindheit bei den Patienten der Gruppe C*

Patienten	Auffälligkeiten in der Entwicklung
Herr C A (35)	Als Kind „sehr trotzig"; seit zwei Jahren „immer in Opposition"; einmal fortgelaufen; nimmt regelmäßig Rauschmittel.
Herr C B (42)	Schon als Kind „keinerlei Anhänglichkeit" an die Eltern, wies Zärtlichkeiten ab; oft krank; Kontaktstörungen.
Herr C C (19)	Kontaktstörungen; Phobien; schon immer „depressive Verstimmungen"; zahlreiche Diebstähle ab 15. Lebensjahr; verschuldet.
Herr C D (2)	„Schon immer" langsam, schüchtern, schweigsam, kontaktgestört.
Frl. C E (5)	Schon immer Kontaktschwierigkeiten; Erziehungsschwierigkeiten, Schwindeln, Diebstähle, Streunen, Schuleschwänzen.
Frl. C F (1)	Als Kleinkind betont brav, ängstlich, scheu; Phobien; Kontaktschwierigkeiten; in der Schule Außenseiter.
Frl. C G (18)	Als Kleinkind besonders brav; Phobien; Kontaktschwierigkeiten; „Nervosität"; seit zwei Jahren depressive Verstimmungen, Schuleschwänzen, Lernstörungen trotz überdurchschnittlicher Begabung.
Frl. C H (24)	Daumenlutschen und Nägelknabbern bis 13. Lebensjahr; mindestens ab Schulbeginn, vielleicht früher, Einschlafschwierigkeiten; gelegentlich Streunen; konnte nur vorübergehende Bekanntschaften machen.
Frl. C I (31)	Als Kleinkind heftige Trotzreaktionen; Phobien; Nägelknabbern bis weit in die Schulzeit; mehrfach fortgelaufen; in der Klasse Außenseiter.
Frau C J (48)	„Schon immer" Neigung zu depressiven Verstimmungen; während der Schulzeit Schwänzen und kleine Diebstähle; erster Suizidversuch mit 14 Jahren.
Frl. C K (10)	Als Kleinkind betont brav, in der Schulzeit Schwindeln und kleine Diebstähle; Nägelknabbern bis zum 16. Lebensjahr; Kontaktschwierigkeiten.
Frau C L (27)	Als Kind Einschlafstörungen; später starke „Kreislaufstörungen" (Schwindel, Kopfschmerzen, Gleichgewichtsstörungen); organisch unerklärliche Anfälle von Juckreiz am ganzen Körper; klagt darüber, nur flüchtige Bekanntschaften machen zu können.
Frau C M (36)	Als Kleinkind heftige Trotzreaktionen; motorische Unruhe; Daumenlutschen und Nägelknabbern bis weit in die Schulzeit; Streunen, Schuleschwänzen, Schwindeln, Diebstähle; Kontaktschwierigkeiten.

Patienten	Auffälligkeiten in der Entwicklung
Frl. C N (25)	Kontaktschwierigkeiten schon im Kindergarten; Nägelknabbern bis zum 15. Lebensjahr; Konzentrationsschwierigkeiten in der Schule; Fortlaufen und andere „Erziehungsschwierigkeiten", die zur Unterbringung in ein Internat führten; erster Suizidversuch mit elfeinhalb Jahren!
Frl. C O (39)	Als Kleinkind „schlechte Esserin"; motorisch sehr unruhig; in der Schule „zu lustig", so daß die Lehrer sich beklagten; häufig Kopfschmerzen; ab 16. Lebensjahr Schule- und Arbeitschwänzen; Streunen; klagt über nur flüchtige Kontakte.
Frl. C P (50)	(Verweigert Aussage über die Kindheitsanamnese.) Es wird nur bekannt, daß sie stets Außenseiterin war und den ersten Suizidversuch im Alter von 13 Jahren unternahm.
Frl. C Q (14)	Als Kind betont brav, kaum Freundschaften; bis heute Nägelknabbern, Kellerphobie, „nervöse" Magenbeschwerden, tageweise „Weinen ohne Grund".
Herr C R (44)	Als Kind betont brav, motorisch unruhig, Nägelknabbern, Einzelgänger; seit dem Tod der Mutter periodische „Sauftouren", Schlafstörungen, tagelanges Fortbleiben.
Herr C S (12)	Als Kleinkind besonders brav und ordentlich, bis heute Vermeiden jeglicher aggressiver Regungen, keine außerfamiliären Kontakte.
Herr C T (21)	Seit 30 Jahren mehrmals wöchentlich heftige Kopfschmerzen, nur wenige oberflächliche Kontakte.

Tab. 13: *Auffälligkeiten in der Entwicklung der Patienten der Gruppe C, soweit sie spontan oder auf Fragen angegeben werden (keine Außenanamnese)*

belastende Umstände, auf die hier nicht eingegangen werden soll, findet Frau X A aber nicht weiter erstaunlich. Zu ihrer Ehe meint sie lakonisch: «Es läuft, es gibt schlechtere Ehen.»

In der Interaktion mit dem Referenten wehrt sie sich im wesentlichen hartnäckig gegen seine erstaunten und insistierenden Konfrontationen bezüglich ihrer Lebensführung und ihrer vier Selbstmordversuche. Widerstandsdeutungen rufen gelegentlich Tränen hervor; dennoch bleibt Frau X A kategorisch bei ihrer Verleugnungstechnik. Der Referent reagiert mit Mitleid, Ratlosigkeit, aber auch mit einem gewissen Respekt vor ihrer Konsequenz. Sie erinnert ihn an die Patienten mit «unbewußten Suizidversuchen» (HENSELER 1971), die in ähnlich hartnäckiger Weise ihr Unglücklichsein vor sich und anderen verleugneten. Frau X A unterscheidet sich von ihnen insofern, als sie die bewußte Suizidabsicht nicht bestreitet.

Frau X A ist uneheliches Kind. Eltern und Geschwister sind ihr nicht bekannt. Im 11. Monat soll sie zu ihren Adoptiveltern gegeben worden sein. Über die frühkindliche Entwicklung weiß sie angeblich nichts. Sie ist nie ernstlich krank gewesen, wohl aber zeitlebens schwernehmend, oft bedrückt und hat stets große Kontaktschwierigkeiten gehabt. Nach ihren Schilderungen lebt sie offenbar nur in der Familie. Im Alter von 22 Jahren bekam sie ein uneheliches Kind. Die Heirat erfolgte im 30. Lebensjahr. Die drei Söhne leben inzwischen außer Haus; der jüngste mußte wegen Erziehungsschwierigkeiten in ein Heim gegeben werden.

Es besteht kein Zweifel, daß die Angaben der Patientin von Abwehr entstellt sind. Dieser Umstand läßt eine klare Zuordnung zu einer der drei Gruppen und einen eingehenden Deutungsversuch scheitern.

4.4.2. Frau X B

Die 48jährige Frau X B ist Mutter eines 24jährigen Sohnes, der seit neun Jahren an einer Schizophrenie leidet und seit Jahren stationär behandelt werden muß. Sie selber klagt seit zehn Jahren über Zwangsgedanken des Inhalts, sie könne ihren Sohn erstechen. Darüber hinaus leidet sie an Oberbauchschmerzen, die bisher medizinisch nicht erklärt werden konnten. Besonders beunruhigend sind für sie die Zwangsgedanken, die ganz im Gegensatz zu ihrer sonstigen Lebenseinstellung stehen: Sie sei nämlich ein betont friedfertiger Mensch, der niemals wütend werde und kein böses Wort fallenlasse. Sie kann kein Blut sehen und zu keiner Beerdigung gehen.

Der Selbstmordversuch erfolgte einen Tag nach der Nachricht, der Sohn werde aus der Klinik entlassen, müsse aber vom Sozialamt mitbetreut werden. Letztlich auslösend war eine abfällige Bemerkung der Hauswirtin gegenüber einer dritten Person, in der sie der Patientin vorwarf, sich versorgen zu lassen.

Frau X B lebt nach ihrer Scheidung, dem Tod der Mutter und der Erkrankung des Sohnes sehr isoliert, innerlich nur auf den kranken Sohn bezogen.

Freunde oder nähere Bekannte hat sie nicht. Am liebsten würde sie auch in der Klinik leben, in der sich ihr Sohn aufhält.

In der Interaktion mit dem Referenten verhält sie sich kindlich ängstlich, besorgt, alles recht zu machen, vor allem darauf bedacht, den Verdacht aggressiver Regungen von sich zu weisen.

Frau X B ist das zweite von zwei Kindern eines Arbeiters. Die Familienverhältnisse in ihrer frühen Kindheit waren äußerlich unauffällig. Doch war der Vater ein schwieriger Mann; regelmäßig gab es Prügel, wenn er sich betrank, und das geschah mehrmals pro Woche. Die Mutter wird zunächst als fleißig, tüchtig, tapfer, gewissenhaft, sauber und ordentlich idealisiert. Später kann die Patientin weinend berichten, wie bestimmend die Mutter stets in ihr Leben eingegriffen habe. So habe sie ihr mit größter Selbstverständlichkeit die Pflege des Sohnes abgenommen. Als Kind hat sie bis zum 7. Lebensjahr sowohl nachts als auch am Tage eingenäßt. Sie galt als besonders brav, hat aber öfter die Schule geschwänzt. Sie lernte Verkäuferin und arbeitete als solche, bis sie mit 21 Jahren heiratete. Zwei Jahre später wurde der Sohn geboren, fünf Jahre später eine Tochter, die kurz nach der Geburt starb. Die Ehe wurde nach fünf Jahren geschieden, und zwar weil der Ehemann, ähnlich wie der Vater, ein rabiater Mann gewesen sei, der trank und vor allem ungeheuer eifersüchtig war. Er habe den kleinen Sohn grob mißhandelt; das Kind wurde auch der Patientin zugesprochen. Sie lebte dann bei den Eltern, bis beide gestorben waren, die Mutter, als die Patientin 33 war. Im 38. Lebensjahr der Patientin begannen die Zwangsgedanken, ein Jahr später brach die Erkrankung des Sohnes aus. Der weitere Verlauf wurde oben beschrieben.

Zur Deutung bietet sich die abgewehrte Aggressionsproblematik an. Bemerkenswert ist, daß hier einer der wenigen Fälle von Zwangsneurose vorliegt, bei denen es doch zu Suizidhandlungen kommt. In der diagnostischen Beurteilung tauchten aber Zweifel auf. Obwohl keine klaren Hinweise auf das Vorliegen einer Psychose registriert wurden, wirkte die Patientin nicht als eigentliche Zwangsneurotikerin, sondern, unter anderem in Hinblick auf die Erkrankung des Sohnes, psychoseverdächtig. Trotz dreier ausführlicher Gespräche blieb auch die Psychodynamik der Suizidhandlung dunkel, so daß auf eine Einordnung in eine der Gruppen A bis C und eine detaillierte Deutung verzichtet wurde.

4.4.3. Frau X C

Die 30jährige Frau X C fühlt sich seit ihrer Eheschließung vor sieben Jahren mit einem um 20 Jahre älteren Mann eingeengt, eifersüchtig überwacht und bevormundet. Wegen ihrer roten Haare halten alle Männer sie für ein leichtes Mädchen, was der Eifersucht ihres Mannes immer wieder Nahrung gibt. Nun habe sie nach langem Drängen vor einigen Wochen die Zustimmung ihres Mannes erreicht, wieder arbeiten zu dürfen. Tatsächlich gefalle es ihr in der Firma recht gut, nicht zuletzt deswegen, weil sie von den männlichen Mitarbeitern viel Bestätigung bekomme. Ganz zu Unrecht werte der Mann das aber im Sinne seiner Eifersucht und verdächtige sie, ihn zu hintergehen.

Anlaß zu dem Suizidversuch war ein Streit, in dem ihr Mann sie aufforderte zu kündigen. Sie solle sich entscheiden, ob sie entweder eine «saubere Hausfrau und Mutter» oder ein «Flittchen» sein wolle. Da sei es über sie gekommen. Als ihr Mann fortgegangen war, habe sie zehn Schlaftabletten genommen. Hinzuzufügen ist, daß ein Bruder wenige Wochen zuvor ebenfalls einen Suizidversuch unternommen hatte.

Die wichtigste Beziehungsperson ist der Ehemann, ein kleiner, sehr unsicher wirkender Mann, der aber mit einer unterschwelligen Sthenik hartnäkkig seine Meinung und Pläne durchzusetzen weiß. Die Patientin schildert ihn auch als überfürsorglich, betulich, fast mütterlich besorgt, aber gerade in dieser Einstellung einschränkend und bevormundend. Er warnt, droht, macht ihr Vorschriften und sieht es als seine Aufgabe an, sie davor zu bewahren, ein «Flittchen» zu werden.

Hört man die Patientin, ist diese Sorge schon eine Unverschämtheit. – Hört man den Ehemann, so hat die Patientin vor der Ehe häufig wechselnde Freunde gehabt. Sie habe sich von ihm sehr bereitwillig verführen lassen. Sie verstehe es nach wie vor, durch aufreizende Kleidung und provozierendes Verhalten das Interesse aller Männer auf sich zu ziehen.

In der Interaktion mit dem Referenten wirkte Frau X C zunächst wie ein hilfloses, gequältes Kind, das niemand in Ruhe läßt und von dem «alle etwas wollen». Mehrere Sitzungen lang hat sie nur geweint, abgewehrt, widerstrebend Auskunft gegeben, über Kopfschmerzen und den Lärm im Haus geklagt. Erst in der vierten Sitzung erwähnte sie auf die Konfrontation des Referenten ihre Eheproblematik. Der Referent wechselte zwischen Anteilnahme und gereizter Ungeduld. In sechs Stunden war es ihm nicht möglich, sich ein klares Bild über die äußere und innere Situation der Patientin zu machen, weil ihre Mitarbeit so wechselhaft, ihre Angaben so widersprüchlich, die Darstellung des Ehemannes so ganz anders als ihre waren. Sie blieb bis zuletzt rätselhaft, in ihrem Interaktionsmuster also genau den Patienten der Gruppe B entsprechend.

Die Patientin ist zwölftes von zwölf Kindern eines Handwerkers. Die Familienverhältnisse waren äußerlich geordnet. Die Mutter wird als eine sehr verschlossene, zu Zärtlichkeiten unfähige Frau geschildert. Der Vater war früher ein Trinker, der die Familie tyrannisierte und prügelte. Dennoch fühlte sie sich früher wie heute mehr zum Vater als zur Mutter hingezogen. Von ihren elf Geschwistern wird fast nur der Lieblingsbruder erwähnt: Dieser leidet an einer phasisch auftretenden psychiatrischen Krankheit und hat schon mehrere Suizidversuche unternommen. Auch eine Schwester hatte zweimal depressive Zustände über längere Zeit. Die Patientin besuchte die Volksschule, arbeitete als Schreibkraft, bis sie im Alter von 22 Jahren heiratete.

Der Referent würde die Patientin am ehesten in die Gruppe B einordnen; doch ließen die vielen offenen Fragen, die aus dem Abwehrverhalten der Patientin resultieren, keine Übereinstimmung in der Beurteilung erzielen.

4.4.4. Herr X D

Der 56jährige Herr X D stellt sich dar als jemand, der «schon immer» ein Einzelgänger war, Lebensprobleme vor sich herschob und sich am liebsten in den Wald («mein Zuhause») zurückzog. Sein Leben lang habe er zu schwermütigen Stimmungen geneigt, sie aber vor der Umgebung verborgen. Er schildert sich als extrem anspruchslos, lediglich besorgt, es seiner Umgebung recht zu machen.

Ganz gegen seine Art hat er vor einem Jahr einen Prozeß angestrengt, um eine Gehaltserhöhung zu erzwingen. Als er diesen Prozeß unerwartet verlor, sei das so ein «Schock» für ihn gewesen, daß er aus Trotz und Protest Unterschlagungen beging, schon mit der dezidierten Absicht, sich umzubringen, wenn sie entdeckt würden. Als das geschah, versteckte er sich vierzehn Tage lang bei seiner Verlobten, der er aber nichts mitteilte. Angeblich ohne daß weiteres geschah, zog er sich dann in den Wald zurück, aß einige Tage lang beliebige Pilze und Tollkirschen, was irgendwann zu einer Intoxikation führte. Spaziergänger entdeckten ihn zufällig in diesem Zustand. Über diese pauschale Beschreibung hinaus war nichts Genaueres über sein Erleben zu erfahren.

Herr X D lebt weitgehend isoliert. Nur auf drängende Aufforderung besucht er die Familie des Bruders, mit dessen Frau und Kindern er sich gut versteht. Seit 14 Jahren ist er verlobt mit einer Frau, die er mit ausgesprochen mütterlichen Attributen ausstattet: Sie sei lieb, hilfsbereit, verständnisvoll, könne aber auch «böse mit mir sein, sehr böse sogar». Die Heirat schiebt er immer wieder hinaus. Von seinen Kollegen wird er als gutmütiger, eifriger, gefälliger, aber kontaktscheuer Mitarbeiter geschätzt.

Der Referent war zunächst sehr beeindruckt und engagiert. Ähnlich wie mehrere Kollegen seines Betriebs, wie Bruder und Schwägerin kümmerte er sich intensiv um ihn. Herr X D ließ das willig, aber völlig passiv mit sich geschehen. Auf Fragen antwortete er gefügig, aber pauschal, bagatellisierend, ohne eigenes Engagement. Nur die Ungerechtigkeit «der Juristen» rief heftige Affekte hervor. Sein passiv-willfähriges Verhalten täuschte den Referenten zunächst über die Erkenntnis hinweg, daß er Herrn X D emotional kaum erreichte. Im Verlauf von acht Stunden spürte er aber immer deutlicher, wie er gleichsam gegen eine Wattemauer anrannte. Herr X D entwickelte keinerlei Initiative, Pläne, eigene Gedanken. Er willigte schließlich auf Drängen seines Bruders ein, zusammen mit ihm in Urlaub zu fahren. («Es bleibt mir ja gar nichts anderes übrig.») Zwei Jahre später erfuhr der Referent zufällig, daß sich Herr X C einer Alkoholentziehung unterzog. Von einer solchen Problematik hat er dem Referenten nichts mitgeteilt.

Herr X D wuchs in äußerlich geordneten Familienverhältnissen auf. Er ist erstes von vier Kindern. Seinen Vater, einen erfolgreichen Geschäftsmann, schildert er als «schrecklichen Choleriker», unter dessen Wutausbrüchen die ganze Familie gelitten habe. Die Mutter wird einseitig und offenbar idealisierend als eine stille, bescheidene Frau hingestellt, zu der er sich stark hingezogen fühlte. Sie ging dem Vater aus dem Weg und lebte vorwiegend für ihre Kinder. Vom Vater ließ Herr X D sich gegen seine Neigung in das elterliche Geschäft drängen, mit dem Herr X D auch nicht zurechtkam. Als er Konkurs anmelden mußte, machte er einen ersten Selbstmordversuch mit Schlaftabletten. Er zog sich dann in eine seiner Meinung nach unterbezahlte Stelle einer Behörde zurück und lebte das oben beschriebene zurückgezogene Leben.

Die Persönlichkeit von Herrn X D schien nicht schwer einfühlbar zu sein; doch war hinter der glatten, sicher idealisierenden Fassade von Gutartigkeit, Bescheidenheit, Fürsorglichkeit und stiller Zufriedenheit die schwelende Problematik, die sich hinter dem Alkoholismus, den depressiven Verstimmungen, der Isolierung, der offenbar mehr femininen Identität und den Suizidversuchen verbarg, nicht näher zu fassen, so daß eine vertretbare Deutung und Einordnung nicht gelang.

4.4.5. Herr X E

Herr X E ist ein 19jähriger Mann, der außerhalb des Hauses, besonders im Sportverein, wie er es darstellt, Anerkennung und Bestätigung findet, von seinem Vater, in dessen Betrieb er arbeitet, jedoch ständig kontrolliert, bevormundet und kleingemacht wird. Nach einem Streit mit dem Vater, in dem dieser ihm Unehrlichkeit vorwarf, verließ er schwer gekränkt das Haus, durchzog verschiedene Lokale, nächtigte im Freien, kaufte am nächsten Morgen ein Schlafmittel, ging heim und nahm in seinem Schlafzimmer 20 Tabletten ein.

Nach der Darstellung von Herrn X E scheint der Vater die Hauptkonfliktperson zu sein. Er wird als strenger, intoleranter Mann erlebt, der jede eigene Initiative des Patienten durch Niederschreien lähmt. Die Mutter versuche zwar immer, zu vermitteln und zu verstehen; doch fühlt sich Herr X E von ihr ungenügend unterstützt und aus der Gemeinschaft der Familie ausgeschlossen. Seine Schwester (−4) und eine Freundin spielen in seinem Bericht eine nebensächliche Rolle.

Im Gespräch mit dem Referenten war Herr X E kooperativ, sofern es um die äußeren Umstände und Vorgänge ging; dagegen erwies sich die Besprechung seines Erlebens, speziell der Suizidproblematik, als unmöglich. Herr X E war es nicht gewohnt und auch nicht in der Lage, intrapsychische Vorgänge zu refklektieren und darüber Mitteilung zu machen. Er erwartete vielmehr Ratschläge und Verhaltensnormen für seinen Umgang mit dem Vater. Auch Gespräche mit der Mutter gaben keine deutlicheren Hinweise. – Die Mutter wirkte verunsichert und ratlos gegenüber ihrem Sohn.

Der Patient ist in äußerlich geordneten Familienverhältnissen aufgewachsen. Sein Bild von den Eltern wurde beschrieben. Aus seiner Entwicklung ist zu erwähnen, daß er sich als «schon immer sehr nervös» beschreibt und seit vielen Jahren an einer Erythrophobie leidet. Trotz fünfstündiger Bemühungen und weiterer Beratungen durch eine Sozialarbeiterin ließ sich kein klareres Bild über die psychodynamischen Hintergründe gewinnen.

5. Diskussion

5.1. Suizidalität und narzißtische Krise

Mit diesen Darstellungen dürfte der Beleg erbracht sein, daß die Berücksichtigung einer narzißtischen Problematik und der für sie typischen Regressionsvorgänge eine große erklärende Kraft nicht nur für zahlreiche Besonderheiten der idealtypischen suizidalen Persönlichkeit und ihrer Suizidhandlung, sondern auch für die Problematik des konkreten Suizidanten sowie für sein Erleben und Verhalten hat. Insbesondere dürfte die Rolle narzißtischer Konflikte für die zur Suizidhandlung führenden Situationen deutlich geworden sein.

Es bleibt natürlich eine Vielzahl von Fragen offen, die entweder durch die Fragestellung oder durch die Auswahl der untersuchten Patienten oder wegen ihrer Komplexität oder theoretischen Ungeklärtheit nicht oder nur spekulativ beantwortet werden können. Einige Probleme seien angeschnitten, einige Fragen aufgeworfen:

1. Nicht jeder narzißtisch gestörte Mensch ist suizidgefährdet. Es wurde betont (Kapitel III 2.3.3), daß die Regression auf den harmonischen Primärzustand in einer Suizidhandlung nur *eine* Form ist, der drohenden narzißtischen Katastrophe aktiv zuvorzukommen. Die z. B. von Kohut gemeinten «narzißtisch gestörten Persönlichkeiten» oder sonstige durch eine narzißtische Problematik belastete Personen können ganz andere Kompensationsmaßnahmen ergreifen. Eine genauere Differentialdiagnose steht noch aus. Kohut (1971) gibt klare Kriterien für die Unterscheidung zwischen narzißtisch gestörten Persönlichkeiten und Borderline-Fällen an. Vielleicht ist eine Unterscheidung von narzißtischen Charakterneurosen, bei denen eine gekonnte Abwehr bzw. Kompensation narzißtischer Kränkungen in die Charakterbildung eingegangen ist und sicher funktioniert, und Symptomneurosen mit besonders akzentuierter narzißtischer Problematik neben anderen Konflikten nützlich. Keineswegs würde man den Suizidpatienten diagnostisch gerecht, wenn man ihre Störungen nur als «narzißtische Neurosen» klassifizieren würde.

2. Womit ist die Zunahme der erfolgreichen Suizide mit zunehmendem

Alter zu erklären, während im 5., 6. und 7. Lebensjahrzehnt die Suizidversuchen abnehmen? Die narzißtische Problematik, nicht mehr akzeptiert zu sein, an Macht und Wert einzubüßen und als Geschlechtspartner nicht mehr vollwertig zu sein, liegt auf der Hand. Ist sie nur intensiver, auswegloser?

3. Warum sind Alkoholiker besonders selbstmordgefährdet? Setzt der Alkoholmißbrauch die Resistenz gegen narzißtische Kränkungen herab, oder ist er ein Suizidäquivalent?

4. Wieso schützt eine Zwangssymptomatik vor Suizid? Die – übrigens unübersehbare – narzißtische Problematik von Zwangskranken sollte unter diesem Aspekt näher erforscht werden.

5. Warum werden Suizidversuche in etwa 75 Prozent der Fälle nicht wiederholt? Wird beim ersten Suizidversuch die Erfahrung gemacht, daß der Tod in Wirklichkeit keineswegs einen narzißtischen Triumph bedeutet? Und was geschieht, wenn Situationen eintreten, die früher zu Suizidimpulsen geführt hätten? Gibt es Suizidäquivalente? Wie sehen sie aus, und welcher Psychodynamik gehorchen sie?

6. Es wird aufgefallen sein, daß die Object Relation Technique nur unregelmäßig in die Falldarstellungen einbezogen wurde. Der Grund lag darin, daß sich entgegen anfänglicher Erwartung der Test – jedenfalls nach dem Auswertungsschema von PHILLIPSON – als sehr unergiebig erwies. Fast durchgehend entwarfen die Patienten eine Geschichte zur ersten, eventuell noch zur zweiten Tafel. Dann setzte bewußt oder unbewußt ein zunehmender Widerstand ein. Die folgenden elf bzw. zwölf Geschichten wurden in der Regel äußerst kurz, karg, schablonenhaft. Möglicherweise ist dies aber ein charakteristischer Befund. Da die Protokolle gesammelt sind, soll dieser Frage nachgegangen werden.

5.2. Die Einteilung in drei Gruppen

Besonders interessante theoretische und praktische Fragen wirft die Einteilung der Patienten in drei Gruppen und eine Restgruppe auf. Diese Einteilung sagt zunächst nur aus, daß sich die im Vordergrund der Suizidmotive stehende narzißtische Konfliktthematik, wie theoretisch vermutet, nach den Themen der drei großen Phasen der infantilen Triebentwicklung differenzieren läßt. Es läßt sich aber fragen:

1. Ist die Einteilung zuverlässig?
2. Wenn ja, wie ist sie ätiologisch zu interpretieren?
3. Welche praktischen und therapeutischen Konsequenzen ergeben sich daraus?

1. Im Zusammenhang mit der Frage nach der Zuverlässigkeit der Dreiteilung könnte eingewendet werden, die Beurteiler hätten das Material ausgewählt und seien einem Wunschdenken erlegen. Demgegenüber sei festgehalten, daß die Hypothese der Dreiteilung zum Zeitpunkt der Auswertung der Berichte durch die beiden Beurteiler zwar noch nicht ausdrücklich

aufgestellt war, im Auswertungsschema jedoch (Anhang 3, Frage II, 2) impliziert vorlag. Die endgültige Gruppierung erfolgte zwar durch den Referenten allein, aber auf Grund der übereinstimmenden Beurteilung der Fragen I, 1 (Auslösender Konflikt) und II, 2 (psychosexuelle Entwicklungsstufe) durch beide Beurteiler. Um die Nachprüfbarkeit weiter zu erhöhen, wurden die relevanten Beobachtungen vor allem unter den Rubriken «Selbstbild und Ich-Ideal» relativ ausführlich dargestellt.

2. Die Frage nach der ätiologischen Interpretation hat einen auffallenden Befund zu berücksichtigen, nämlich die unterschiedliche *Altersverteilung in den drei Gruppen*. Der Mittelwert des Lebensalters liegt

in der Gruppe A bei 38,2,
in der Gruppe B bei 27,4,
in der Gruppe C bei 22,1.

Diese Beobachtung läßt verschiedene Hypothesen zu:

Hypothese 1: Je früher in der individuellen Entwicklung die Grundlagen einer narzißtischen Störung gelegt werden, desto instabiler ist das narzißtische Regulationssystem und desto früher dekompensiert es. Diese Hypothese setzt voraus, daß die im Vordergrund stehenden Konfliktthemen und ihre Zuordnung zu den psychosexuellen Entwicklungsstufen die Phase der entscheidenden narzißtischen Traumatisierung widerspiegeln. Danach hätten die narzißtischen Traumata der Patienten der Gruppe A erst in der phallischen, die der Gruppe B in der anal-sadistischen und die der Gruppe C schon in der oralen Phase stattgefunden.

Wenn das zuträfe, dürften die Patienten der Gruppe C neben den für sie spezifischen Konflikten auch Probleme haben, wie sie für die Gruppen B und A typisch sind; die Patienten der Gruppen B und A dürften aber keine Konflikte haben, die die Gruppe C charakterisieren, und die Patienten der Gruppe A weder diese noch solche, die typischerweise der Gruppe B zugehören. Überprüft man unter diesem Aspekt die Gruppe A, bestätigt sich das nicht. Bei Herrn A A lassen sich neben der Verunsicherung bezüglich der psychosexuellen Identität auch Probleme des Akzeptiertseins erkennen (Einsamkeitsgefühle als Kind, Zuflucht zu fremden Familien, Kontaktprobleme), wie überhaupt Kontaktprobleme in der Gruppe A zwar seltener als in der Gruppe C, aber immerhin doch viermal spontan beklagt werden. Ähnlich liegen die Verhältnisse bei der Gruppe B.

Damit ist jedoch die Annahme, daß entscheidende narzißtische Traumata nicht nur in der sehr frühen Zeit (orale Phase, Zeit der Urverunsicherung), sondern auch später entstehen können, nicht ganz widerlegt. Denn es bleibt die Möglichkeit bestehen, daß leichtere Labilisierungen des narzißtischen Systems in frühen Phasen, die an sich noch nicht zu einer entscheidenden Traumatisierung geführt haben, den späteren narzißtischen Belastungen erst traumatische Intensität verliehen haben. Das entspricht der allgemeinen Erfahrung, daß frühere Störungen die spätere Entwicklung beeinflussen.

Aus dem vorliegenden Material wird die Annahme, daß die drei Gruppen sich auch psychogenetisch untereinander abheben, unterstützt durch überraschend einheitliche Lebensumstände der frühen Kindheit innerhalb der Gruppen, die sich im Vergleich mit den anderen Gruppen gut unterscheiden lassen. (Wegen der geringen Zahl können diese Beobachtungen statistisch gesehen nur einen Trend andeuten.) Bei der Gruppe A sind die Familienverhältnisse äußerlich geordnet, die Mutter ist also vorhanden, aber nicht verfügbar. Bei der Gruppe B sind die Familienverhältnisse ebenfalls äußerlich geordnet, die Mutter ist vorhanden, auch verfügbar, das Familienleben aber chronisch heftigen ehelichen Spannungen ausgesetzt. Bei der Gruppe C dagegen ist die Familiensituation in mehr als zwei Dritteln der Fälle schon äußerlich gestört; Mutter oder Vater fehlen oder sind nicht verfügbar, bzw. wenn sie da sind, sind die inneren Familienverhältnisse grob belastend.

Aber auch andere Interpretationen drängen sich auf:

Hypothese 2: Die Konfliktthemen sind Ausdruck einer einheitlichen narzißtischen Problematik, ihr unterschiedlicher Inhalt wird bestimmt durch die altersspezifische soziale Situation. Es gibt gute Gründe anzunehmen, daß die soziale Situation um das 23. Lebensjahr (Gruppe C) gekennzeichnet ist durch die Trennung vom Elternhaus, was bei labilem narzißtischem System das psychische Problem des Akzeptiertseins stimuliert; daß die soziale Situation um das 28. Lebensjahr (Gruppe B) bestimmt ist von der Bewährung im sozialen Bereich und Probleme von Macht und Wert aufwirft; und daß die soziale Situation um das 39. Lebensjahr (Gruppe A) die endgültige soziale Konsolidierung der Geschlechtsrolle und den Erfolg in dieser Beziehung verlangt und damit Probleme der psychosexuellen Identität stimuliert.

Auch psychologische Gründe lassen sich anführen für die Annahme, hinter unterschiedlichen Konflikten verberge sich eine einheitliche Problematik. Kohut (1971) beschreibt unter dem Bild des «telescoping» eine «Tendenz des psychischen Apparates, analoge Erfahrungen ineinanderzuschieben» (deutsche Übersetzung 1973, S. 58ff), das heißt frühere Erfahrungen durch ähnlich strukturierte spätere Erfahrungen auszudrücken. Die Beobachtungen des Referenten an längeren Psychotherapien von Suizidanten gehen übrigens auch dahin, daß der anfänglich im Vordergrund stehende Problemkreis in seiner Bedeutung zurücktritt, wenn auch nicht so weit, daß er in anderen aufgeht.

Es wäre an Verlaufsuntersuchungen zu prüfen, ob Suizidpatienten der Gruppe C bei Erreichen der nächsten psychosozialen Krisensituation das Konfliktthema wechseln. Dieser Hypothese scheinen zumindest die beiden älteren Mitglieder der Gruppe C (C S, 41 Jahre alt; C T, 52 Jahre alt) zu widersprechen. Doch handelt es sich bei beiden um ganz besonders infantile Männer, die sozial gesehen ausgesprochene Außenseiter sind.

Schließlich bleibt die Frage zu erörtern, ob Hypothese 1 und Hypothese 2 sich ausschließen. Es wäre ja auch folgendes denkbar:

Hypothese 3: Zwar bestimmen altersspezifische soziale Situationen den Inhalt der Konfliktthemen; aber sie treten deswegen so in den Vordergrund des Erlebens, weil diese Problemkreise auf Grund der besonderen Lebensgeschichte ohnehin aktiviert werden.

3. Trotz der vielen ungeklärten Fragen hat die Dreiteilung *praktisch-therapeutischen Wert,* zumindest dient sie einer raschen Orientierung über die mögliche Art des aktuellen narzißtischen Konflikts. Sie lenkt hin auf mögliche Probleme, auf typische Verarbeitungsweisen, Phantasien, Widerstände und auf zu erwartende Interaktionsprobleme. Erfahrungsgemäß ist das rasche Verstehen im Umgang mit narzißtisch labilen Patienten von entscheidender Bedeutung. Der narzißtische Umgang des Patienten mit dem Betreuer ist leichter zu ertragen, wenn man weiß, was er bedeutet, welche Befürchtungen hinter ihm stehen und wie unverzichtbar er vorläufig ist. Nicht zuletzt kann die Vermittlung solchen Verständnisses an den oft ratlosen Konfliktpartner enorm entlastend für die ganze Situation sein: Der Patient fühlt sich verstanden, der Partner kann sich besser auf ihn einstellen und mit seinen Reaktionen auf den Patienten kontrollierter umgehen (vgl. HENSELER 1970 b).

V. Zusammenfassung

Die vorliegende Arbeit ist eine Studie zur Psychodynamik des Suizidgeschehens. Sie gliedert sich in vier Teile.

Kapitel I setzt sich mit Methodenproblemen der Suizidforschung auseinander, speziell mit den Problemen der kritischen Interpretation von Daten, deren Sinn nicht unmittelbar verständlich ist. Sowohl die Angaben der Suizidanten über die ihnen bewußten psychischen Vorgänge als auch die überindividuellen Gesetzmäßigkeiten, die über Suizidhandlung und suizidale Persönlichkeit bekannt sind, stellen ja zum Teil entfernte Bedingungen bzw. Repräsentanzen des eigentlichen psychischen Geschehens dar und sind als solche interpretationsbedürftig.

Kapitel II enthält eine kritische Bestandsaufnahme der überindividuellen Daten, die über Suizidhandlungen und suizidale Persönlichkeiten bekannt geworden sind. Sie dienen der Anreicherung von Beobachtungen und werden vorläufig zusammengefaßt zu einem idealtypischen Bild vom Suizidanten.

Ausgehend von diesem Bild, seinen Besonderheiten und scheinbaren Widersprüchen wirft Kapitel III die Frage nach einem theoretischen Modell auf, welches die verschiedenen Aspekte zu erklären und möglichst auf einen gemeinsamen Vorgang zurückzuführen vermag. Die vorhandenen Modelle werden vorgestellt und daraufhin befragt. Es zeigt sich, daß sie dem Anspruch nicht genügen, da sie einzelne Phänomene befriedigend, andere nicht oder nur unbefriedigend erklären.

Verschiedene Züge des idealtypischen Bildes vom Suizidanten legen die Hypothese nahe, das Suizidgeschehen habe etwas mit der Regulation des Selbstwertgefühls zu tun. Über die Regulation des Selbstwertgefühls existiert nun ein Modell, welches sich in anderen Bereichen schon bewährt hat, auf die Psychodynamik des Suizidgeschehens aber bisher kaum angewandt wurde, nämlich die psychoanalytische Narzißmustheorie.

Im zweiten Teil von Kapitel III wird die psychoanalytische Narzißmustheorie dargestellt. Es werden dabei besonders Art und Entwicklung der Kompensationsmöglichkeiten von Selbstwertkrisen herausgearbeitet. Unter der Annahme, daß beim Versagen von Kompensationsmechanismen der reifen Stufe solche früherer Stufen wieder aktiviert werden, läßt sich das Modell einer narzißtisch labilen Persönlichkeit ableiten, welches differenzierte Aussagen zuläßt über ihre Vorstellungen von der eigenen Person, ihre Idealbildungen, ihren Umgang mit der Realität, mit der Aggression, über die Art ihrer zwischenmenschlichen Beziehungen und vor allem über ihre Bewältigung von Kränkungen. Die Übertragung dieses Modells auf die Besonderheiten des idealtypischen Suizidanten bestätigt die oben aufgestellte Hypothese. Die Annahme, der zur Selbstmordhandlung neigende Mensch sei eine in seinem Selbstgefühl stark verunsicherte Persönlichkeit, die sich zum Schutz vor Kränkungen in hohem Maße infantiler Kompensationsmechanismen bedient, erklärt eine Vielzahl der Besonderheiten des Suizidgeschehens. Widersprüche werden aufgelöst, unverbundene Daten in einen Sinnzusammenhang gebracht. Bekannte Tatsachen erhalten ihren Stellenwert, Vermutungen werden korrigiert oder bestätigt.

Galten die Untersuchungen des ersten Teils einer Abstraktion, nämlich dem idealtypischen Suizidanten, wendet sich der zweite Teil (Kapitel IV) konkreten Suizidpatienten zu. An 50 unausgelesenen Patienten, die Selbstmordversuche unternommen haben, werden Hypothesen geprüft, die aus der gewonnenen Theorie abgeleitet wurden, nämlich:

1. Es müßte sich bei einer hohen Zahl dieser Patienten eine narzißtische Problematik dann nachweisen lassen, wenn das Selbstbild und die damit zusammenhängenden Idealbildungen, die zwischenmenschlichen Beziehungen, besonders die Interaktion mit dem Untersucher und der biographische Hintergrund, speziell die infantilen Beziehungspersonen, beachtet werden.

2. Die narzißtische Problematik müßte maßgeblich sein für die Auslösung der Suizidimpulse bzw. der Suizidhandlung.

3. Wenn es zutrifft, daß die Entwicklung des narzißtischen Systems nicht unabhängig von der psychosexuellen Entwicklung verläuft, müßten sich entsprechend den drei großen Phasen der infantilen Sexualentwicklung narzißtische Konflikte folgenden Inhalts unterscheiden lassen:

a) Konflikte in bezug auf die psychosexuelle Identität,
b) Konflikte in bezug auf Wert und Macht und
c) Konflikte in bezug auf das Akzeptiertsein schlechthin.

Nach der Darstellung des Krankengutes – nach unsystematischen Beobachtungen an 200 Patienten nach Selbstmordversuchen schloß sich eine systematische Untersuchung an 50 weiteren an – und der Untersuchungsmethodik wird kasuistisch illustriert, wie und in welchem Umfang sich alle drei Hypothesen bestätigen. Die narzißtische Problematik und ihre Bedeutung für die Auslösung der Suizidhandlung läßt sich bei 45 der 50 Patienten aufweisen. Die Kasuistiken lassen sich wie erwartet in drei Konfliktgruppen und eine Restgruppe ordnen. Für jede der drei Konfliktgruppen wird eine Krankengeschichte ausführlich, die übrigen in einer Übersicht beschrieben. Die Fallberichte der Restgruppe werden zur Diskussion gestellt.

Die Entwicklung der theoretischen Vorstellungen und ihre erste klinische Überprüfung regen zu vielfältigen weiteren Untersuchungen an und haben schon zu bedeutsamen Beobachtungen und Folgerungen geführt. Einige von ihnen seien kurz skizziert:

1. Nach der Art der auslösenden Konflikte müßten Voraussagen möglich sein über Selbstbild, Objektbeziehungen, Abwehrmechanismen, Vorgeschichte und besondere Probleme der Behandlung.

2. Es müßte zu prüfen sein, ob aus den Protokollen der Object Relation Technique oder aus anderen psychodiagnostischen Verfahren Zuordnungen zu den Konfliktgruppen möglich sind bzw. Auswertungskriterien entwickelt

werden können, die das leisten.

3. Die Interpretation des Suizidgeschehens vom Aspekt der Selbstwertregulation her dürfte wiederum Rückwirkungen auf die psychoanalytische Theorie haben. Das gilt besonders für die Differenzierung von Triebkonflikten und narzißtischen Konflikten, von Abwehrvorgängen, von der Psychodynamik regressiver Zustände und von Objektbeziehungen.

4. Das entwickelte theoretische Modell kann nicht nur zur Erklärung des Suizidgeschehens, sondern auch für andere Phänomene herangezogen werden, z. B. für den Rückzug in einen Rausch, vielleicht für die Sucht, wahrscheinlich für bestimmte als dissozial geltende Verhaltensweisen (wie Fortlaufen, Streunen u. ä.). Dafür spricht unter anderem, daß Alkoholmißbrauch und die genannten Verwahrlosungssymptome relativ häufig mit Suizidalität gekoppelt, zum Teil als Suizidäquivalente bekannt sind.

Solche Überlegungen leiten zu der Frage über, ob nicht die stärkere Berücksichtigung der narzißtischen Problematik und ein differenzierterer Umgang mit ihr Aufschluß und therapeutischen Zugang zu vielen anderen bisher noch ungenügend verstandenen psycho(patho)logischen Phänomenen erlauben und durch tieferes Verständnis wirksamere Hilfe gewährleisten können.

5. Das größte Interesse dürfte die Frage wecken, welche *Konsequenzen* die entwickelte Theorie für den Umgang mit dem Selbstmordgefährdeten und für die *Psychotherapie* solcher Menschen hat.

Die vorliegende Studie läßt strenggenommen nur theoretische Ableitungen zu. Der Verfasser hat die 250 Patienten aber nicht nur untersucht, sondern eine Vielzahl von ihnen zum Teil über lange Zeit psychotherapeutisch behandelt. Je deutlicher ihm im Laufe der letzten sechs Jahre die Relevanz der narzißtischen Problematik und deren Gesetzmäßigkeiten wurde, desto mehr hat er sie in die Behandlungspraxis einbezogen. Die Vermittlung seiner Gedanken an Kollegen, die ebenfalls psychotherapeutisch mit Selbstmordgefährdeten arbeiten, führte darüber hinaus zu einem Austausch von Beobachtungen. Obwohl systematische Untersuchungen noch ausstehen, seien einige Erfahrungen schon vorläufig und vorbehaltlich späterer Korrekturen mitgeteilt:

a) Die ständige *Berücksichtigung der erhöhten Kränkbarkeit* des Suizidpatienten hat sich als besonders wirksam erwiesen. Das gilt zunächst für das Verständnis der Psychodynamik suizidaler Krisen. Befragt man die *auslösende Situation* nach dem narzißtischen Konflikt, trifft man regelmäßig auf maßgebliche Motive. Das wurde in den 50 Kasuistiken dargelegt.
Auch für die *weitere Behandlung* erwies sich die Beachtung der narzißtischen Problematik als hilfreich, ja als entscheidend wichtig. Selbstverständlich kommt den narzißtischen Problemen bei verschiedenen Patienten unterschiedliches Gewicht zu, doch spielten sie regelmäßig eine tragende Rolle für die Aufrechterhaltung der therapeutischen Beziehung. Zwar war aus äußeren Gründen ein methodisch strenger Vergleich nicht

möglich; es fällt aber auf, daß im Gegensatz zu der Zeit, in der dem Verfasser die Bedeutung der Selbstwertproblematik noch nicht klar war, Behandlungen weit seltener vorzeitig abgebrochen werden.

b) Wenn sich, wie kasuistisch belegt wurde, Suizidimpulse in der Regel als Reaktion auf das Versagen eines narzißtischen Objekts in seiner narzißtischen Funktion entwickeln, wird bei dem Suizidanten das Bedürfnis entstehen, ein *neues narzißtisches Objekt* an die Stelle des alten zu setzen. Bleibt der Therapeut bei den ersten Begegnungen mit dem Patienten abwartend und offen für solche Bedürfnisse, geschieht genau dieses. Der Patient überträgt – wie bei den Fallbeispielen unter der Rubrik «Interaktion» näher beschrieben – seine narzißtischen Erwartungen bzw. Befürchtungen auf den Therapeuten. Die Annahme, Reflexion und Bearbeitung dieser Übertragungsvorgänge bietet, wie bei allen psychoanalytischen Behandlungen, eine entscheidende therapeutische Chance, da im Hier und Jetzt der Behandlungssituation die narzißtische Problematik auflebt und nun konkret erkannt, reflektiert, durchgearbeitet und korrigiert werden kann. In günstigen Fällen kann – natürlich mit Einverständnis des Patienten – der Konfliktpartner in die Therapie einbezogen werden, was zu einer raschen Entschärfung der Situation führen kann, wie der Verfasser (1970 b) an Beispielen dargelegt hat. In der Partner- und Familientherapie könnten bedeutsame Möglichkeiten zu künftiger Suizidbehandlung und Suizidprophylaxe liegen.
Im Gegensatz zu den von Kohut (1969, 1971) beschriebenen narzißtisch gestörten Persönlichkeiten, bei denen sich eine narzißtische Übertragung erst langsam in der analytischen Situation entwickelt, entstehen in Psychotherapien mit Suizidanten – soweit sie sich nicht auf kurze Beratungen beschränken müssen – in der Regel stürmische Übertragungsbeziehungen, die oft erotisch, masochistisch oder oral-fordernd anmuten. Die Erfahrung des Verfassers zeigt, daß das Ansprechen der Triebproblematik, wie theoretisch zu erwarten, geringen Effekt zeitigte, ja oft als störend, weil als Mißverständnis empfunden wurde. Deutete er statt dessen das hinter den Verbrüderungs- bzw. Verführungswünschen, hinter der masochistischen Unterwerfung oder hinter den oralen Versorgungswünschen liegende narzißtische Bedürfnis nach Bestätigung in bezug auf Männlichkeit bzw. Weiblichkeit, nach Achtung der individuellen Eigenart bzw. nach Ernstgenommen- und Akzeptiertwerden als Mensch überhaupt, fand er Zustimmung, Entlastung und Fortschritte im therapeutischen Prozeß.

c) Die narzißtische Übertragung macht die *Enttäuschung* der narzißtischen Erwartungen zum zentralen Therapieproblem, und zwar als Risiko, aber auch als Chance. Das Risiko liegt darin, daß solche Enttäuschungen als *tiefe Kränkungen* empfunden werden, objektiv gesehen oft auf Bagatellen hin erfolgen und zu hartnäckigem Widerstand, zum Abbruch der Therapie und zu neuen suizidalen Krisen führen können. Die frühzeitige Wahrnehmung von Enttäuschungen wird daher zur wichtigsten Aufgabe des Therapeuten. Urlaube oder sonstige Trennungen erweisen sich verständlicherweise als besonders problematisch. Der Verfasser ist dazu übergegangen, Enttäuschungen frühzeitig (eventuell schon in der zweiten oder dritten Stunde) als unvermeidbar vorherzusagen und mit dem Vorschlag zu verbinden, in diesem Falle nicht davonzulaufen, sondern möglichst umgehend darüber zu sprechen.

Narzißtische Enttäuschungen äußern sich am häufigsten in einer sehr charakteristischen Weise, die von KOHUT (1971) als «reaktive Überbesetzung des archaischen Größenselbst» gedeutet wurde. Der Patient wird dann plötzlich kühl, abwesend, arrogant, spricht zögernd, gestelzt oder schweigt; der Therapeut registriert bei sich ein Gefühl von bedrohlicher Fremdheit und gläserner Brüchigkeit der Beziehung. Tritt so etwas ein, fragt der Verfasser den Patienten sofort, womit er ihn jetzt verletzt habe. Die Chance auftretender Kränkungen liegt in der Möglichkeit, die Enttäuschungsreaktionen zu deuten und durchzuarbeiten. An ihnen lassen sich die entscheidenden Einsichten in die narzißtische Problematik vermitteln und bleibende Veränderungen erzielen.

d) Die fraglose *Vereinnahmung des Therapeuten* als narzißtisches Objekt hat zwei Seiten. Einerseits kann sie eine sich rasch entwickelnde und für eine Weile recht harmonische Verständigung gewährleisten, die für beide Teile angenehm und therapeutisch sehr nutzbringend ist; andererseits muß sie beim Therapeuten über kurz oder lang das Bedürfnis nach Abgrenzung und Eigenständigkeit provozieren, was sich in Gereiztheit, innerem Protest und Gefühlen von Ablehnung des Patienten bemerkbar macht. Hier gilt es, in einer schwierigen Balance die Übertragung des Patienten zu ertragen bzw. sie im rechten Augenblick und im rechten Maß zu deuten und damit abzubauen.

Schwer zu ertragen für den Therapeuten ist auch die Notwendigkeit, auf die mehr oder weniger ausgeprägte Realitätsverleugnung, die Größenphantasien und die Ambivalenz des Patienten mit der damit verknüpften latenten oder offenen Aggressivität einzugehen. Die Absicherung der Größenphantasien geschieht, wie bei den Kasuistiken näher illustriert, unter anderem durch den Wechsel zwischen Idealisierung und Entwertung (Gruppe A), Unterwerfung und Machtkampf (Gruppe B) und Anklammern und testende Provokation des narzißtischen Partners (Gruppe C). Die Realitätsverfälschungen, die Größenphantasien und die Ambivalenz zu deuten ist längere Zeit nicht oder nur beschränkt möglich, weil der narzißtisch labile Patient auf diese Positionen vorläufig nicht verzichten kann. Als günstigster Zugang hat sich dem Verfasser KOHUTS (1971) Rat erwiesen, nach der infantilen Situation zu fahnden bzw. die früheren Lebensumstände zu rekonstruieren, in denen diese Positionen verständlich und angemessen waren.

Der genetische Ursprung von narzißtischen Objektbeziehungen, Realitätsverleugnung, Größenphantasien und der hochgespannten Ambivalenz muß in der Erfahrung liegen, daß ein Zulassen der Realität, welches ja ein Stück Passivität verlangt, zu unerträglichen Enttäuschungen und Kränkungen führt. Daher muß jede Situation vom Patienten gesteuert, müssen alle Eventualitäten vorhergesehen und gegebenenfalls *aktiv vorweggenommen* werden – wie eben der Selbstmord als aktive Vorwegnahme einer gefürchteten Katastrophe verständlich wird und daher dem Suizidanten Rettung und Sieg verheißt.

6. Die entwickelte Theorie vermittelt also vor allem tiefere Einsichten in die unbewußten psychologischen Vorgänge, die zur Suizidhandlung führen und Konsequenzen für das Verständnis, den Umgang mit und die Behandlung von suizidgefährdeten Menschen.

Zur *Suizidprophylaxe bzw. Früherkennung von Suizidgefahr* trägt sie vorläufig nur *bedingt* bei. Die Frage, ob ein narzißtisch labiler Mensch die nächste narzißtische Krise durch eine Selbstmordhandlung oder anders zu bewältigen versucht, läßt sich zur Zeit nicht beantworten. Möglicherweise gäbe eine Untersuchung von «Suizidäquivalenten» (d. h. anderer Formen von «Regression auf den harmonischen Primärzustand») genaueren Aufschluß über die Bedingungen, die zur Suizidhandlung prädisponieren.

Die unübersehbare Bedeutung der frühen Kinderjahre für die Entwicklung eines gesunden oder gestörten Narzißmus verweist mit Nachdruck auf das Problem der *Psychohygiene*. Die grobe Registrierung von «broken homes» ist – wie gezeigt – alarmierend, doch nicht spezifisch genug. Neben Rekonstruktionen aus Langzeitanalysen von Suizidanten sollten Familienuntersuchungen durchgeführt werden. Durch sie wäre näher zu bestimmen, was und wie «narzißtische Traumata» sind bzw. welche Umstände sie verhindern, einschränken oder ausgleichen. Damit könnten der Pädagogik, der Sozialpädagogik und der Sozialpolitik präzisere Daten geliefert und zwingendere Konsequenzen aufgezeigt werden als der Hinweis darauf, wie lebenswichtig Schutz und Pflege des kindlichen Selbstwertgefühls sind.

Anhang

1. Fragebogen an den Patienten (vom Patienten selbst auszufüllen)

Untersuchung am . . . Ambulanz-Nr. . . . Behandelnder Arzt . . . Zeit . . . Ort . . .

Vorbemerkung:
Der Arzt, der mit Ihnen sprechen wird, möchte sich ein genaues Bild von Ihrem Gesundheitszustand und Ihren Lebensverhältnissen machen. Sie helfen ihm dabei, wenn Sie die folgenden Fragen sorgfältig und leserlich beantworten.

A. Name . . . Vorname . . . Alter . . . Familienstand . . . derzeitiger Beruf . . . Konfession . . . Geburtsdatum . . . Geburtsort . . . Wohnort . . . Straße, Nr. . . . Telefon . . . Krankenkasse . . . Anschrift des überweisenden Arztes . . .

B. Welche Beschwerden führen Sie zu uns?
Nennen Sie in Stichworten die Hauptbeschwerden und fügen Sie an, seit wieviel Wochen, Monaten bzw. Jahren sie bestehen.

C. Gab es bei Ihnen ernstliche Krankheiten, Operationen, Unfälle? Erwähnen Sie auch Komplikationen bei Impfungen, Krämpfe oder sonstige Anfälle, Gehirnerschütterungen und schwerere Kopfverletzungen, schwere und wiederholte Ohrenkrankheiten, Komplikationen bei Kinderkrankheiten.
Name der Krankheit . . . der Operation . . .
Art des Unfalles . . . Wie alt waren Sie? . . .
Wann waren Krankenhaus- oder Kuraufenthalte notwendig?
In welchem Jahr? . . . In welchem Krankenhaus (Kurort)? . . .
Wegen welchen Leidens? . . .

D. Sind Sie ein «Sieben-» oder «Achtmonatskind»?
Gab es bei Ihrer Geburt sonstige Komplikationen?
Falls ja, welche?
War Ihre Mutter während Ihrer frühen Kindheit berufstätig, mehrere Monate krank oder nicht bei Ihnen?
Wenn ja, wie alt waren Sie damals?

Falls es Ihnen bekannt ist:
Wann begannen Sie, allein zu laufen?

Wann begannen Sie, einzelne Worte zu sprechen?
Wann begannen Sie, zusammenhängend zu sprechen?
Wann hatten Sie sich an Sauberkeit gewöhnt (auch nachts)?
Gab es bei Ihnen – wie bei manchen anderen Kindern – in den ersten Jahren Zeichen einer besonderen Sensibilität?
Solche sind:
Schwierigkeiten mit dem Essen als Säugling oder auch später
Schlafstörungen als Säugling oder auch später
Besonders heftige Trotzreaktionen, besondere Bravheit
Schwierigkeiten, sich anderen Kindern anzuschließen
Unerklärliche Ängste (vor harmlosen Tieren oder bestimmten Situationen)
Besonderer Sinn für Ordnung und Sauberkeit
Sprachschwierigkeiten, z. B. Stottern oder Lispeln
Einnässen nachts oder auch am Tage
Daumenlutschen weit über das dritte Lebensjahr hinaus
Nägelknabbern, nervöse Zuckungen, besondere Unruhe und «Zappeligkeit»
Erziehungsschwierigkeiten, wie häufiges «Schwindeln», kleine «Diebstähle», «Umherstreunen», «Schuleschwänzen», Fortlaufen über Nacht, usw.
Was sonst?
(Bitte unterstreichen Sie, was für Sie evtl. zutrifft.)

E. Welche Schulen haben Sie besucht (bitte jeweils unterstreichen)?
Volks(Grund)schule
Mittel- oder Oberschule bis zur mittleren Reife
Oberschule bis zum Abitur
Fachschule
Hochschule bis zum Staatsexamen
Sonderschule

Welchen Beruf haben Sie erlernt?
Welchen Beruf üben Sie aus?
Welche Stellung bekleiden Sie?

Hatten Sie als Kind einen Wunschberuf, den Sie später nicht verwirklichen konnten? Welchen?

Haben Sie ausgeprägte außerberufliche Interessen (Hobbies)?

Sind Sie in irgendwelchen Gemeinschaften, Vereinen o. ä. aktiv tätig? Wenn ja, in welcher Funktion?

Wie ist Ihr Familienstand (bitte Zutreffendes unterstreichen)?
ledig – verlobt – verheiratet – verwitwet – getrennt lebend – geschieden

Falls Sie nicht verheiratet sind:
Leben Sie allein – bei den Eltern – bei einem Elternteil – bei Verwandten – bei Freunden – mit einem festen Freund/einer festen Freundin – in einem Heim – wie sonst?

Falls Sie verheiratet sind:
Wann haben Sie (das erste Mal) geheiratet?
Falls mehrfach verheiratet:
Erste Ehe von . . . bis . . ., zweite Ehe von . . . bis . . ., etc.

Ist Ihr Partner berufstätig?
Wenn ja, in welchem Beruf?
Ist Ihr Partner jünger, älter als Sie? . . . Jahre jünger/älter

Wie viele Kinder haben Sie (einschl. Stief-, Adoptiv- und Pflegekinder)?
Die leiblichen Kinder wurden geboren . . . Sohn/Tochter etc.

Wie wohnen Sie (zutreffendes bitte unterstreichen)?
Eigenheim – Mietwohnung – möbl. Zimmer – Leerzimmer – Lager – Heim – wie sonst?

Empfinden Sie Ihre finanzielle Lage als
bedrückend – ausreichend – gut?

F. Wie alt ist Ihr Vater (geworden)?
Welchen Beruf hat(te) er?
Falls gestorben, wann starb er?
An welcher Krankheit ist er gestorben?

Wie alt ist Ihre Mutter (geworden)?
Welchen Beruf hat(te) sie?
Falls gestorben, wann starb sie?
An welcher Krankheit ist sie gestorben?

Zählen Sie bitte Ihre Geschwister der Reihe nach auf und fügen Sie an, um wie viele Jahre älter bzw. jünger sie sind.

Welche Ihrer Verwandten (Vater, Mutter, Kinder, Geschwister, Großeltern, Onkel, Tanten) litten oder leiden an Erkrankungen wie:

Zuckerkrankheit	Selbstmord – Versuch
Schilddrüsenkrankheit	Geisteskrankheiten
auffälliges Übergewicht	geistige Minderbegabung
auffälliges Untergewicht	Nervosität
Anfallsleiden (Epilepsie)	absonderliche Persönlichkeit
Gemütsleiden (Depressionen)	sonstige Leiden

2. Schema für die Abfassung eines Fallberichts

A. Allgemeine Vorgeschichte

I. Datum und Methode des Suizidversuchs

II. Krankheitsanamnese

1. Familienanamnese
2. Somatische Krankheiten
3. Wahrscheinlich psychogene bzw. psychosomatische Krankheiten
4. Entwicklungsauffälligkeiten

III. Wichtige Lebensdaten

IV. Klinischer Befund

B. Spezielle Fragestellungen

I. Objektbeziehungen und Suizidversuch

1. Die Vorstellungen des Patienten von sich selbst
2. Vorstellungen des Patienten von anderen wichtigen Beziehungspersonen
3. Auslösende Situation, bewußte Motivation und Tathergang
4. Die Vorstellungen des Patienten vom Tode
5. Die erwartete Reaktion der Beziehungspersonen
6. Die tatsächliche Reaktion der Beziehungspersonen aus der Sicht des Patienten
7. Pläne für die Zukunft

II. Interaktion

1. Erster Eindruck
2. Wie behandelt der Patient den Arzt
3. Wie behandelt der Arzt den Patienten
4. Psychodynamisch wichtige Augenblicke im Interview

III. ORT

1. Testprotokoll
2. Testverhalten
3. Testauswertung

IV. Gespräch mit dem (der) Partner(in)

C. Zusammenfassung

I. Diagnose

II. Die Bedeutung des Suizidversuchs unter dem Aspekt des Agierens

D. Folgerungen

I. Zur Suizidgefährdung

II. Zum therapeutischen Ansatz

3. Schema für die Auswertung von Fallberichten

Von beiden Beurteilern mußten an Hand der Fallberichte unabhängig voneinander folgende Fragen beantwortet werden:

I. Aktuelle Situation

1. Was war der auslösende Konflikt?
2. Welche Art der Objektbeziehungen (narzißtischer, Anlehnungstyp) herrscht vor?
   Falls narzißtisch: Welche Funktion hat das Objekt für die narzißtische Problematik?

II. Allgemeine Situation

1. Im Zusammenhang mit welchen infantilen Konflikten steht der aktuelle Konflikt?
2. Auf welcher psychosexuellen Entwicklungsstufe spielen sie?
3. Welche Abwehrmechanismen sind vorherrschend?

III. Welche Art von unbewußten Phantasien wird im Suizidversuch agiert?

1. in bezug auf den Patienten selber
2. in bezug auf die Konfliktperson(en)

IV. Wie wird der Konflikt verarbeitet?

1. Bleibt er offen?
2. Wird er verleugnet?
3. Wird er über eine Ersatzperson bearbeitet?
4. Wie sonst?

Über den Verfasser

HEINZ HENSELER: Geboren 1933 in Aschendorf (Ems). Studium der Medizin in Münster und München. 1958 med. Staatsexamen, 1959 Promotion zum Dr. med. 1961 bis 1967 Assistent an der Psychiatrisch-Neurologischen Klinik der Freien Universität Berlin. Facharzt für Psychiatrie und Neurologie, Facharzt für Kinder- und Jugendpsychiatrie. 1962 bis 1966 Ausbildung zum Psychoanalytiker am Berliner Psychoanalytischen Institut. 1967 bis 1971 Assistent bzw. Oberarzt an der Abteilung für Psychotherapie und 1971–1982 Leiter der Sektion für Psychoanalytische Methodik an der Universität Ulm. Seit 1982 Inhaber des Lehrstuhls für Psychoanalyse, Psychotherapie und Psychosomatik sowie Ärztlicher Direktor der gleichnamigen Abteilung an der Universität Tübingen.

Die vorliegende Arbeit ist die Habilitationsschrift.

Wichtige Veröffentlichungen:

Zum gegenwärtigen Stand der Beurteilung erlebnisbedingter Spätschäden nach Verfolgung. Nervenarzt 36 (1965), 333–338/Zur Psychodynamik der Pseudologie. Nervenarzt 39 (1968), 106–114/Lüge oder Wahrheit? Das Problem des krankhaften Schwindelns (ein Hörspiel, gesendet am 18.6.1970, 20.00–20.45 Uhr im 1. Programm des Westdeutschen Rundfunks. Ausgezeichnet mit dem zweiten Preis des Preisausschreibens „Kultur“, veranstaltet vom Westdeutschen Rundfunk und der Max-Planck-Gesellschaft/Selbstmord und Selbstmordversuche: Vorurteile und Tatsachen. Dtsch. Ärzteblatt 68 (1971), 789–791/Der unbewußte Selbstmordversuch. Nervenarzt 42 (1971), 595–598/Ärztliche Sofortmaßnahmen bei der psychischen Betreuung von Patienten nach Selbstmordversuchen. Med. Welt 23 (N. F.) (1972), 306–309/Zur Entwicklung und Regulation des Selbstwertgefühls. In: Ohlmeier, D. (Hrsg.): Psychoanalytische Entwicklungspsychologie. Freiburg: Rombach 1973/Ein psychodynamischer Deutungsversuch des präsuizidalen Syndroms. Nervenarzt 45 (1974), 238–243/Die Suizidhandlung unter dem Aspekt der psychoanalytischen Narzißmustheorie. Psyche 29 (1975), 191–207/Der psychoanalytische Beitrag zum Suizidproblem. In: Die Psychologie des Zwanzigsten Jahrhunderts, Band 3, Zürich: Kindler, 1976, 824–837/Die Theorie des Narzißmus. In: Die Psychologie des Zwanzigsten Jahrhunderts, Band 3, Zürich: Kindler 1976, 459–477/Stichwort „Narzißmus“. In: Ritter, J. und Gründer, K. F. (Hrsg.): Historisches Wörterbuch der Philosophie. Basel und Stuttgart: Schwabe (im Druck)/Die Psychodynamik des suizidalen Erlebens und Verhaltens. Nervenarzt 51 (1980), 139–146/Henseler, H. und Reimer, Ch.: Selbstmordgefährdung; Zur Psychodynamik und Psychotherapie. Stuttgart: Frommann-Holzboog 1981; dort die Kapitel: Psychoanalytische Theorien zur Suizidalität; Krisenintervention – vom bewußten zum unbewußten Konflikt des Suizidanten; Probleme bei der Behandlung chronisch suizidaler Patienten und (zusammen mit Reimer, Ch.) Mißglückte Interventionen bei Suizidanten/(Zusammen mit Marten, R. F. und Sodemann, U.:) Kriterienliste als Screening-Instrument zur Erfassung von chronischer Suizidalität. Nervenarzt 54 (1983), 33–41/Moby Dick – Überlegungen zur narzißtischen Wut. Jahrbuch der Psychoanalyse 15 (1983), 269–289.

Bibliographie

ABRAHAM, K.: Ansätze zur psychoanalytischen Erforschung und Behandlung des manisch-depressiven Irreseins und verwandter Zustände. Zbl. Psychoanal. 2 (1912), 302–311.

–: Versuch einer Entwicklungsgeschichte der Libido. Wien: Int. psychoanal. Verl. 1924.

ADORNO, T. W., FRENKEL-BRUNSWICK, E., LEVINSON, D. J., and SANFORD, R. N.: The Authoritarian Personality. New York: Harper and Row 1950.

ADORNO, T. W., ALBERT, H., DAHRENDORF, R., HABERMAS, J., PILOT, H., und POPPER, K. R.: Der Positivismusstreit in der deutschen Soziologie. Neuwied/Berlin: Luchterhand 1969.

AMMON, G.: Zur Psychodynamik des Todes. Med. Welt 22 (N.F.) (1971), 575–578.

ANDICS, M. v.: Über Sinn und Sinnlosigkeit des Lebens. Wien: Gerold 1938.

APEL, K. O.: Die Entfaltung der «sprachanalytischen Philosophie» und das Problem der «Geisteswissenschaften». Philosoph. Jb. 72 (1965), Freiburg.

ARGELANDER, H.: Das Erstinterview in der Psychotherapie. Darmstadt: Wissensch. Buchges. 1970.

–: Ein Versuch zur Neuformulierung des primären Narzißmus. Psyche 25 (1971), 359–373.

–: Der Flieger. Frankfurt/M.: Suhrkamp 1972.

BAEYER, W. v.: Zur Statistik und Form der abnormen Erlebnisreaktionen in der Gegenwart. Nervenarzt 19 (1948), 402–407.

BALINT, M.: Frühe Entwicklungsstadien des Ichs – Primäre Objektliebe (1937), in: Balint, M.: Die Urformen der Liebe und die Technik der Psychoanalyse. Frankfurt: Fischer 1969.

–: Angstlust und Regression. Stuttgart: Klett 1959; ebf. Reinbek bei Hamburg: Rowohlt 1972 (rororo studium, Bd. 21).

–: Primärer Narzißmus und primäre Liebe. Jb. Psychoanal. 1 (1960), 3–34.

– (1968): Therapeutische Aspekte der Regression. Die Theorie der Grundstörung. Stuttgart: Klett 1970.

–: Trauma and Object Relationship. Int. J. Psycho-Anal. 50 (1969), 429–435.

BAKAN, D.: On Method: Toward a Reconstruction of Psychological Investigation. San Francisco: Jossey-Bass. Inc. 1968.

BAPPERT, W.: Die Zunahme der Suizidversuche und ihre seelischen Hintergründe, in: Zwingmann, Ch. (Hrsg.): Selbstvernichtung. Frankfurt/M.: Akad. Verl. Ges. 1965.

BAYREUTHER, H.: Über die Bedeutung der Umweltbedingungen für den Selbstmord, in: Zwingmann, Ch. (Hrsg.): Selbstvernichtung. Frankfurt/M.: Akad. Verl. Ges. 1965.

BECKMANN, D.: Untersuchungen zum Prozeß der klinischen Urteilsbildung bei psychoanalytischen Interviews. Diss. Gießen 1968.

– und RICHTER, H. E.: Selbstkontrolle einer klinischen Psychoanalytikergruppe durch ein Forschungsprogramm. Z. Psychother. med. Psychol. 18 (1968), 201–208.

BELAND, H.: Bemerkungen zum Selbstgefühl, in: Psychoanalyse in Berlin. Meisenheim: Hain 1971.

BELLAK, L. und SMALL, L. (1965): Kurzpsychotherapie und Notfallpsychotherapie. Frankfurt: Suhrkamp 1972.

BERGLER, E.: Problems of Suicide. Psychiat. Quart. (Suppl.) 20 (1946), 261–275.

BERNFELD, D.: Selbstmord. Z. psychoanal. Pädagogik 3 (1929), 355–364.

BERNSTEIN, N.: Die Bestrafung des Selbstmordes und ihr Ende. Breslau 1907.

BIBRING, E. (1953): The Mechanism of Depression, in: Greenacre, Ph. (ed.7: Affective

Disorders, 3. Printing. New York: Int. Univ. Press, 1968, 13–48.
BING, J. F., MCLAUGHLIN, F., and MARBURG, R.: The Metapsychology of Narcissism. Psycho-Anal. Study Child 14 (1959), 9–28.
BIRAN, S.: Der Freitod und die Lust–Unlust-Bilanz des Lebens. Z. Psychother. med. Psychol. 19 (1969), 45–50.
BIRTCHNELL, J.: The Relationship between Attempted Suicide, Depression and Parent Death. Brit. J. Psychiat. 116 (1970), 307–313.
BISTER, W.: Das Motivationsproblem bei der Selbstmordhandlung. Jb. Psychol. Psychother. 13 (1965), 225–237.
BOCHNIK, H. J.: Verzweiflung, in: Festschrift für Prof. Bürger-Prinz. Stuttgart: Enke 1962.
BÖCKER, F.: Klinische Maßstäbe zur Wertung eines Suizids. Dtsch. med. Wschr. 95 (1970 a), 883–887.
–, HEITMANN, R. und STUMPFE, K. D.: Untersuchungen zum Selbstmordproblem. Fortschr. Neurol. Psychiatr. 38 (1970 b), 330–340.
–: Über Veränderungen der Selbstmordkurven in verschiedenen Bevölkerungsgruppen. Nervenarzt 43 (1972 a), 574–577.
–: Über die Möglichkeiten der Suizidprophylaxe in der ärztlichen Praxis. Z. Allgemeinmed. (1972 b), 1597–1600.
DE BOOR, W. (1949): Neuere Arbeiten über Psychologie und Psychopathologie des Selbstmords und der Selbstbeschädigung bis 1949, in: Zwingmann, Ch.: Selbstvernichtung. Frankfurt/M.: Akad. Verl. Ges. 1965.
BRAUN, CH.: Selbstmord; Soziologie, Sozialpsychologie, Psychologie. München: Goldmann 1971.
BRÄUTIGAM, W.: Reaktionen, Neurosen, Psychopathien. Stuttgart: G. Thieme 1968.
BROCKHAUS, A. TH.: Zur Psychologie des Selbstmordes der Psychopathen. Mschr. Kriminalpsychol. 1922, 290–301.
CARSTAIRS, C. M.: Attempted Suicide, in: Kongreßbericht vom 7. Internationalen Kongreß für Psychotherapie 1967. Basel: Karger 1968.
DAHM, K. und HÄNDEL, K.: Untersuchungen über Selbstmorde und Selbstmordversuche in einem ländlichen Bevölkerungsgebiet. Materia Medica Nordmark. Wissensch. Beiblatt Nr. 63, März 1970.
DANNEBERG, E.: Dynamische und ökonomische Aspekte der Entwicklung des Über-Ichs. Psyche 22 (1968), 365–383.
DAVIS, F. B.: The Relationship between Suicide and Attempted Suicide. Psychiat. Quart. (Utica) 41 (1967), 752–759.
DOTZAUER, G., GOEBELS, H. und LEGEWIE, H.: Selbstmord und Selbstmordversuch, in: Zwingmann, Ch. (Hrsg.): Selbstvernichtung. Frankfurt/M.: Akad. Verl. Ges. 1965.
DUBITSCHER, F.: Der Suicid – Historischer Überblick, in: Zwingmann, Ch. (Hrsg.): Selbstvernichtung. Frankfurt/M.: Akad. Verl. Ges. 1965.
–: Lebensschwierigkeiten und Selbsttötung; Beratung und Vorbeugung. Stuttgart: Thieme 1971.
DÜHRSSEN, A.: Zum Problem des Selbstmordes bei jungen Mädchen. Göttingen: Verl. f. Medizin. Psychol. 1967.
DURKHEIM, E. (1897): Le Suicide (1. Aufl. 1879). Paris: Presses universitaires de France 1960.
EISNITZ, A. J.: Narzißtische Objektwahl, Selbstrepräsentanz. Psyche 23 (1969), 419–437.
–: Discussion of «Narcissistic Object Choice. Self-Representation». Int. J. Psycho-Anal. 51 (1970), 151–157.

Erikson, E. H. (1950): Kindheit und Gesellschaft. Stuttgart: E. Klett 1965.
–: Einsicht und Verantwortung. Die Rolle des Ethischen in der Psychoanalyse. Stuttgart: Klett 1966.
Ettlinger, R. W., and Flordh, P.: Attempted Suicide. Acta Psychiat. Neurol. Scand. Suppl. 103 (1955), 5–20.

Farberow, N. L., and Shneidman, E. S.: The Cry for Help. New York: McGraw – Hill Book Company 1961.
Farberow, N. L.: Grundlagen der Theorie und Praxis von Selbstmordverhütungsstellen, in: Ringel, E. (Hrsg.): Selbstmordverhütung. Bern/Stuttgart/Wien: H. Huber 1969, 175–194.
–: A Puzzle remains Perplexing; a Review of H. Hendin's Suicide and Scandinavia, in: Shneidman, E. S., Farberow, N. L., and Litman, R. E.: The Psychology of Suicide. New York: Science House 1970.
Fawcett, J. et al.: Suicide – Clues from Interpersonal Communication. Arch. Gen. Psychiat. 21 (1969), 129–136.
Fenichel, O.: The Psychoanalytic Theory of Neurosis. New York: W. W. Norton & Co. Inc. 1945.
Feudell, P.: Epikrise zu 700 Selbstmordversuchen, in: Zwingmann, Ch. (Hrsg.): Selbstvernichtung. Frankfurt/M.: Akad. Verl. Ges. 1965.
Feuerlein, W.: Selbstmordversuch oder parasuicidale Handlung? Nervenarzt 42 (1971), 127–130.
Ficker, F.: Menschliches und Medizinisches bei Hermann Hesse. Ärzteblatt Baden-Württemberg 27 (1972), 588–591.
Freud, A. (1936): Das Ich und die Abwehrmechanismen, 3. Aufl. London: Imago 1958.
Freud, S. (1887–1902): Aus den Anfängen der Psychoanalyse. Briefe an W. Fliess. Frankfurt: Fischer 1962.
– (1910): Zur Einleitung der Selbstmord-Diskussion. Schlußwort der Selbstmord-Diskussion. Ges. W. Bd. 8, 61–64. London: Imago Publishing Co., Ltd., 1940.
– (1914): Zur Einführung des Narzißmus. Ges. W. Bd. 10, 137–170. London: Imago Publishing Co., Ltd., 1946.
– (1915): Triebe und Triebschicksale. Ges. W. Bd. 10, 209–232. London: Imago Publishing Co., Ltd., 1946.
– (1916): Trauer und Melancholie. Ges. W. Bd. 10, 427–446. London: Imago Publishing Co., Ltd., 1946.
– (1917): Vorlesungen zur Einführung in die Psychoanalyse. Ges. W. Bd. 11, 1–482. London: Imago Publishing Co., Ltd., 1940.
– (1919): Das Unheimliche. Ges. W. Bd. 12, 227–268. London: Imago Publishing Co., Ltd., 1947.
– (1920): Über die Psychogenese eines Falles von weiblicher Homosexualität. Ges. W. Bd. 12, 267–306. London: Imago Publishing Co., Ltd., 1947.
– (1921): Massenpsychologie und Ich-Analyse. Ges. W. Bd. 13, 72–161. London: Imago Publishing Co., Ltd., 1946.
– (1923 a): Das Ich und das Es. Ges. W. Bd. 13, 234–289. London: Imago Publishing Co., Ltd., 1946.
– (1923 b): «Psychoanalyse» und «Libidotheorie». Ges. W. Bd. 13, 208–232. London: Imago Publishing Co., Ltd., 1946.
– (1924 a): Das ökonomische Problem des Masochismus. Ges. W. Bd. 13, 368–383.

London: Imago Publishing Co., Ltd., 1946.
– (1924 b): Der Realitätsverlust bei Neurose und Psychose. Ges. W. Bd. 13, 360–367. London: Imago Publishing Co., Ltd., 1964.
– (1925): Die Verneinung. Ges. W. Bd. 14, 9–15. London: Imago Publishing Co., Ltd., 1948.
– (1926): Hemmung, Symptom und Angst. Ges. W. Bd. 14, 111–205. London: Imago Publishing Co., Ltd., 1948.
– (1928): Der Humor. Ges. W. Bd. 14, 381–389. London: Imago Publishing Co., Ltd., 1948.
– (1930): Das Unbehagen in der Kultur. Ges. W. Bd. 14, 419–506. London: Imago Publishing Co., Ltd., 1948.
– (1938): Abriß der Psychoanalyse. Ges. W. Bd. 17, 106–138. London: Imago Publishing Co., Ltd., 1940.
GADAMER, H. G.: Wahrheit und Methode – Anwendungen einer philosophischen Hermeneutik. Tübingen: Mohr und Siebeck 1965.
–: Rhetorik, Hermeneutik und Ideologiekritik, in: Hermeneutik und Ideologiekritik. Frankfurt: Suhrkamp 1971.
GARMA, A.: Sadism and Masochism in Human Conduct: Pt. II. J. Clin. Psychopath. 6 (1944), 355–390.
GAUPP, R.: Über den Selbstmord. München: Gmelin 1905.
GHYSBRECHT, P.: Der Doppelselbstmord. München/Basel: Reinhardt 1967.
GIBBS, J. P., and MARTIN, W. T.: Status Integration and Suicide. Oregon 1964.
GIBBS, J. P. (ed.): Suicide. New York/London 1968.
GITTLESON, N. L.: The Relationship between Obsessions and Suicidal Attempts in Depressive Psychosis. Brit. J. Psychiat. 112 (1966), 889–897.
GORDON, J., IPSEN, P., LINDEMANN, E., and VAUGHAN, W.: An Epidemiologic Analysis of Suicide. New York: Milbank Mem. Fund 1950.
GRUHLE, H. W.: Selbstmord. Leipzig 1940.
GRÜNEBERG, F., HELMCHEN, H., HIPPIUS, H.: Die Phänomenologie von Suizidversuchen. Therapiewoche 22 (1972), 2242–2251.
HABERMAS, J.: Erkenntnis und Interesse. Frankfurt/M.: Suhrkamp 1968.
HACKER, F.: Aggression. Wien/München/Zürich: Molden 1971; ebf. rororo 6807.
HAFFTER, C., WAAGE, G. und ZUMPE, L.: Selbstmordversuche bei Kindern und Jugendlichen. (Psychol. Praxis, Heft 39). Basel/New York: S. Karger 1966.
HANKOFF, L. D.: Eine Epidemie von Suizidversuchen, in: Zwingmann, Ch. (Hrsg.): Selbstvernichtung. Frankfurt/M.: Akad. Verl. Ges. 1965.
HARBAUER, H.: Selbstmordhandlungen bei Kindern. Deutsches Ärzteblatt 70 (1973), 491–495.
HARTMANN, K., HENSELER, H. und TUSCHY, G.: Tätigkeitsbericht der Jugendpsychiatrischen Universitätsklinik Berlin-West 1966–69. Praxis Kinderpsychol. Kinderpsychiat. 18 (1969), 168–172.
HARTMANN, K.: Ein Beitrag zur Pathologie minderjähriger Suicidanten. Praxis Kinderpsychol. Kinderpsychiat. 19 (1970), 168–170.
HAUSMANN, CH., ALBERT, R. und KAYSER, H.: Suizidversuch. Dtsch. Med. Wschr. 93 (1968), 1883–1887.
HEIMANN, P.: Bemerkungen zur analen Phase. Psyche 16 (1962), 420–439.
–: Gedanken zum Erkenntnisprozeß des Psychoanalytikers. Psyche 23 (1969), 2–24.
HEIMERTZHEIM, W.: Über den Selbstmord bei nicht-psychotischen Persönlichkeiten. Diss. Köln 1933.

Hendin, H.: The Psychodynamics of Suicide. J. Nerv. Ment. Dis. 136 (1963), 236–244.
–: Suicide and Scandinavia. New York/London: Grune & Stratton 1964.
Henseler, H.: Zum gegenwärtigen Stand der Beurteilung erlebnisbedingter Spätschäden nach Verfolgung. Nervenarzt 36 (1965), 333–338.
–: Neurose – eingebildete Krankheit? Med. Klin. 63 (1968a), 424–428.
–: Zur Psychodynamik der Pseudologie. Nervenarzt 39 (1968b), 106–114.
–: Zum gegenwärtigen Stand der Selbstmordforschung. Ulmer Forum 1969, Nr. 9.
–: Grundgedanken der psychoanalytischen Theorie. Z. Allgemeinmed. 46 (1970a), 1773 bis 1781.
–: Die Bedeutung narzißtischer Objektbeziehungen für Verständnis und Betreuung von Suizidpatienten. Z. Allgemeinmed. 46 (1970b), 505–510.
–: Selbstmord und Selbstmordversuch: Vorurteile und Tatsachen. Dtsch. Ärzteblatt 68 (1971a), 789–791 und 2892–2894.
–: Der unbewußte Selbstmordversuch. Nervenarzt 42 (1971b), 595–598.
–: Ärztliche Sofortmaßnahmen bei der psychischen Betreuung nach Selbstmordversuchen. Med. Welt 23 (N.F.) (1972), 306–309.
–: Suizid zur Rettung des Selbstwertgefühls. Ärztl. Praxis 25 (1973a), 1011–1012.
–: Zur Entwicklung und Regulation des Selbstwertgefühls, in: Ohlmeier, D. (Hrsg.): Psychoanalytische Entwicklungspsychologie. Freiburg/Br.: Rombach 1973b.
–: Ein psychodynamischer Deutungsversuch des präsuizidalen Syndroms. Nervenarzt (im Druck).
Hill, O.: The Association of Childhood Bereavement with Suicidal Attempts in Depressive Illness. Brit. J. Psychiat. 115 (1969), 301–304.
Hillman, J.: Selbstmord und seelische Wandlung. Zürich/Stuttgart: Rascher 1966.
Hirschfeldt, M.: Analyse der in den Jahren 1919–1929 aufgenommenen Selbstmordfälle. Psychiat.-neurol. Wschr. 34 (1932), 229–239.
Hoche, H.: Vom Sterben. Jena: Fischer 1919.
Hoffmann, S. O.: Über den logischen Status der psychoanalytischen Theorie. Psyche 23 (1969), 838–841.
Irle, G.: Einstellung zum Tod bei Patienten nach Selbstmordversuch. Nervenarzt 39 (1968), 255–260.
Jacobson, E.: The Self and the Object World. New York: Intern. Universities Press, Inc., 1964.
Jaspers, K.: Allgemeine Psychopathologie, 4. Aufl. Berlin/Heidelberg: Springer 1946.
Joffe, W. G., und Sandler, J.: Über einige begriffliche Probleme im Zusammenhang mit dem Studium narzißtischer Störungen. Psyche 21 (1967), 152–165.
Jones, E.: Das Problem des «gemeinsamen Sterbens». Zbl. Psycho-Anal. 1 (1911), 563–568.
–: Ein ungewöhnlicher Fall von «gemeinsamem Sterben». Zbl. Psycho-Anal. 2 (1912), 455–459.
Kallmann, F., and Anastasio, M.: Twin Studies on the Psychopathology of Suicide. J. nerv. Dis. 105 (1947), 40–55.
Kanzer, M.: Freud's Uses of the Terms «Autoerotism» and «Narcissism». J. Amer. Psychoanal. Assoc. 12 (1964), 529–539.
Kernberg, O. F.: Factors in the Psychoanalytic Treatment of Narcissistic Personalities. J. Am. Psycho-Anal. Ass. 18 (1970), 51–85.
Klauber, J.: Über die Verwendung geisteswissenschaftlicher und naturwissenschaftlicher Methoden in der Psychoanalyse. Psyche 22 (1968), 518–533.
Kockott, G., Heyse, H. und Feuerlein, W.: Der Selbstmordversuch durch Intoxikation.

Fortschr. Neurol. Psychiat. 38 (1970), 441–465.
KOHUT, H. (1957): Introspektion, Empathie und Psychoanalyse. Psyche 25 (1971), 831–855.
–: Formen und Umformungen des Narzißmus. Psyche 20 (1966), 561–587.
–: Die psychoanalytische Behandlung narzißtischer Persönlichkeitsstörungen. Psyche 23 (1969), 321–349.
–: The Analysis of the Self. New York: Internat. Univ. Pr. 1971; deutsch: Narzißmus. Frankfurt/M.: Suhrkamp 1973 a.
–: Überlegungen zum Narzißmus und zur narzißtischen Wut. Psyche 27 (1973 b), 513–554.
KUBIE, L. S.: Multiple Determinants of Suicide. J. Nerv. Ment. Dis. 138 (1964), 3–8.
KUTTER, P.: Psychiatrische Krankheitsbilder, in: Loch, W. (Hrsg.): Die Krankheitslehre der Psychoanalyse. Stuttgart: S. Hirzel 1967.
LAMPL-DE GROOT, J. (1936): Hemmung und Narzißmus. Psyche 19 (1965), 417–442.
– (1937): Masochismus und Narzißmus. Psyche 19 (1965) 443–453.
LESTER, G., and LESTER, D.: Suicide, the Gamble with Death. Englewood Cliffs: Prentice-Hall 1971.
LEUTNER, R.: Sterbefälle 1967 und 1968 nach Todesursachen. Ärztl. Praxis 21 (1969), 3839 und 3855.
LEVI, L. D., FALES, C. H., STEIN, M., and SHARP, V. H.: Separation and Attempted Suicide. Arch. gen. Psychiat. 15 (1966), 158–164.
LEVIN, S.: Einige Vorschläge zur Behandlung depressiver Patienten. Psyche 21 (1967), 393–418.
LINDEN, K. J.: Der Suizidversuch. Stuttgart: F. Enke 1969.
LITMAN, R. E., and TABACHNICK, N. D.: Psychoanalytic Theories of Suicide, in: Resnik, H. L. P. (ed.): Suicidal Behaviors. Boston: Little, Brown & Co. 1968, 73–81.
LITMAN, R. E.: Psychotherapist's Orientation towards Suicide, in: Resnik, H. L. P. (ed.): Suicidal Behaviors. Boston: Little, Brown & Co. 1968 (357–366).
–: Suicide as Acting Out, in: Shneidman, E. S., Farberow, N. L., and Litman, R. E.: The Psychology of Suicide. New York: Science House 1970 a, 293–304.
–: Sigmund Freud on Suicide, in: Shneidman, E. S., Farberow, N. L., and Litman, R. E.: The psychology of Suicide. New York: Science House 1970 b.
LOCH, W.: Psychoanalyse und Kausalitätsprinzip. Psyche 16 (1962), 401–419.
–: Psychoanalytische Aspekte zur Pathogenese und Struktur depressiv-psychotischer Zustandsbilder. Psyche 21 (1967 a), 758–779.
–: Studien zur Dynamik, Genese und Therapie der frühen Objektbeziehungen. Psyche 20 (1967 b), 881–903.
–: Mord – Selbstmord oder die Bildung des Selbstbewußtseins. Wege zum Menschen 19 (1967 c), 262–268.
–: Referat über Bd. I/1 der «Psychiatrie der Gegenwart». Psyche 22 (1968), 968–972.
–: Über zwei mögliche Ansätze psychoanalytischer Therapie bei depressiven Zustandsbildern, in: Schulte, W. und Mende, W. (Hrsg.): Melancholie. Stuttgart: Thieme 1969.
–: Zur Entstehung aggressiv-destruktiver Reaktionsbereitschaft. Psyche 24 (1970), 241–259.
LORENZER, A.: Sprachzerstörung und Rekonstruktion. Frankfurt: Suhrkamp 1970.
LUNGERSHAUSEN, E.: Selbstmorde und Selbstmordversuche bei Studenten. Heidelberg: A. Hüthig 1968.
MASSERMANN, J. H.: A Note on the Dynamics of Suicide. Des. Nerv. Syst. 8 (1947), 324–325.

McCandless, F. O.: Suicide and the Communication of Rage: a Crosscultural Case Study. Am J. Psychiat. 125 (1968), 197–205.
Meerloo, J. A. M.: Hidden Suicide, in: Resnik, H. L. P.: Suicidal Behaviors. Boston: Little Brown & Co. 1968.
Menninger, K. A.: Man against Himself. New York: Harcourt, Brace & Co. 1938. London: G. G. Harrap & Co. 1938.
Mergen, A.: Selbstmord – Vorurteil und Sexualität, in: Zwingmann, Ch. (Hrsg.): Selbstvernichtung. Frankfurt/Main: Akad. Verl. Ges. 1965.
Miller, A.: Zur Behandlungstechnik bei sogenannten narzißtischen Neurosen. Psyche 25 (1971), 641–668.
Mintz, R. S.: Psychotherapy of the Suicidal Patient, in: Resnik, H. L. P.: Suicidal Behaviors. Boston: Little Brown & Co. 1968, 271–296.
Mitscherlich-Nielsen, M.: Entwicklungsbedingte und gesellschaftsspezifische Verhaltensweisen der Frau. Zum Problem der Frauenemanzipation. Psyche 25 (1971), 911–931.
Modell, A.: Denial and the Sense of Separateness. J. Amer. Psychoanal. Ass. 9 (1961), 533–547.
Motto, J. A.: Toward Suicide Prevention in Medical Practice. J. Am. Med. Ass. 210 (1969), 7, 1229.
Munro, A.: Parental Deprivation in Depressive Patients. Brit. J. Psychiat. 112 (1966), 443–457.
Neuringer, C.: The Cognitive Organisation of Meaning in Suicidal Individuals. J. Gen. Psychol. 76 (1967), 91–100.
Oremland, J. D., and Windholz, E.: Some Specific Transference, Countertransference and Supervisory Problems in the Analysis of a Narcissistic Personality. Int. J. Psycho-Anal. 52 (1971), 267–275.
Otto, U.: Barns och Ungdomars Självmordshandlingar (Suicidal Acts by Children and Adolescents). Kristianstad: Seelig & Co. 1971.
Parnitzke, K. H.: Bemerkungen zum Selbstmordgeschehen der letzten Jahre, in: Zwingmann, Ch. (Hrsg.): Selbstvernichtung. Frankfurt/M.: Akad. Verl. Ges. 1965.
Patscheider, H.: Föhn und Selbstmord. Deutsch. Z. Ges. Gerichtl. Med. 47 (1958), 271.
Perrez, M.: Bedarf die psychoanalytische Theorie eigener Kriterien der Wissenschaftlichkeit? Psyche 23 (1963), 842–849.
Petri, H.: Zum Problem des Selbstmordes in psychiatrischen Kliniken. Z. Psychother. med. Psychol. 20 (1970), 10–18.
Pohlmeier, H.: Depression und Selbstmord. München: Manz 1971.
–: Ergebnisse psychosozialer Forschung zur Rehabilitation – Pensionierung, Alkohol, Freizeit, Belastung, Krankheitsverhalten, Depression, in: Enke, H. und Pohlmeier, H. (Hrsg.): Psychosoziale Rehabilitation. Stuttgart: Hippokrates 1972.
–: Soziologie der Depression. Z. psychosomat. Med. Psychoanal. 19 (1973), 58–68.
Pokorny, A. D., Davis, F., and Harberson, W.: Suicide, Suicide Attempts and Weather. Amer. J. Psychiat. 120 (1963), 377.
Pokorny, A. D.: Moon Phases, Suicide, and Homicide. Amer. J. Psychiat. 121 (1964), 66.
–: Sunspots, Suicide, and Homicide. Dis. Nerv. Syst. 27 (1966 a), 347.
–: A follow-up study of 618 suicidal patients. Amer. J. Psychiat. 122 (1966 b), 1109–1116.
–, and Mefferd, R. B.: Geomagnetic Fluctuations and Disturbed Behavior. J. Nerv. Ment. Dis. 143 (1966), 140.
–: Myths about Suicide, in: Resnik, H. L. P.: Suicidal Behavior. Boston: Little, Brown & Co. 1968.

PÖLDINGER, W.: Die medikamentöse Depressionsbehandlung unter besonderer Berücksichtigung der Selbstmordprophylaxe. Schweiz. Arch. Neurol. Neurochir. Psychiat. 98 (1966), 304–312.
–: Psychologie und Prophylaxe des Suicids. Monatskurve Ärztl. Fortbildung 17 (1967), 127–129.
–: Die Abschätzung der Suicidalität. Bern/Stuttgart: H. Huber 1968.
– und RINGEL, E.: Über die Notwendigkeit der Errichtung von Crisis-Intervention-Clinics, in: Ringel, E. (Hrsg.): Selbstmordverhütung. Bern/Stuttgart/Wien: H. Huber 1969, 195–201.
POPPER, K. R.: Logik der Forschung, 3. Aufl. Tübingen: Mohr 1969.
PULVER, S. E.: Narcissism. The Term and the Concept. J. Amer. Psychoanal. Ass. 18 (1970), 319–341; auch Psyche 26 (1972), 34–57.
QUATEMBER, R. J.: Klinisch-psychologische Gesichtspunkte zum präsuizidalen Syndrom, in: Ringel, E. (Hrsg.): Selbstmordverhütung. Bern/Stuttgart/Wien: Huber 1969.
RADNITZKY, G.: Contemporary Schools of Metascience. Göteborg: Akademiförlaget 1970.
RADO, S.: The Problem of Melancholia. Int. J. Psycho-Anal. 9 (1928), 172–192.
–: Psychodynamics of Depression from the Etiological Point of View. Psychosom. Med. 13 (1951), 51–55.
RAPAPORT, D.: Die Struktur der psychoanalytischen Theorie. Stuttgart: Klett 1959.
–: Edward Bibring's Theory of Depression, in: Gill, M. M. (ed.): The Collected Papers of David Rapaport. New York: Basic Books 1967.
REICH, A.: Narcissistic Object Choice in Women. J. Amer. Psycho-Anal. Ass. 1 (1953), 22–44.
–: Pathologic Forms of Self-Esteem Regulation. Psychoanal. Study Child 15 (1960), 215–232.
RESNIK, H. L. P.: Suicidal Behaviors. Boston: Little, Brown & Co. 1968.
RETTERSTOEL, N.: Long-term Prognosis after Attempted Suicide. Oslo/Bergen/Tromsø: Univ. Flg. 1970.
RICHTER, H. E.: Eltern, Kind und Neurose, 2. Aufl. (1967). Reinbek: Rowohlt 1969.
– und BECKMANN, D.: Herzneurose. Stuttgart: Thieme 1969.
RICŒUR, P. (1965): Die Interpretation. Frankfurt: Suhrkamp 1969.
RINGEL, E.: Der Selbstmord; Abschluß einer krankhaften Entwicklung. Wien/Düsseldorf: W. Maudrich 1953.
–: Neue Untersuchungen zum Selbstmordproblem. Wien: Brüder Hollinek 1961.
–: Über Selbstmordversuche von Jugendlichen, in: Zwingmann, Ch. (Hrsg.): Selbstvernichtung. Frankfurt/M.: Akad. Verl. Ges. 1965.
–: Selbstmordverhütung. Bern/Stuttgart/Wien: H. Huber 1969.
ROBINS, E., GASSNER, S., KAYES, J., WILKINSON, R. H. J., und MURPHY, G. E.: The Communication of Suicidal Intent. Amer. J. Psychiat. 115 (1959), 724–731.
ROSEN, D. H.: The Serious Suicide Attempt. Amer. J. Psychiat. 127 (1970), 764–770.
ROSENFELD, H.: On the Psychopathology of Narcissism. A Clinical Approach. Int. J. Psycho-Anal. 45 (1965), 332–337.
–: A Clinical Approach to the Psychoanalytic Theory of the Life and Death Instinct: an Investigation into the Aggressive Aspects of Narcissism. Int. J. Psycho-Anal. 52 (1971), 169–178; deutsche Fassung: Psyche 25 (1971), 476–493.
ROSENKÖTTER, L.: Über Kriterien der Wissenschaftlichkeit in der Psychoanalyse. Psyche 23 (1969a), 161–169.
–: Zum Problem des Narzißmus und seiner Bedeutung bei der psychoanalytischen Behandlungstechnik. Jb. Psychoanal. 6 (1969b), 105–118.

ROST, H.: Bibliographie des Selbstmordes. Augsburg 1927.
RÜEGSEGGER, P.: Selbstmordversuche. Psychiat. Neurol. 146 (1963), 81–104.
SAINSBURY, P.: Suicide in London. Maudsley Monographs No. 1. London: Chapman & Hall 1955.
–: Der Altersselbstmord, in: Zwingmann, Ch. (Hrsg.): Selbstvernichtung. Frankfurt/Main: Akad. Verl. Ges. 1965.
SANDLER, J., HOLDER, A., and MEERS, D.: The Ego Ideal and the Ideal Self. Psychoanal. Study Child 18 (1963).
SANDLER, J.: Diskussionsbemerkung beim 27. Internat. Psychoanalyt. Kongreß in Wien, 26. 7. 1971.
SCHACHT, L.: Subjekt gebraucht Subjekt. Psyche 27 (1973), 151–168.
SCHLIEFFEN, H. Graf v.: Der Suizidversuch. Diss. Clausthal-Zellerfeld 1969 (ohne Verlagsangabe).
SCHMIDT, G.: Erfahrungen an 700 Selbstmordversuchen. Nervenarzt 11 (1938), 353–360.
SCHNEIDER, K.: Psychiatrische Vorlesungen für Ärzte, 2. Aufl. Leipzig 1936.
SCHNEIDER, P. B.: La tentative de suicide. Neuchatel/Paris 1954.
SCHUMACHER, W.: Zur Methodologie der psychiatrischen Diagnostik und Forschung. Basel/New York: Karger 1963.
–: Techniken der psychiatrischen Exploration. Dynam. Psychiat. 2 (1969), 50–62.
–: Bemerkungen zur Theorie des Narzißmus. Psyche 24 (1970), 1–22.
SCHWARZ, A. und ZIOLKO, H. U.: Suicidversuche bei Studenten, in: Vortr. Internat. Sympos. Mental Health in Youth. Brünn 1969.
SHNEIDMAN, E. S., and FARBEROW, N. L.: Clues to Suicide. New York: MacGraw – Hill Book Company 1957.
–, –: A Sociopsychological Investigation of Suicide (1960), in: Shneidman, E. S., Farberow, N. L., and Litman, R. E. (eds): The Psychology of Suicide. N. Y.: Science House 1970.
SHNEIDMAN, E. S.: Classification of Suicide Phenomena. Bull. Suicide 1968 b, July, 1–9.
–: Orientations toward Death, in: Resnik, H. L. P.: Suicidal Behaviors. Boston: Little, Brown & Co. 1968 a, 19–48.
–, FARBEROW, N. L., and LITMAN, R. E.: The Psychology of Suicide. New York: Science House 1970.
SPECK, R. V.: Family Therapy of the Suicidal Patient, in: Resnik, H. L. P. (ed.): Suicidal Behaviors. Boston: Little, Brown & Co. 1968, 341–347.
SPERLING, E.: Das therapeutische Gespräch mit Suicidanten. Nervenarzt 43 (1972), 409–411.
SPITZ, R.: Vom Säugling zum Kleinkind. Stuttgart: E. Klett 1967.
STAEWEN-HAAS, R.: Identifizierung und weibl. Kastrationsangst. Psyche 24 (1970), 23–39.
STELZNER, H.: Analyse von 200 Selbstmordfällen. Berlin: S. Karger 1906.
STENGEL, E., and COOK, N. E.: Attempted Suicide: Its Social Significance and Effects. London: Chapman & Hall 1958.
–, –: Contrasting Suicide Rates in Industrial Communities. J. Ment. Sci. 107 (1961), 1011–1020.
STENGEL, E.: Selbstmord und Selbstmordversuch, in: Psychiatrie der Gegenwart. Berlin/Göttingen/Heidelberg/New York: Springer 1962, Bd. III, 52–74.
–: Neuere Forschungsarbeiten über das Selbstmordproblem, in: Zwingmann, Ch. (Hrsg.): Selbstvernichtung. Frankfurt/M.: Akad. Verl. Ges. 1965, 123–132.
–: Selbstmord und Selbstmordversuch. Frankfurt/M.: S. Fischer 1969.
–: Neuere Ergebnisse der Suicid-Forschung. Zbl. Neurol. Psychiat. 201 (1971), 269–270.
STERN, M. M.: Trauma, Todesangst und Furcht vor dem Tod. Psyche 26 (1972), 901–928.

STIERLIN, H.: Das Tun des Einen ist das Tun des Anderen. Frankfurt a. M.: Suhrkamp 1971 a.
–: Die Funktion innerer Objekte. Psyche 25 (1971 b), 81–99.
STORK, J.: Vorläufige Ergebnisse eines Fragebogens über das Suizidverhalten von Adoleszenten. Materia medica Nordmark 21 (1969), 523–527.
TABACHNICK, N.: Interpersonal Relations in Suicidal Attempts. Arch. Gen. Psychiat. 4 (1961 a), 16–21.
–: Countertransference Crisis in Suicidal Attempts. Arch. Gen. Psychiatr. 4 (1961 b), 572–578.
–, and KLUGMAN, D.: Suicide Research and the Death Instinct. Yale Scientific Magazine 1967, March-Issue.
–, –: Anonymous Suicidal Telephone Calls: A Research Critique. Psychiatry 33 (1970), 526–533.
THOMÄ, H. und HOUBEN, A.: Über die Validierung psychoanalytischer Theorien durch die Untersuchung von Deutungsaktionen. Psyche 21 (1967), 664–692.
THOMÄ, H und THOMÄ, B.: Die Rolle der Angehörigen in der psychoanalytischen Technik. Psyche 22 (1968), 802–822.
THOMÄ H. und KÄCHELE, H.: Wissenschaftstheoretische und methodologische Probleme der klinisch-psychoanalytischen Forschung. Psyche 27 (1973), 205–236 und 309–351.
THOMAS, K.: Handbuch der Selbstmordverhütung. Stuttgart: F. Enke 1964.
– (Hrsg.): Zehn Jahre ärztl. Lebensmüdenbetreuung. Köln: Tropon Arzneimittel 1967.
–: Menschen vor dem Abgrund. Hamburg: Ch. Wegner 1970.
TONKS, C. M., RACK, P. H., and ROSE, M. J.: Attempted Suicide and the Menstrual Cycle. J. Psychosom. Res. 11 (1968), 319.
UEXKÜLL, TH. V.: Das Problem der naturwissenschaftlichen Erfahrung, in: Höfling, H. (Hrsg.): Beiträge zu Philosophie und Wissenschaft. W. Szilasi zum 70. Geburtstag. München: Francke 1960.
–: Grundfragen der psychosomatischen Medizin. Reinbek: Rowohlt 1963.
VEITH, G.: Bemerkenswerte anatomische Befunde bei Selbstmördern. Nervenarzt 12 (1960), 550–557.
VINOLA, K. S.: Personality Characteristics of Attempted Suicides. Brit. J. Psychiat. 112 (1966), 1143–1150.
WEISFOGEL, J.: A Psychodynamic Study of an Attempted Suicide. Psychiatr. Quart. 43 (1969), 257–284 (Utica).
WEISS, J. M.: Suicide. An Epidemiological Analysis. Psychiat. Quarterly (New York) 28 (1953), 225–252.
WESIACK, W.: Wahrnehmen – Deuten – Erkennen. Psyche 27 (1973), 289–308.
WIELE, E. F.: Sozialpsychologische Erfahrungen aus der Betreuung Suicidgefährdeter, in: Zwingmann, Ch. (Hrsg.): Selbstvernichtung. Frankfurt/M.: Akad. Verl. Ges. 1965.
WIENDIECK, G.: Sozialpsychologische Determinanten des Alters-Suicids. Nervenarzt 41 (1970), 220–223.
WINNICOTT, D. W.: The Use of an Object and Relating through Identifications, in: Playing and Reality. London: Tavistock Publications 1971.
WISDOM, J. O.: Die psychoanalytischen Theorien über die Melancholie. Jb. Psychoanal. 4 (1967), 102–154.
ZILBOORG, G.: Differential Diagnostic Types of Suicide. Arch. Neurol. Psychiat. (Chicago) 35 (1936), 270–291.
–: Considerations on Suicide. Amer. J. Orthopsychiat. 7 (1937), 15–31.
ZWINGMANN, CH. (Hrsg.): Selbstvernichtung. Frankfurt/M.: Akad. Verl. Ges. 1965.

Personen- und Sachregister

Personenregister

Sachregister